기억도시 부산을 안내하다

이 번역서는 동아대학교 학술연구 번역지원 공모과제로 선정되어 번역총서 제173호로 출간되었음.

동아대학교 역사인문이미지연구소 총서 03

기억도시 부산을 안내하다

– 일제강점기 조선총독부 철도국 및 부산관광협회의 『부산안내』 –

경인문화사

일제강점기에 제작되고 유포된 한반도 관련 관광안내서는 경성, 평양, 원산 등 대부분 철도가 부설된 중요한 거점지에서 발행되었다. 그리고 이러한 관광안내서와 더불어 팸플릿 형식으로 구성된 관광명소와 역사유적지가 조감도로 그려진 여행안내도, 사진그림엽서, 사진첩, 관광지도 등도 발행되었다. 이는 제국 일본이 관광을 통한 식민체제의 선전과 일본의 팽창을 홍보하면서 역사적 깊이를 갖는 새로운 영토 조선에 대한 이국적 풍경을 호기심 가득한 관광자원으로 획득하고 이것을 기반으로 경제적 활성화를 통해 식민지경영의 일환으로 삼고자 했다. 이를 위해 관공루트의 개척과 새로운 관광 인프라 확보에 총독부 철도국이 중추적인 역할을 하였다.

안내서에는 주요 관광지를 엮어 유람코스를 만들고 그곳으로의 접근방법, 숙박시설, 유흥시설, 요금 등 상세한 설명을 곁들이고 관광지도를 삽입하여 상당히 실용적인 내용들로 구성되어 있다. 이는 당시 '관광의 대중화'에 견인차 역할을 하였음은 물론이다. 그러나 당시의 각종 안내서에는 식민지지배의 성과로 포획된 '신문명 일본'과 역사적 유적들에 투영된 식민지 조선의 '정체된 고귀한 야만'이라는 역학적 구도가 암암리에 구도화 되어 있음도 살펴 볼 수 있다. 우선은 본 역서를 통하여 '기억의 도시 부산'과 그 주변에 대한 '일본인들의 안내'를 살펴봄으로써 당시의 안내서가 갖는 오늘날의 의미를 되짚어 보기를 원한다.

　본 역서에서 다룬『부산안내』(원제목)는 총 4종류이나 총독부 철도국이 발행한 1929년, 1930년, 1932년의 3종류와 부산관광협회에서 발행한 1936년 1종류이다.

　앞의 총독부 철도국이 발행한『부산안내』3종류는 내용 상 커다란 차이는 없지만 각종 통계, 전차, 자동차, 기차, 배편 등의 운임에 차이가 있어 당시의 물가나 교통망, 인구 등의 변화를 살펴 볼 수 있어 함께 실었다.

　특히, 1929년 말부터 1930년대 초에는 세계적인 경제 대공황으로 일본도 커다란 경제적 불황을 맞이하고 있었다. 그러나 식민도시 부산에서는 오히려 경제가 성장하고 있음을 나타내는 지표를 확인할 수 있을 것이다. 참고로 당시 한반도에서는 조선은행이 발행하는 일본본토의 엔(円)과 같은 가치의 '원'이 발행되고 있었다. 이 통화는 일본 본토에서는 사용할 수 없었으나 일본은행의 '엔'과 등가교환이 보장되어 있었다. 또한 미세한 부분이기는 하지만 서술내용에 약간의 차이들도 존재한다.

　예를 들어 1929년 판 '절영도(지금의 영도)' 설명 내용 중 "국유의 목장이 있었기 때문에 속칭 마키노시마라 불리고 있다"라고 되어 있지만, 1930년, 1932년판에는 "이왕가(李王家)의 목장이 있었기 때문에 속칭 마키노시마라 불리고 있다"고 기술되어 조선의 왕조를 비하하는 형태로 소개되어 있다.

　또한 "부산진 성터"에 대해서도 1929년판에는 임진왜란 때 "코니시유키나가(小西行長)가 배를 우암동에 정박하고 본성을 함락하여 수장 정발을 생포하였다고 전해지는 곳으로 후에 유키나가가 이를 일본식으로 개축한 것이라 전해지고 있다. 지금은 성벽만이 조금 남아 있을 뿐"이라고 간단히 기술되어 있지만 1930년판에는 여기에 더하여 "1671년 대마도 소(宗)씨는 그의 가신 쯔에효고(津江兵庫)를 동래부사에게 파견하여 왜관 이전 건을 교섭하였지만 부사가 이에 응하지 않았기 때문에 사명의 책임을 다하지 못해 자결하였다. 이에 동래부사도 의열에 감복하여 그의 주장을 받아들이기에 이르렀다. 부산 오늘날의 번영은 실로 씨에 의한 것이 많아 부민이 그 덕을 기리기 위해 1909년 11월 세운 초혼비"라는 설명을 덧붙여 250여년의 역사를 거슬러 올라가 식민지배의 당위성을 강조하는 형태로 기술되어 있다.

경주와 관련하여서는 1929년, 30년편에 성덕대왕신종(聖德大王神鐘)의 유래에 대한 전설을 자세히 소개하며 종에 대한 신비로움을 전하여 관광객들의 호기심을 자극하는 내용이 길게 인용되어 있지만 1932년 편에서는 삭제되어 있다.

진해와 관련하여 1929년판에서는 관공서 그 외가 "진해 요항부(要港部), 헌병분대, 경찰서, 면사무소, 진해방위대, 진해만요새사령부, 고등여학교, 진해공립공업보수학교"정도였지만 1930년판에는 여기에 "조선총독부수산시험장, 진해담수양어장, 체신국 해원(海員)양성소, 우편국, 진해세관출장소, 진해제일금융조합, 부산상업은행진해지점, 수산회사"등이 더하여져 1년 사이에 관공서나 금융회사 및 수산회사가 급격히 늘어났음을 알 수 있다.

또한 1929년판에서는 소개되지 않았던 일본해해전기념탑에 대한 설명이 1929년 5월에 기념탑이 준공됨에 따라 "카부토야마 정상에 있는 높이 약36미터, 둘레 약27미터, 건평 100평, 철근콘크리트로 건립. 1929년 5월 27일 준공"이라 간략히 소개 되었고, 1932년판에는 "카부토야마 정상에 있는 높이 약36미터, 둘레 약27미터, 건평 100평, 철근콘크리트로 당시의 기함 '야마카사(山笠)'의 사령탑모양으로 건립한 것으로 대규모로 만들어졌다. 건립은 1929년 5월27일 준공 후 도로도 완성되고 자동차로 자유롭게 탑 아래까지 갈 수 있다. 탑 아래의 조망은 진해 전부를 한 눈에 조망할 수 있어 벚꽃이 만발한 때에는 각별한 장소로 벚꽃바다로 착각할 정도"라는 보다 상세한 설명이 보태졌다.

한편 부산관광협회의 『부산안내』는 부산의 연혁, 위치 및 지세와 기후, 호구, 무역, 금융, 산업, 교육, 보건위생, 사회사업, 항만시설 등 부산의 대관(大觀)을 개략하고 부산 내의 관광지점을 시간별 코스로 나누어 안내하고 있다. 뿐만 아니라 여관, 식당, 선물가게, 백화점 등의 광고가 실려 있어 당시 부산의 주요영업수단에 대한 광고현황에 대해서도 살펴볼 수 있는 귀한 자료이다.

조선말 첫 개항지였던 부산은 일제 강점기의 시작지점이자 마지막지점이라 할 수 있는 굴곡의 역사가 녹아있는 한국근대사에 있어서 '도가니'와 같은 곳이라 할 수 있다. 동래부의 한 작은 어촌이었던 부산에 한일병합 이전 이미 일본인전관거류지가 만들어지고 조선을 식민지화하기 위한 제국 일본의 전초기지로서 대륙침략의 발판을 마련한 곳이다. 현재에도 많은 역사유적이나 유물 등 도처에 흔적이 남아 다크투어리즘(Dark Tourism), 역사투어리즘(History Tourism)의 명소로 각광받고 있다.

따라서 한국 근현대사의 기억을 소환할 수 있는 다양한 유물과 유적이 남아있는 부산을 함축하기 위해 '기억도시부산'이라는 명칭을 붙여 보았다.

본 역서에서 다룬 조선총독부철도국 및 부산관광협회에서 발행한 『부산안내』는 식민지근대도시 부산의 관광명소와 부근의 대구, 경주, 마산, 진해의 명승지를 간략하게 소개하여 일본인관광객들 유치를 위한 당시의 관광홍보책자이다. 이 홍보책자에는 부산의 개략적인 연혁과 부산의 초량, 부산진, 동래온천, 해운대온천, 범어사, 통도사, 김해에 대한 안내와 대구, 진해 마산 등의 관광루트에 대한 설명 및 당시의 지도가 첨부되어 관광객들의 편의를 제공하고 있다.

'관광도시부산'이 갖추고 있는 근대 문화유산 중 일제강점기에 형성된 다양한 '負의 유산'이 현존하고 있다. 이러한 문화자산에 대한 통시적, 공시적 접근을 가능하게 하는 일제강점기 자료들이 상당 수 존재하지만, 관광홍보자료에 대한 소개는 전무하다. 당시 부산부 그리고 총독부철도국에 의해 발행된 『부산안내』는 1차 사료로서의 의미가 크다. 일본내지인들을 대상으로 한 관광홍보자료이지만 1920년대 후반부터 1930년대 중반까지 식민도시 부산의 시정(施政)과 관련된 내용을 포함하고 있어 단순히 관광 안내를 넘어 식민도시 경영의 주요지표들을 파악할 수 있는 사료의 성격을 가진다. 따라서 일제강점기에 형성된 관광자원의 원형이 어떻게 형성되고 홍보되었는지를 통시적으로 고찰할 수 있을 것이다.

오늘날 부산도시공간의 입체적 '원형조감'을 통해 부산도시형성사를 재검토하여 근대부산의 '역사성'을 '가치투어리즘'으로 활용할 기반자료로서 번역하여 한국근대사 연구자는 물론 부산시의 관광전략에 기초를 제공하고 관광종사자는 물론 부산의 역사에 관심이 많은 부산시민들에게도 널리 읽혀지기를 바란다.

최근 관광의 대중화화 더불어 '오버투어리즘(Over Tourism)'이 지적되고 있다. 특히 국립공원이라든지 테마파크 등 전통적 위락시설로부터 관광자원과 주거지가 혼재되어 있는 도심부로 관광객들이 몰리면서 '지나치게 많은' 관광객으로 인하여 주민들의 삶을 침범하여 삶의 질을 떨어뜨리는 현상이다. 뿐만 아니라 부산의 '감천문화마을'처럼 주거지가 관광지로 개발

역자서문

되어 관광객들과 지역주민 간의 갈등을 불러일으키는 '투어리스티피케이션(touristfication)'이 지적되고 있다. 이러한 최근의 사회적 문제점의 원형을 제공할 수 있는 도시공간의 원초적 형태에 대한 접근방식에 본 역서가 많은 시사점을 제공해 줄 것이라 판단한다. 앞에서도 지적하였듯이 부산이 갖는 근대사적 맥락에서 '다크투어리즘' '역사투어리즘' '가치투어리즘'의 가능성이 높이 평가받을 수 있는 현실적 가치를 지니고 있기 때문이다. 뿐만 아니라 최근 일본과는 위안부문제, 독도영토주권문제 등을 둘러싸고 '기억전쟁'이라 칭할 수 있는 다양한 갈등이 현재화하고 있다. 또한 지역활성화의 연장선상에도 있는 부산의 도시재생공간이 '오버투어리즘'의 대상이 되기도 하여 일제강점기에 형성된 '기억도시 부산'이 갖는 의미는 대단히 다양하다. 따라서 본 역서가 갖는 가치는 일제강점기 부산의 도시형성과 공간배치 및 관광전략의 원초형태를 살펴보는 1차 사료로서의 가치성과 최근에 불거진 한일 간의 역사 갈등의 상징적 장소인 '기억도시 부산'이 갖는 의미를 되새기는 시의성을 갖추고 있다고 판단한다.

총독부의 각종 홍보자료 및 안내서 원본은 동아대학 「역사인문이미지연구소」의 소장인 신동규교수의 컬렉션으로부터 제공 받았는데, 오랜 기간에 걸쳐 수집하여 온 방대하며 귀중한 자료들이 많다.

특히 『부산안내』와 같은 홍보 및 관광안내 자료는 용이하게 입수할 수 없는 자료들로써 단지 수집보관에 멈추어서는 안 될 내용들을 포함하고 있고 역사적 가치도 충분하기에 이번 기회에 번역하게 되었다. 본 번역서가 다양한 영역에서 활용되어 일제강점기 부산의 실체를 보다 명확히 형상화하는데 조금이라도 기여 되었으면 하는 마음이다.

차 례

부산(1929년판)

대구 경주 마산 진해
조선총독부철도국

주의

요새 및 요항지대(要港地帶)사진촬영금지

아래 장소는 요새 및 요항지대인 관계로 허가 없이 사진촬영 및 묘사

할 수 없다.

부산부근(해운대 동래를 포함)

마산, 진해 부근

부산안내
부산 및 교외

부산(1929년판)

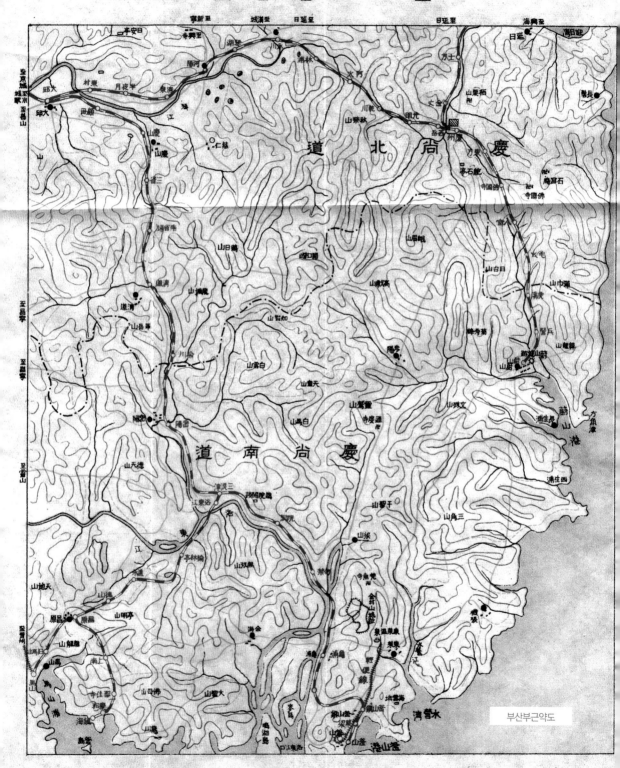

釜山附近略圖

부산부근약도

부산안내

부산 및 교외

Ⅰ. 부산

연혁개요

오랜 태고의 옛날부터 우리나라 내지와 조선 간에 일찍부터 교통이 있었다는 것은 사실(史實)이 증명하고 있는데 그 국제적 관계가 열린 것은 거의 1천9백 년 전 숭신(崇神)천황[1] 때 임나에 일본부를 설치한 것이 그 시작이다. 그리고 嘉吉3년[2](稱光天皇[3]조, 480여 년 전[4])의 조약개정으로 부산은 울산군 염포, 웅천군[5]의 제포와 함께 3포가 하나가 되어 일본과의 무역이 시작 된 것이 부산개항의 시초였다. 이래 얼마간의 변혁을 거쳐 1876년 일한수호조규가 체결됨에 이르러 새로이 관리청이 설치되어 오로지 통상 사무를 관할하고 거류민보호에 임하고 있었으나 1880년 이를 영사관으로 개편하고 1906년 2월에 다시 이를 이사청으로 개칭하였고 1910년 8월 일한병합이 됨에 이르러 이를 폐지하고 부청을 두어 오늘에

---

1 일본서기(日本書紀), 고사기(古事記)에 제10대 천황으로 기록되어 있다.

2 1443년.

3 1401년에서 1428년까지 재위한 일본의 천황.

4 이 조약이 맺어진 시점은 1443년으로 이때의 일본천황은 쇼코(稱光)천황이 아니고 고하나조노(後花園) 천황 때이다.

5 지금의 진해 웅천.

이른다.

부산항만의 설비

조선 동남부의 주요무역항인 부산은 물안개 피어오르는 30해리[6] 거리를 두고 잇키쓰시마(壹岐對馬島)를 마주 보며 조선해협을 넘어 1백20해리[7] 거리의 시모노세키(下關)와는 아침, 저녁 2회 관부연락이 정기운항하여 선만(鮮滿)철도의 직통에 따라 유럽과 아시아대륙을 잇는 대 현관으로 중요한 지위를 점하고 있다. 항구는 주위 약 28킬로의 절영도(牧島)로 인해 동서 2항으로 양분되어 있지만 절영도나 동백섬과 적기(赤崎)[8]의 돌각으로 자연방파제가 구축되어 수심이 깊고 항내도 넓다. 근래 항만의 대개축에 의해 일대 개항장이 되어 대형 선박이 닻을 내리기에 지장이 없다. 유럽 아시아연락의 최적항로의 구축을 이루는 부산항의 선차(船車)연락설비는 연락선이 잔교에 바로 댈 수 있음은 물론이거니와 부산정차장으로부터는 철도가 연장 부설되어 급행직통열차는 이곳에서 발차하고 역과 잔교와를 잇는 대 옥상에는 여객대합소, 출발개찰구, 수하물취급소, 화폐교환소, 전신취급소 및 그 외 일체의 설비가 완비되어 있다. 역사는 고전양식절충의 벽돌 3층 건물로 그 일부는 스테이션호텔로 충당되어 호텔의 루프가든에서는 항내가 한눈에 들어오는 조망이 대단히 훌륭하다.

---

6 약8.5킬로.
7 약22킬로.
8 지금의 부산 우암동 부근.

부산시가

부산에 상륙하여 첫 인상은 시가지가 순전한 일본(內地)풍이라는 것, 이곳은 전혀 조선의 정취를 느낄 수 없을 정도로 일본화(內地化)되어 있다. 부산부는 초량, 부산진을 포용하는 동서 2리(里)5정(町)[9], 남북 2리32정[10], 면적2.07방리(方里)[11]. 시가지는 만의 북동쪽으로부터 남서로 연장되어 있고 부의 배면에는 태백산맥의 여세인 천마(天馬), 아미(峨媚), 구덕(九德), 고원견(高遠見)의 봉우리들이 병풍처럼 둘러싸 기후도 온화하여 일본의 호쿠리쿠(北陸)[12] 지방과 다르지 않다.

현재 전 인구는 11만 2천 여 명인데 내지인 4만 명으로 산복에서 바닷가에 걸쳐 바둑판처럼 시가가 형성되어 있고 관공서, 대회사, 상점 등이 나란히 들어서 있고 최근 경남도청이 이곳으로 이전해 옴으로써 점점 번화하고 있다.

부산의 상공무역

본항 최근의 수이출입(輸移出入)총액은 2억4천3백9십9만 여원으로 10년 전과 비교하면 약 7배 이상의 증가를 나타내고 있다. 수이출품은 주로 쌀, 선어, 소금, 건어물, 설탕, 장유 등이고 수이입품으로서는 잎담배, 소금, 밀가루, 생과, 면직사, 비료, 철 등으로 가파른 조선내지산업의 발전에 따라 점점 번성하는 기세이다. 또한 시내에는 양조업을 위시하여

9 　약8.8킬로.
10 　약11.2킬로.
11 　1방리는 15.423km². 따라서 약31.9km².
12 　일본열도 중부지역으로 태평양 연안에 위치한 지역.

정미, 제염, 통조림, 어묵, 수산, 비료, 조선 등의 공장이 상당히 발달하여 근대적 대규모 방적, 경질도기제조회사 등은 조선 유수의 큰 공장이다.

호구

	조선인	내지인	외인	계
호수	15,212	9,533	133	24,878
인구	71,343	41,144	605	115,092

관공서 기타

경상남도청(中島町), 부산부청(本町), 부산경찰서(榮町), 부산수상경찰서(本町), 부산세관(高島町), 부산우편국(大倉町), 부산측후소(寶水町), 부산형무소(大新町), 부산지방법원(富民町), 수산시험소(牧ノ島), 부산헌병분대(大廳町), 지나(支那)[13]영사관(草梁町), 물산진열장(驛前), 부산상공회의소(西町), 공회당(驛前).

부산공립상업학교(大新町, 釜山里), 고등여학교(土城町), 보통학교(瀛州町, 牧ノ島, 凡一町, 中島町), 중학교(草梁町), 소학교(8개소).

조선은행지점(大廳町), 제일은행지점(本町), 조선식산은행지점(大倉町), 야스다(安田)은행지점(本町), 쥬하치(十八)은행지점(本町), 한성은행지점(本町), 부산상업은행(本町), 경남은행(草梁町), 부산일보(大倉町), 부산수산주식회사(南濱町), 부산식량품회사(南濱町), 부산공동창고회사(榮町), 조선수산수출회사(本町), 조선방적회사(凡一町), 일본경질도기회사(牧ノ島), 오사카(大阪)상선회사지점(大倉町), 조선기선회사(大倉町), 조선가스전기회사

13 중국.

지점(富平町), 조선우선(郵船)회사지점(大倉町), 동양척식회사지점(榮町).

항로

오사카포염선(大阪浦鹽[14]線), 오사카청진(淸津)선, 오사카제주도선, 신의
주오사카선, 조선상해선, 부산울릉도선, 조선서해안선, 부산원산선, 웅기
관문(雄基關門)선, 조선나가사키대련선, 부산제주도선, 부산여수목포선,
부산통영선, 부산방어진선, 부산포항선.

자동차

택시	1圓(부산진 및 용두산공원 제외)
시내대절요금 1시간이내	4圓
반나절(4시간)이내	15圓
하루(8시간)이내	30圓
시외(승합정기운전)	
부산역전동래온천간　편도1인	40전
부산역전해운대간　　　동	50전
부산역전송도간　　　　동	30전
부산역전하단　　　　　동	35전

전차(부산시내 및 동래온천 간)

1구 5전, 역에서 시내로는 1구(즉 시내는 5전 균일), 초량고관 1구, 부산진 2구, 동래온천 5구.

여관(전부 차대(茶代)[15]폐지)

부산스테이션호텔(철도국직영 양식)

숙박료

유럽식객실료: 1일 3원50전 이상

미국식숙박료 : 1일 8원50전 이상

식사료

조식 1원50전, 중식 2원, 석식 2원50전.

공회당식당: 화양식(和洋食) 각 1품을 조리하여 제공

오오이케(大池)여관(변천정), 나루토(鳴戸)여관(역전), 아라이(荒井)여관(역전), 마츠이(松井)여관(埋立新町), 마츠야(松屋)여관(埋立新町), 요네야(米屋)여관(대창정), 오이치(大市)여관(대창정), 비젠야(備前屋)여관(대창정).

15 팁에 해당되는 요금.

숙박료

1박2식: 2원부터 7원까지

1박1식: 1원50전부터 5원50전까지

중식료: 1원부터 2원50전까지

기정(旗亭)[16]

일본요리

칸초카쿠(觀潮閣), 치토세(ちとせ), 카게츠(花月), 카모가와(加茂川) 이상
남빈정

서양요리

미카도(ミカド, 幸町), 에도가와(江戸川, 南濱町), 세이요켄(精養軒, 大廳町)

유곽

미도리쵸(綠町), 역에서 약 2.4킬로

유람순서

시내

역→대청정(大廳町)→용두산→일한(日韓)시장→장수통(長手通)→역

소요시간: 도보 약2시간 자동차 약1시간

비용: 자동차 1명 2원50전, 전차(역 시장 간) 5전.

---

16 기를 세워 표시한 주막.

명승지

용두산(龍頭山)

시가 중앙에 우뚝 선 구릉으로 소나무가 울창한 부의 공원지로 되어 있다. 봄에는 신록 사이로 안개 낀 것처럼 벚꽃 핀 경치가 훌륭하며 언덕 위에 모셔진 코토히라(金刀比羅)궁(용두산신사)는 2백4십여 년 전 쓰시마의 국왕 소(宗)씨를 모신 곳으로 일본인이 조선에서 모시는 신사의 최초라고 일컬어지고 있다.

경내에서 한 눈에 바라보면 분지와 같은 푸른 만과 절영(絕影), 적기(赤崎)의 푸른 산봉우리가 눈썹 사이로 들어와 맑은 날에는 남쪽 멀리 묵화(墨畫)같은 대마도가 보인다. 산자락에 있는 부청은 옛날 대마도영주 소(宗)씨의 관사가 있었던 곳으로 지금은 전혀 그 모습을 볼 수 없고 시내 제1의 번화함을 자랑하는 거리가 되었다.

용미산(龍尾山)

변천정 길 뒤편의 남빈정(南濱町)은 식료품시장, 어시장, 그 외 해산물을 취급하는 큰 상점들이 많은데 이곳의 동쪽 끝을 용미산이라 한다. 작은 언덕이지만 용두에 대해 용미라 이름 붙인 것 같다. 언덕 위에는 타케노우치노스쿠네(武內宿彌),[17] 카토키요마사(加藤淸正)[18]를 제신으로 하는 신사가 있고 언덕 아래에는 부산연해에서 어획한 신선한 어류의 어시장이 있다.

17 일본의 고사기, 일본서기에 등장하는 신공황후의 신하로 일컬어지는 고대 인물.
18 임진왜란 때 토요토미 히데요시를 도와 조선침공에 앞장섰던 무장.

부산역 및 호텔

부산선차연락

범어사

해운대 해안 사진

대정공원(大正公園)

시의 서부 토성정(土城町)에 있고 원내에는 각종 운동경기를 위한 운동장이 설치되어 있다. 여기에서 항구의 서쪽을 바라보면 절영도가 매무새를 다듬어 부르면 답을 할 듯 가까운 곳에 구름 사이로 우뚝 서 있다.

송도(松島)

부산시가의 남쪽 약 1킬로 암남반도 일부에 만을 형성하고 있는 해안을 속칭 송도라 부르고 있다. 만내는 파도가 잠잠하고 백사장이 길게 뻗어있고 바다가 깊지 않아 여름에는 해수욕장으로 대단히 좋은 곳이다. 만내에 작은 섬이 있는데 노송 수 만 그루가 울창하여 나뭇가지소리 끊임없어 송도라 칭하였다고도 한다.

여름에는 부영(府營)으로 휴게소, 탈의소를 설치하고 매일 1시간마다 남빈에서 부(府)의 발동기선을 운항하게 하여 일반해수욕객의 편의를 도모하고 육로자동차편도 있다.

자동차 운임: 승합 30전, 대절 2원.

배 운임: 편도 3전, 왕복 5전.

절영도(絶影島)

마키노시마(牧の島), 최근까지 국유의 목장이 있었기 때문에 속칭 마키노시마라 불리고 있다. 시가로부터 지척의 거리에 있어 도선으로 약 10분 만에 갈 수 있다. 주위 약 27.5킬로에 높은 산을 고갈산(古碣山)이라 칭하는데 해발 약 300몇 십 미터로 구름 위에 서 있다. 섬 대부분이 경사지로 인가는 대체로 북쪽 산기슭에 집중하여 시가지를 이루고 어선은 본도를 근거지로 하여 출어하고 있다.

교외

초량

초량은 부산부의 일부로 시가전차는 역전을 거쳐 부산진, 동래온천으로 다니고 있다. 예전에 부산역이 없었을 때는 이곳이 경부선 시발 정거장이었기 때문에 현재에도 철도공장, 공무사무소, 기관고 등이 아직도 이곳에 있다.

부산진

예전에는 반도 동남단의 요지로 서남일대는 산기슭으로 동남부는 광활한 매립지 사이에 부산만이 임하고 있다. 현재 부산부의 팽창은 북쪽으로 뻗어가고 있는데 그 일부를 이루며 전차도 이곳으로부터 동래까지 뻗어있다. 역 부근에는 조선방적회사, 니치에이(日榮)고무, 부산직물 등의 공장이 모여 있고, 또한 이곳의 이출우(移出牛)검역소를 거쳐 내지로 이출되는 소는 연간 3만두에 이르고 있다.

부산진성터

부산진역으로부터 북쪽으로 약 200여 미터 거리에 있다. '분로쿠케이 쵸노야쿠(文祿慶長の役)'[19] 때 코니시유키나가(小西行長)가 배를 우암동에

19 임진왜란

정박하고 본성을 함락하여 수장 정발을 생포하였다고 전해지는 곳으로 후에 유키나가가 이를 일본식으로 개축한 것이라 전해지고 있다. 지금은 성벽만이 조금 남아 있을 뿐이다.

동래온천

조선에서 온천장으로는 우선 동래가 손꼽힌다. 그리고 부근에는 해운대나 범어사, 통도사 등 명성고적도 있어 탕치장(湯治場)과 같이 무료함을 느낄 일은 없다. 교통이 대단히 편리해 부산역에서 1시간마다 승합자동차가 있고 전차도 있다. 예전에는 백로(白鷺)온천이라 불려 소수의 조선인 입욕자 뿐이었지만 근래 내지인이 연이어 온천여관을 세우는 자들이 많아 세련된 온천거리를 형성하여 사시사철 온천객이 끊이지 않아 요즘에는 부산을 거쳐 가는 여객들이 반드시 여독을 씻어내는 장소가 되었다. 온천수는 약염류천(弱鹽類泉)으로 무취투명하고 특히 위장, 신경, 부인병 등에 효능이 있다고 전해진다.

여관

호우라이칸(蓬萊館), 동래호텔, 나루토(鳴戸)여관, 아라이(荒井)여관 등
숙박료: 1박 2원부터 7원까지.

교통

자동차: 부산역 동래온천 간 편도 1인 40전. 소요시간 30분.
　　　　매일 오전 7시 반부터 오후 9시까지 1시간마다 부산에서 출발.
전차: 부산에서 5구간 25전. 소요시간 45분.

해운대온천

동래읍에서 동쪽으로 약 8킬로 해변에 있다. 동래에서 자동차를 타고 가다보면 차창 밖으로 보이는 것은 높고 험한 산들, 백사청송(白砂靑松), 바위에 부딪히는 크고 작은 파도 끝없는 푸른 바다... 해운대의 조망은 대단히 훌륭하다. 여름철에는 해수욕장으로도 호적지로 최근 새로운 피서지로서 온천, 해수욕, 낚시, 후릿그물 등 가족단위의 보양객들로 넘친다.

교통

자동차: 부산역 해운대 간 편도 1인 50전. 소요시간 1시간.

매일 부산역에서 오전 8시 반, 10시, 11시 반, 오후 1시 반, 3시, 4시 반, 6시 7회 정기 발차한다.

여관: 해운루(海雲樓) 그 외.

범어사(梵魚寺)

동래온천에서 북쪽으로 약 8킬로 금정산 중턱에 울창한 수풀 속 대가람의 기와지붕이 늘어 선 모습이 울산가도에서도 눈에 띈다. 이곳이 범어사다. 신라의 명승 원효가 창건에 관여한 남조선 3대 명찰의 하나로 법당 방이 수 십 개소로 승려 200명이 있다고 한다. 경내는 소나무로 울창하여 조용하면서도 그윽한 운치가 있어 전혀 별천지의 느낌을 갖게 한다. 부산역에서 울산행 자동차를 이용하면 불과 30분 만에 갈 수 있으며 요금은 편도 1인 90전, 대절 편도 7원으로 갈 수 있다.

통도사(通度寺)

경부선 물금역에서도 부산역에서도 통도사행 자동차가 있다(자동차 운임은 물금역에서 승합 1원40전, 부산역에서 양산읍까지 승합 1원80전, 대절 20원). 자동차는 절 입구까지로 거기서부터 산문까지 약 1.5킬로는 도보 혹은 대절자동차를 이용해야 한다. 절은 영남에서 해인사와 대립하는 거찰로 그 경역의 넓이에 놀랄 정도인데, 험하고 높은 영취산 자락에 노송 울창한 사이로 가람 35동과 12의 암자가 점재해 있다. 창건은 1천2백80여 년 전 신라 선덕왕시대에 자장율사(慈藏律師)의 창건에 의한 것이고 이후 여러 번 화재를 입었지만 지금도 여전히 옛 규모를 남기고 있어 볼만 한 것들이 많고 불교의 본종이라 하여 석가의 사리탑이 있다.

김해(金海)

구포에서 낙동강을 건너 맞은 편 강안의 선암리(仙巖里)까지 발동기선을 이용하고 거기서부터는 자동차로 조금만 가면 김해읍에 다다른다. 옛 가락국의 도읍으로 그 당시는 낙동강구의 주요항구였다고 하는데 일설에는 임나일본부가 있었던 유적지라고 한다. 읍내의 분성대(盆城臺) 장소는 가락국의 궁궐터로 그 교외에는 시조 수로의 능묘가 있고 또한 북쪽으로 약 1킬로 떨어진 곳 구지봉아래에는 왕비의 묘가 있다. 읍의 남쪽 약 4킬로 지점의 죽림리(竹林里)에는 '분로쿠노에키(文祿の役)'[20] 때 쿠로다 나가마사(黑田長政)[21]가 주둔했던 가락성의 성터가 있다.

---

20 임진왜란.
21 임진왜란 때의 무장으로 지금의 후쿠오카지역의 번주(藩主). 부산, 김해, 창원 등 경남지역으로 침입하였다.

교통

구포역 김해 간: 자동차편 편도 60전

배편 편도 50전(선암 김해 간 자동차요금 포함)

Ⅱ. 대구

옛 대구

옛 신라시대에는 달구화현(達勾火縣)이라 하였는데 경덕왕[22] 때에 지금의 대구(大邱)로 바뀌었다. 이래로 이 지역에는 부사(府使)를 두고, 판관(判官)을 두어 이조개국 5백4년(1895)에는 군수(郡守)를 두었다. 그리고 내지인[23]이 처음으로 이곳에 이주해 온 것은 1893년경으로 청일전쟁 후 점차 증가하여 러일전쟁이 일어나고 경부철도의 속성공사에 따라 왕래자가 급격하게 증가하여 오늘날 번성함의 서두를 이루었다. 그 후 1905년 처음으로 이곳에 이사청(理事廳)[24]을 설치하고 다음 해에 대구거류민단을 설립하고 일한병합이 되어 신정(新政)이 실시되고 오늘의 대구부(大邱府)로 되었다.

지금의 대구

대구는 경북도청의 소재지로 경성이남에서 부산 다음으로 큰 도시이

22 신라의 제35대 왕(재위 742~765).
23 일본인.
24 통감부가 각 지방에 설치한 행정기관.

다. 1도 22군의 정치 및 산업의 중추지로서 또한 상공업이 번창하였다는 점에서 서조선의 평양과 비교할 정도로 시가가 번성하고 교통기관의 정비 등 대도시로써 부끄러움이 없는 설비를 갖추고 있다. 부근은 경부철도의 개통 이래 한층 더 번성하여 지방으로의 도로도 잘 구축되어 북쪽으로 약 46킬로에 충주, 동북으로 약 40킬로에 안동, 남쪽으로 약13킬로에 창영으로 각각 승합자동차가 매일 운행하고 특히 국유철도 동해중부선은 포항, 울산까지 개통하여 연도의 농산물은 물론 동해의 어류가 풍부하게 반입되어 오늘날 이 지역의 경제권은 경북의 전부, 경남의 동반부(東半部)가 그 세력아래 있다고 해도 과언이 아니다.

고래부터 대구부근은 지질이 풍요로워 곡류, 돗자리(筵蓆)의 산출지로 전해져 내지인들의 이주자가 많아짐에 따라 근래 눈부신 발전을 가져와 각지에는 과수, 연초, 완초(莞草)[25] 등을 재배하는 농원도 속출하고 특히 사과에 이르러서는 명성이 대단하여 내지는 물론 멀리 해외까지 수출되어 호평을 얻고 있다. 또한 일반농가에서는 부업으로 양잠을 할 수 있어 시내에는 조선제사(朝鮮製絲), 야마쥬제사(수製絲), 카타쿠라구미제사(片倉組製絲) 등 큰 공장들이 한창 굴뚝에서 연기를 내뿜으며 실을 만들고 있다.

부내 서문, 동문 양 시장에서 열리는 매월 6회의 개시(開市)에 지방적인 거래로 쌀, 대두, 소두, 어류, 해초, 면포, 잡화 등을 주로 하여 그 거래액에 있어 서문시장은 매월 30만원내외로 동문시장은 8만원내외에 이른다. 또한 매년12월에 열리는 약령시는 대단히 유명한데 약재를 주요 거래물로 하여 거래액이 78만원에 이르는데 한 달 내내 장이 열려 경상

---

25 왕골.

북도는 물론이거니와 멀리 전 조선 각지에서 모여든 자들이 몇 만에 이르러 개시일에는 흰옷으로 뒤덮여 어깨가 부딪힐 정도로 성황을 이룬다.

대구시장 장날

서문시장: 매월 음력 2일, 7일

동문시장: 매월 음력 4일, 9일

약령시장: 매년 음력12월(1개월간)

호구

	내지인	조선인	기타	계
호수	6,507	13,461	208	20,176
인구	25,590	59,084	611	85,285

관공서 기타

경상북도청(上町), 부청(東雲町), 경찰서(本町), 복심(覆審)법원(南龍岡町), 지방법원(南龍岡町), 우편국(上町), 보병80연대, 전매지국, 원잠종제조소(原蠶種製造所), 곡물검사소, 상품진열소, 사범학교, 중학교, 농학교, 상업학교, 보통학교, 조선은행지점, 조선식산은행지점, 대구은행, 금융조합, 동양척식지점, 대구상공회의소, 조선민보사, 기타.

교통

자동차: 1시간 1원50전. 시내 편도 1원.

기정(旗亭)

겐치쿠(原竹, 幸町역에서 약 1백 미터), 미카사(三笠, 幸町), 아카시(明石, 村上町).

유곽

야에가키쵸(八重垣町, 역에서 약8백 미터)

여관(차대폐지)

타다시야(唯屋, 역에서 약 200미터), 하나야(花屋)여관(역에서 약 200미터), 산푸쿠(三福)여관(역에서 약 50미터), 타치바나야(立花屋)여관(역에서 약 400미터).

숙박료: 4원에서 7원까지

식사료: 1원80전에서 3원까지

명승지

유람순서

시내: 역→상품진열소→원정(元町)→달성공원→서문시장→시장정(市場町)본정(本町)3정목(町目)→동문시장→남성정(南城町)→역

소요시간: 도보 4시간, 자동차 1시간 반, 인력거 2시간 반.

비용: 인력거 1원50전, 자동차 1시간 1원50전.

대구의 조선시장

달성공원

대구시가

달성공원

(역에서 약 900미터, 인력거 50전, 자동차 승합30전, 대절 1원, 부영버스 편도 6전)

부내 서쪽에 있는 잔 모양(盃狀)의 구릉을 이용한 공원으로 신라시대 달불성(達弗城)의 유적지이다. 아마도 달성이라는 이름 때문일 것이다. 원내에는 아마테라스오미카미(天照大神)을 봉사(奉祀)하는 대구신사, 망경루(望京樓), 관풍루(觀風樓) 등이 있어 시내를 한눈에 내려다 볼 수 있는 조망이 수려한 곳이다.

뇌경관(賴慶館)

부내 상정(上町)에 있는데 1925년 대정천황즉위기념으로 경상북도 거주 조선인의 기부로 설립된 것이다.

도수원(刀水園)

원내에는 청천(淸泉) 샘솟고 축산(築山) 뒤쪽으로 영귀정(詠歸亭)이라 불리는 오래된 건물 등이 있어 여름에는 낚시를 하고 가을에는 만월을 즐기기 위해 지팡이를 끌며 산보하는 사람이 많다.

대구교외

동촌(東村)

금호강변 일대의 옥야(沃野)의 총칭으로 일본농업경영자의 부락이다. 과수와 소채를 재배하고 대구사과는 주로 이곳에서 산출된다. 또한 밤과 꽃놀이의 명소로서 봄가을 대구부민의 행락지가 되어 도화유수(桃花流

水) 별천지의 경치이다.

동화사(桐華寺)

역의 동북쪽 약18킬로(대구에서 자동차로 2시간, 편도대절 8원) 달성군 팔공산의 산복에 있다. 경내는 노목이 울창하고 잔잔히 흐르는 계곡이 있고 기암괴석도 있어 고즈넉한 신비의 경승지를 이루고 십 수채의 당우가 그 사이에 숨기듯이 자리 잡고 있다. 이 절은 신라 문성왕 때 보조(普照)스님에 의해 창건되어 조선 30본산의 하나로 헤아려질 만큼 규모도 크고 전각 중 극락전은 신라시대의 유물로서 고고학자들이 추천하고 있다.

해인사(海印寺)

경남 합천군 가야면 치인리(緇仁里)에 있다. 대구에서 서남쪽으로 약 67킬로(자동차운임 편도승합 1인 3원65전, 대절 25원55전), 김천에서 약 90킬로로 자동차를 이용할 수 있다. 경역은 가야산연봉에 둘러싸인 산수가 수려한 곳으로 전각과 당탑 또한 크고 아름다운 미의 극치를 이루고 있다. 창건은 신라 애장왕 2년(천백여 년 전)[26] 승려 순응(順應)에 의해 창건되어 현재 법등(法燈)을 지키는 승도의 수가 3백 여 명으로 실로 영남 3대사찰의 하나이다. 유명한 대장경 판목은 적광전(寂光殿) 뒤에 세워진 대경각(大經閣)에 수납되어 있는데 그 수가 86,686매에 이르러 고려 고종왕 때 판각된 것이라 전해지고 있다.

---

26 애장왕 2년으로 되어 있으나, 애장왕 3년(802)에 창건되었음.

圖略近附州慶

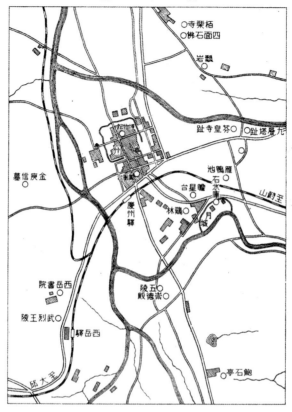

경주부근 약도

신라의 고도

Ⅲ. 경주

옛날에는 반도 통일의 도성으로 자랑스러웠던 경주도 지금은 '나라는 망해도 산하(山河)는 그대로'라는 고도(古都)의 적막감을 한층 더 느끼게 해준다. 경주는 서쪽으로 대구로부터 약 67킬로 떨어져 있고 북쪽의 영일만으로부터 약 27킬로 떨어진 곳에 동서로 약 8킬로, 남북으로 약 8킬로 반의 큰 분지에 넓은 옥야를 품에 안고 이천(伊川), 남천(南川), 북천(北川) 등의 계류가 굽이돌아 흐르고 있다. 즉, 이 산수를 품에 안은 수 백 평방 킬로가 옛 왕성이 있던 곳으로 경주에 발을 한 번 들이면 대단한 규모의 장대함, 풍광의 온아함에 과연 56대에 걸쳐 1천년 신라의 영화로운 대도성이라 납득할 것이다.

지금의 경주 시가는 구도성의 서쪽 시에 호수 불과 3천, 인구 1만7천에 지나지 않지만 소위 전성시대 때의 도읍은 이 분지 일대를 점하여 전체 1천3백방(坊)[27], 민호(民戶)17만9천여 호에 이르렀다고 전해진다. 신라는 이 지역을 중심으로 하여 나라를 세운 후 한동안 크게 성장하여 이윽고 당의 힘을 빌려 신라가 조선반도통일의 패업(覇業)을 이룬 것으로 오늘날 읍내에는 옛 모습을 남기고 있는 유적들이 많이 남아 있다. 만약 경주를 찾는다면 우선 박물분관에 들려 수많은 귀중한 유물들을 보고 신

27　고려, 조선시대에 성내 일정구획을 방(坊)이라 하였고 그 안에 동(洞), 리(里)를 두었다.

라 1천년사의 예비적 지식을 만들고 나아가 부근에 산재해 있는 실지를 둘러보며 이를 대조하여 그 규모의 대단함, 문화의 진도, 구상기공(構想技工)의 우수함 등에 상상을 펼치면 영화로웠던 옛 것을 눈에 선하게 그려낼 수 있어 매우 흥미를 느낄 수 있을 것이다. 현재 신라문명의 사적은 단편적이지만 성터, 사원, 동탑, 불상, 능묘 등 경주를 중심으로 하여 멀리는 2, 30킬로 바깥까지 산재해 있지만 정비된 도로가 사방으로 통하여 자동차를 이용하면 보다 자유롭게 아무런 불편을 느끼지 않고 탐승할 수가 있다.

경주박물분관

경주박물분관은 읍내 구 경주부윤관사의 일부를 그 청사로 하여 최근 총독부박물분관이 되었는데 지금까지는 경주고적보존회의 진열관이었다. 진열품은 석기시대의 유물, 진한(辰韓), 신라, 고려 각 시대의 토기, 와전(瓦塼), 기타 불상, 깨진 석관(石棺), 석침(石枕), 복관(覆棺) 등으로 그 중 신라 왕릉에서 발굴된 금관, 세계에 그 비할 데 없다고 일컬어지는 봉덕사 종 등은 경탄해 마지않는 것들로 고고학자들이 중시하고 있다. 이 종은 신라33대 성덕왕을 위해 35대 경덕왕이 기도하고 다음 왕인 혜공왕 6년에 다대한 고심의 결과 완성된 것으로 높이 약 3미터, 구경 약2.23미터, 둘레 약7미터, 두께 약 8인치, 중량 약72킬로라 일컬어지고 있다. 이 종을 보는 것만으로 신라 당시의 문화발달이 얼마나 발전하고 있었는지를 상상할 수 있을 것이다.

종(鐘)의 전설(경주의 전설에 의함)

천하일품이라 일컫는 봉덕사의 종은 당대역(唐大曆)6년[28] 신라 36대 혜공왕 때에 주조된 것으로 분관 내 종각에 보존되어 있다. 처음에 34대 효성왕이 부왕인 성덕왕의 명복을 빌기 위해 성의 북쪽에 봉덕사를 세웠지만 얼마 지나지 않아 임종하였기 때문에 동생인 35대 경덕왕은 그 뜻을 이어 이번에는 그곳에 큰 종 주조에 착수하였다. 하지만 완성되기도 전에 또한 임종하여 그 아들 혜공왕이 뜻을 이어받아 주조에 힘을 들여 얼마 후 완성하게 되고 경사스럽게 봉덕사에 봉납하고 종을 성덕대왕신종(聖德大王神鐘)이라 이름 지었다.

이 종이 주조되기까지 몇 번에 걸쳐 다시 만들었는지 알 수 없을 정도이다. 비천(飛天)의 아지랑이가 선명하게 흔들려도 아깝게도 커다란 균열이 한 일자로 가 있다든지, 종이 훌륭하게 완성되었더라도 종소리에 혼탁한 음이 들어가 있다든지, 만들 때마다 실패하게 되자 국왕을 위시하여 검사관도 이제는 손 쓸 방책이 따로 없게 되어 암울함에 빠져 모두가 한숨만 내쉴 뿐이었다. 그 중에서도 특히 주공이었던 일전(一典)은 과거에 49만 여근의 황룡사대종을 훌륭하게 만들어 낸 천하의 명장으로 세상에 알려진 기술자. 그가 불과 12만 여근의 이 종을 완성해 낼 수 없

28 771년에 해당.

다니 자신도 그 이유를 알 수 없어 마지막에는 몸도 마음도 진을 다하여
축 쳐진 몸으로 집에 갈 수 밖에 없었다.

어느 날 꿈결에 누군가 몸을 흔드는 자가 있었다. 그에게는 유일한 여
동생이 있었다. 일찍 남편과 사별하고 외동딸과 함께 외롭게 살고 있는
여동생이다. 평소 오라버니를 아끼고 있던 그녀는 종이 완성되지 못하는
이유가 모두 자신 때문이라고 늘 마음 아프게 생각하고 있었다.

"사람을 제물로 바치지 않으면 안 된다"는 길가는 사람들의 목소리가
나날이 마음깊이 아로새겨졌다. 어느 날 그녀는 굳은 결심을 하였다. 그
리고 이 세상에 하나밖에 없는 사랑하는 딸을 바라보았다. 얼마 뒤 그녀
는 오라버니를 찾아가 자신의 결심을 이야기 하였다. "오라버니 부디 그
렇게 해 주세요. 다행히 딸아이는 세상 떼가 묻지 않은 청결한 몸, 이 아
이로 도움이 되어 종이 완성된다면 오로지 왕의 기쁨일 뿐만 아니라 돌
아가신 아비에 대한 그 무엇과도 바꿀 수 없는 공양이 될 것이라고 딸아
이도 잘 알고 있습니다. 그리고 이미 그 준비도 되어 있습니다."

흥분하여 피를 토하는 심정을 억누르며 귀중한 여동생의 말에 이윽고
제물로 바치게 되었다.

"어머니(まーねつれー, 마ー네쯔레ー)!" 어머니를 부르는 목소리는 이 세상의
아쉬움. 엄청난 보랏빛 연기가 회오리치며 뜨거운 쇳물이 주조 틀에 부
어졌다.

당대역(唐大曆)6년이 다가오는 연말 아침에 하늘 꽃과 같이 내린 눈이 눈길 닿는 곳까지 새하얗게 순백으로 덮인 신라 도성을 가라앉히고 있었다. 바로 그 때 햇수로 십여 년 기다림 끝에 신종의 영음이 먼지하나 없는 공기를 가르며 사방으로 도성을 가득 채워 울렸다. 이 소리를 들은 나라 안의 모든 사람들이 귀천을 따지지 않고 남녀노소 모두가 환희의 절정에 달했고 명장의 이름을 부르며 찬탄해마지 않았다.

그러나 일전남매만은 찢어지는 마음을 가누고 합장하며 이 소리를 언제까지나 "어머니(まーねつれー, 마-네쯔레-)!" "어머니(まーねつれー, 마-네쯔레-)!"로 듣고 있을 뿐이었다.

계림

경주읍의 동남 약 2킬로 월성 서쪽에 있는 조그마한 숲으로 시림(始林)이라고도 계림(鷄林)이라고도 불리는 예부터 신성한 숲으로 되어 있다. 신라 제4세 석탈해왕이 어느 날 숲속에서 닭이 우는 소리를 듣고 가보니 금궤가 나뭇가지에 걸려있고 그 아래에는 흰 닭이 계속 울고 있었다. 이상하게 생각하여 그 궤를 열어보니 안에 구슬 같은 한 남자아이가 나타나자 왕은 대단히 기뻐하며 이를 데리고 돌아와 태자로 삼고 김알지(金閼智)라 이름 지었다. 이가 후에 김씨의 조상으로 그때부터 이 숲을 계림이라 부르고 국호도 계림으로 바꾸었다고 한다.

월성

월성은 계림의 바로 남쪽으로부터 문천(蚊川)[29]의 오른쪽 강변을 따라 동남쪽으로 길게 수 백 미터 뻗어 고저 차로 늘어서 있는 반월형의 토성이다. 예전에는 석성(石城)이었다고 하는데 지금은 그 일부인 초석으로 보이는 돌이 조금씩 남아 있을 뿐 잘 정리된 잔디나 소나무가 아름답게 주위를 둘러싸고 있다. 신라 제4세 석탈해왕이 거주했던 곳이었지만 다음 왕인 파사왕(婆娑王)12년에 이를 축성하여 누대의 황거가 되었다. 지금은 석씨의 시조 탈해왕을 제사 드리는 숭신전(崇信殿)과 왕이 얼음을 저장했다고 전해지는 석빙고가 한 쪽에 있다. 석빙고는 과거 왕성의 식량창고였던 것 같은데 내부는 원통형으로 돌을 쌓아 당시에 이미 아치 건축법이 실시되고 있었다는 것을 알 수 있다.

효불효교(孝不孝橋 모친에 대한 효는 부친에 대한 불효가 된 다리)

월성을 가로질러 문천의 기슭을 따라 그대로 올라가면 수많은 석재가 강물을 막고 있다. 이것이 칠성교의 유적으로 효불효교라고도 하였다.

옛 신라 때 한 사람의 과부가 있었다. 강 건너편의 정부를 만나러 항상 아이들이 잠든 깊은 밤에 슬쩍 집을 나서는 것이었다. 7명의 아이들은 무슨 일인지는 모르지만 어머니가 심야에 강을 건너야 하는 어려움을 알고 돌을 옮겨 다리를 만들었다. 어머니는 그것을 보고 크게 부끄러워 이로 인해 불의를 멈추었다고 한다. 어머니에 대한 효는 돌아가신 아버지에 대한 불효가 되었다고 하여 세상 사람들은 이 다리를 효불효교

29 남천(南川)

라 하였다. 또한 7명의 자식들이 만들었기에 칠성교라고도 불렀다.

자식이 없는 여자나 젖이 나오지 않는 여자는 심야에 돌다리에 엎드려 기도를 하면 반드시 답을 얻었다고 한다. 또한 연애로 고민하는 여자가 이 돌다리 위에서 빌면 의중의 사람에게 반드시 그 뜻이 전해진다고 믿어지고 있다.

남산 성터

월성 남쪽 문천을 사이에 둔 남산에 있는 광대한 산성으로 지금도 석벽이 남아 있고 가끔 오래된 기와가 발견되기도 한다. 이 성은 명활산성(明活山城)[30] 및 선도산성(仙桃山城)[31]과 함께 신라 도성의 3면에 정립된 중요한 성벽을 이루고 있다.

첨성대

월성 북쪽 도로 옆에 있는 신라 제27대 선덕여왕 때 축조된 천문관측대로서 방형의 지복석(地覆石) 위에 화강암을 원통형으로 쌓아올리고 상부에 이중의 우물정자형 구조물을 놓았고 중간 지점 남쪽에 방형의 창문을 설치하였다. 높이 약 8.8미터, 밑 지름 약 5.1미터의 동양 최고(最古)의 천문대로 방문하는 이들의 경탄을 자아내고 있다.

---

30 경주에 있는 신라시대 수도를 방어할 목적으로 축조되었으며 다듬지 않은 돌을 사용한 신라초기 축성방식으로 만들어진 산성이다.

31 경주 서쪽에 있는 선도산에 위치한 산성. 정상부에 보물 제62호로 지정된 경주서악리마애석불상(慶州西岳里磨崖石佛像)이 있다.

안압지

월성 북쪽으로 약 4, 5백 미터 거리에 작은 연못이 있다. 신라 영주(英土) 문무왕 때의 궁원(宮苑)으로 만들어진 것으로 연못을 만들고 연못 가운데에 작은 섬과 주변에 얕은 산을 만들어 중국의 무산(巫山)12봉[32]을 모방하여 연못 가운데 섬에는 돌다리를 놓고 꽃과 나무를 심고 진귀한 새와 짐승들을 방사하여 연회장으로 하였다고 전해지는데 지금은 연못과 주변의 언덕 두 세 곳과 돌다리의 기초석만 남아 있다. 안압지 서쪽으로 이어지는 곳은 임해전(臨海殿)[33]터로 신라왕이 해외로부터의 귀빈을 접견하는 가장 수려하고 웅장한 궁궐이 있었다고 전해지고 있다.

황룡사지

안압지 동쪽으로 약 3백 미터 거리의 밭 가운데에 지금은 초석만이 남아있다. 신라 24대 진흥왕 14년에 새로운 궁궐을 이곳에 세우려고 하였으나 황룡(黃龍)이 이곳에 나타나자 왕은 이를 기이하게 여겨 사원으로 세우고 황룡사라 이름 지었다고 한다. 옛날 이 절에는 신라 삼보(三寶)의 하나인 장육불상(丈六佛像)과 9층탑이 있었지만 몽고의 병화로 전부 불타 소실하였고 지금은 유일하게 구층탑의 문주에 반원조(半圓彫)의 금강역사 8체 중 2체가 박물관에 진열되어 있고 6체는 땅 속에 묻혀 있어 웅대한 당우의 초석과 삼존불의 좌석만이 남아 있다. 그 규모가 얼마나 광대하고 화려하였는지 이곳에서 출토된 기와 편만으로도 대략 상상할 수 있다.

32 중국 사천성의 명산 무산(巫山)12봉
33 안압지 서쪽에 있었던 궁궐.

분황사탑지

선덕여왕 3년에 축조된 흑갈색의 석재를 쌓아올린 고탑이 남아 있다. 마치 벽돌로 쌓은 전축(磚築)처럼 하층의 4면에는 인왕, 네 귀퉁이에는 돌사자가 조각되어 있다. 동경잡지(東京雜誌)[34]에 분황사의 탑은 신라 삼보(三寶)의 하나이다. 임진난적(壬辰亂賊)으로 인해 그 반이 훼손되었다고 하는데 이전에는 상당히 높은 탑이었다고 한다. 지금은 하부의 3층만 남아 있다.

사면석불

읍의 동쪽 소금강산의 서쪽 기슭에 큰 바위의 사면에 불상이 새겨진 것이 있다. 이것이 굴불사(掘佛寺)의 사면석불로 속설에는 이 석불의 돌가루를 남몰래 복용하면 임신할 수 있다는 미신이 있다. 바위의 높이는 약 3.6미터로 배면의 넓이 약 3미터의 미타삼존의 입상약사여래의 좌상음양각(坐像陰陽刻)이 있어 그 어느 것도 걸작이다.

---

34 1670년(현종11)에 간행된 경상도 경주부(慶州府)의 지리지인 『동경잡기(東京雜記)』를 1711년(숙종37)에 중간(重刊)한 책이다. 목판 크기는 초간본과 다르지만, 항수(行數)와 자수(字數)를 똑같이 맞추어 새로 목판을 새겨 인출한 것으로, 3권 3책이다. 다만 표지 서명이 '동경잡지(東京雜誌)'이고, 3책을 천(天)·지(地)·인(人)으로 구분한 것은 초간본과 다르다. 권말에 1711년에 경주부윤(慶州府尹) 남지훈(南至熏)이 신라 천년의 사실이 인멸될까 염려하여 다시 간행한다는 뜻을 밝힌 지(識)가 실려 있다(한국학진흥사업성과포털 http://waks.aks.ac.kr/dir/searchView.aspx?qType=0&secType=&sType=&sWord=%e6%9d%b1%e4%ba%ac%e9%9b%9c%e8%aa%8c&dataID=G001+KYUC+KSM-WV.1660.1111-20120701.GK01375_00@AKS-2011-CAC-3101_DES 2020.1.2.일 검색)

불국사

포석정

첨성대

부산(1929년판)

백율사

사면석불로부터 약 2백 미터 소금강산의 좁은 길을 기어 올라가면 그 중턱에 있다. 창건연대는 불명확하지만 대웅전에 안치된 동조약사여래(銅造藥師如來)의 입상은 높이 약2미터 정도로 그 모습을 보아 통일신라시대의 것으로 추측된다.

표암(瓢岩)

소금강산의 남쪽 끝에 있는 커다란 암석으로 진한(辰韓) 6촌의 하나인 알천양산촌(關川楊山村)[35] 이씨의 조상 이알평(李謁平)[36]의 출생지로 일컬어지고 있다. 백 여 년 전에 세워진 비석에 의하면 이 바위는 수도의 방위(方位)에 해가 된다고 하여 '박'을 심어 감추었기 때문에 '표암'이라 전해지고 있다.

오릉

오릉은 또는 사릉(蛇陵)이라 칭하는데 문천에 놓인 남천교의 서쪽 소나무 숲에 있어 신라의 시조 박혁거세와 왕비 이하 세 왕의 능묘로 경내는 넓고 노송이 울창하여 깊은 이끼 색으로 덮여 있다. 최남단의 능이 시조의 능묘로 부근에는 시조를 제사 드리는 숭덕전(崇德殿)이 있다.

---

35 신라초기에 경주에 있었던 6촌 중의 하나.

36 생몰년 미상. 신라건국기의 씨족장. 경주이씨(慶州李氏)의 시조로서 초기 사로육촌(斯盧六村) 중의 하나인 알천양산촌(關川楊山村)의 촌장이었다고 하나 이를 경주 이씨의 조상으로 인정하지 않는 학자도 있다.

포석정

오릉 남쪽으로 약 2킬로 거리에 길을 왼쪽으로 돌면 마을 근처에 소위 유상곡수(流觴曲水)의 연회장으로 커다란 나무아래 전복형태의 석조물이 현존하고 있다. 55대 경애왕이 이곳에서 왕비와 함께 술자리를 가지며 환락 중에 후백제 견훤의 습격으로 죽음을 맞이한 신라 최후의 애사를 전하는 유적이다.

서악(西岳)을 중심으로 그 부근에 있는 것

김유신묘

경주역에서 서쪽으로 서천교를 건너 서북을 향해 송화산록(松花山麓)의 좁은 길을 올라 약 3백 미터 지점에 있다. 주위에는 십이지 상을 조각한 호석(護石)이 있고 비교적 완전하게 옛 양식을 갖추고 있다. 김유신은 무열, 문무 두 왕을 도와 백제, 고구려를 멸망시키고 신라통일의 대업을 완수한 공신이다.

무열왕릉

서악역의 서남쪽 약 3백 미터 도로 옆에 있다. 왕은 신라 29대 반도통일의 기초를 연 중흥의 영주로 재위 겨우 8년 만에 죽음을 맞이하였다. 능분은 주위 약 57간[37]으로 문무왕 원년에 축조를 시작하여 앞 측면의 귀부(龜趺)는 주위에 육용주(六龍珠)를 받드는 형태로 조각한 것으로 수

---

37 57간=약 0.1킬로미터.

법의 정교함은 당나라 식 미술 도입의 선구라고 한다.

서악(西岳)서원

무열왕릉의 북쪽 가까운 곳에 있는 신라의 명신 김유신, 동 중기의 학자 설총 및 말기의 학자 최치원의 세 현사를 모시고 있다. 부근에는 진흥, 진지, 문성, 헌안 등의 여러 왕릉과 영경사지 등이 있다.

불국사를 중심으로 그 부근에 있는 것

괘릉

불국사역에서 약 4킬로미터 울산가는 길 북쪽 소나무 숲에 있는데 예부터 신라중흥의 영주인 30대 문무왕의 능이라 전해지고 있었지만 최근에 문무왕의 능이라 확증되었다. 능묘는 우수한 12지 신상이 양각된 호석으로 둘러져 있고 전면 수 십 간에는 문무석인상 및 석수(石獸), 석화표(石華表)를 설치하여 그 양식이 완비된 웅장함이란 사면의 그윽한 신비로움과 함께 신라능묘의 모범이라 일컬어지고 있다. 특히 문무석 인형석수 등의 수법이 정치하고 조각의 기묘함은 당대(唐代)예술의 특질을 띠며 신라유물의 백미로 탄성을 자아내고 있다.

불국사역 괘릉 간 자동차요금: 1인 왕복 50전

최저 3명분 1원50전

불국사

불국사역에서 약 3.4킬로 토함산 중턱에 있다. 신라19대 눌지마립간 때 지금으로부터 거슬러 1천 5백 여 년 전 승려 아도(我道)[38]에 의해 처음으로 개기되었으나 그 후 아도가 떠난 뒤 패퇴하였지만 나중에 제23대 법흥왕 14년 본사를 재건하고 다음 왕인 진흥왕 및 제 30대 문무왕이 이를 중창하여 제35대 경덕왕 때에 나라의 제상 김대성에 의해 또 다시 중건되어 여기에 처음으로 완성되었다고 전해진다. 즉, 석조물, 불상 등의 유물에 신라시대의 모습이 잘 남겨져 있고 특히 대웅전 전면에 현존하는 2기의 석탑 중 하나는 다보탑(석조 높이 약6미터)으로 또 다른 하나는 석가탑(석조 높이 약8미터)이라 하여 천 여 년의 풍우를 잘 견뎌 지금도 엄연한 모습으로 좌우에 서 있고, 앞문의 청운교, 백운교 터는 거의 퇴폐되었지만 그 장엄한 구조는 칠보연화의 양교와 함께 신라시대의 대표적 걸작으로 일컬어지고 있다.

불국사역 불국사 간 자동차: 편도 승합 1인 40전

석굴암

불국사로부터 급경사를 약 2.8킬로 올라가 토함산 정상을 넘으면 얼마 지나지 않아 석굴암에 이른다. 그 정상에서는 망양한 일본해를 앞에 볼 수 있다. 속전에 의하면 암은 석불사라 이름 하여 신라 35대 경덕왕 10년 때의 건립으로 산 중턱에 굴을 파고 내부를 아치형으로 돌을 쌓아

---

38 생몰연대 미상의 고구려의 승려로 신라에 불교를 전파하였다고 한다.

입구 좌우에 사천왕, 인왕상을, 내부 주벽에는 11면 관세음, 16제자 범천석(梵天釋) 등 36체를 반 육각으로 조각하고 중앙연대 위에는 높이 약 3.3미터의 석가좌상을 안치하고 있다. 이들 불상은 모두 같은 해에 제작을 실시한 것으로 그 조각의 정치 수려함에 놀라울 뿐으로 신라불상유물 중 유수한 것으로 소중하다.

고적유람안내

교통

• 경성방면에서

경부선 대구역에서 동해중부선으로 갈아타고 약 2시간 반이 소요된다. 또한 대구에서 승합자동차편도 있다.

기차운임 대구경주 간(편도 어른 1인): 2등 1원94전, 3등 1원8전

자동차운임 대구경주 간(승합 1인): 1원65전

• 부산 내지방면에서

부산에서 기차로 대구에서 하차, 대구에서 앞의 교통기관을 이용하는 편 외에 부산에서 동래온천에서 여독을 풀고 자동차를 이용하여 도중에 범어사, 통도사 등의 고찰을 탐승하고 울산으로 나와 기차로 경주로 가는 방법도 있다.

부산 동래온천 간: 자동차(승합 편도1인) 40전.

전차 5구간(1구간 5전) 25전.

동래온천 울산 간: 자동차(승합 편도 1인) 3원10전.

울산 경주 간: (편도 어른1명) 2등 1원17전, 3등 65전.

유람순서

경주의 고분은 경주읍내를 중심으로 멀리는 2십 4, 5킬로 바깥까지 산재해 있지만 대단히 도로가 좋고 유람자동차도 있어 비교적 용이하게 유람할 수 있다. 그러나 빠짐없이 모두 다 유람하는 것은 시간도 필요하니 여기에서는 주요한 곳만을 구경하는 코스를 아래에 적시하기로 한다.

경주지방유람순로

경주역→(약 600미터) 박물관분관→(약 2.5킬로) 표암→(약 20미터) 사면석불→(약 1.5킬로) 분황사→(약 700미터)→안압지→(약 400미터) 석빙고→(약 300미터) 첨성대→(약300미터) 계림→(약 1킬로) 오릉→(약1.8킬로) 포석정→(약 6.5킬로) 무열왕릉→(약2.5킬로) 경주역

소요시간(각지 견학시간 포함)

도보: 6시간45분

자동차: 3시간

비용

박물분관 관람료: 1인 5전.

유람자동차운임: 승합1명 1원(단, 최저 4명분 4원)

불국사부근 유람순로

경주역⋯불국사역→(약 3.3킬로) 불국사→(약 2.7킬로) 석굴암→(약 2.7킬로) 불국사→(약 3.3킬로) 불국사역→(약 3.4킬로) 괘릉→(약 3.4킬로) 불국사역

→경주역

소요시간(각지 견학시간 포함)

도보: 5시간45분

자동차: 3시간45분(일부구간 자동차에 의한 경우)

비용

자동차운임

불국사역 불국사 간: 승합 편도 1명 40전.

불국사역 괘릉 간: 승합 왕복 1명 50전(최저 3명분 1원50전).

불국사역 경주 간: 승합 편도 1명 1원40전, 대절 1대 10원.

기차운임

경주 불국사역 간: (편도 1명) 2등 36전, 3등 20전.

여관과 요금

경주(차대폐지)

일본식: 시바타(柴田)여관, 아사히(朝日)여관, 경주여관, 카스가(春日)여관

조선식: 안동여관, 경동(慶東)여관, 대구여관, 월성여관

숙박료: 일본식 2원50전 이상 4원50전 이하

　　　　조선식 80전 이상 1원50전 이하

불국사

일본식: 불국사호텔

숙박료: 1원50전 이상 8원 이하

불국사호텔은 불국사 경내에 있는 철도국지정위임경영의 깨끗하고 세련된 여관으로 조망이 수려한 위치에 있다. 경주에 와서 본 호텔에 1박하고 새벽녘에 석굴암에 올라 떠오르는 태양빛에 빛나는 일본해를 조망하며 신비롭고 웅대한 경치를 즐겨보길 권한다.

Ⅳ. 진해

1902년 한국정부가 마산을 개항하였는데, 러시아는 진해가 천연의 요새임에 착목하여 여기에 군항설비를 만든 이래 러시아동양함대의 근거지가 되었지만 러일전쟁이 일어나자 우리 해군은 이곳을 점령하여 근거지로 삼아 일본해전의 대첩을 거둔 이래 일약 세상에 알려졌고 군항으로 오늘날에 이르고 있다. 시가지는 세 방향으로 긴 뱀처럼 늘어져 산들로 둘러싸였고 전방은 진해만의 검푸름을 안은 경승요지의 땅으로 정시천(征矢川)을 가운데 두고 북쪽으로부터 동남쪽을 향해 전개된 욱일(旭日)형의 우물 정자 형태로 정연하게 구획된 도시이다. 근래 여러 사정으로 조금 쇠퇴하고 있었지만 철도 개통에 따라 육해교통이 구축되어 시황이 활기를 되찾고 있다.

호구

호수: 1,428

인구: 6,321

관공서 그 외

진해 요항부(要港部), 헌병분대, 경찰서, 면사무소, 진해방위대, 진해만 요새사령부, 고등여학교, 진해공립공업보수학교.

교통

정기항로

행암만(行岩灣)(진해항)

부산행: 오전9시, 오후4시30분 2회 출항.

통영행: 오후1시 출항. 구마산을 경유하여 통영행.

목포행: 오후4시30분 출항. 마산, 통영, 여수를 경유하여 목포행.

제등만(齊藤灣)

마산, 구마산, 통영으로 매일 오전6시30분부터 오후6시까지 5왕복의 발동기선편이 있음.

여관

마츠요시(松芳), 타치바나(橘), 후쿠오카야(福岡屋), 아사히(旭), 마츠바 (松葉), 친카이(鎭海), 하루노히(春の日, 요리점)

숙박료: 1박 2엔부터 6엔까지.

역→진해신사→기념탑→키요노우라(淸之浦)→치요가하마(千代が濱)→사쿠라노바바(櫻の馬場)→요항부(要港部)→방위대→토쿠마루칸논(德丸觀音)→하고로모노마츠(羽衣の松)→역

소요시간: 도보 약4시간. 인력거: 약2시간 반. 자동차: 약2시간.

비용: 인력거 1원50전, 자동차 5원.

명승지

사쿠라노바바(櫻の馬場)

벚꽃나무 만 여 그루가 수 백 미터 사이에 정연하게 심겨져 벚꽃이 만발하였을 때는 마치 안개와 구름처럼 꽃 터널을 이루어 조선 내에서도 굴지의 벚꽃명소로 알려져 있다.

친카이칸논(鎭海觀音)

일명 토쿠마루칸논(德丸觀音)이라고도 하는데 오랜 유서 있는 역사를 지니고 있다. 경내는 조용하면서도 고즈넉한 공간에 녹림 가운데 중국풍 당우가 있어 풍정은 중국풍경을 방불케 한다.

진해신사

투구모양의 산 남쪽 중턱에 있는 아마테라스(天照)[39], 토요우케(豊受)[40]

---

39 일본신화에 등장하는 주신(主神)으로 황조신(皇祖神). 일본서기, 고사기에 아마테라스는 태양신의 성격과 무녀의 성격을 동시에 지닌 존재로 묘사되어 있다.

양신을 모시는 곳으로 진해시민의 수호신으로 신사는 장엄하고 시내의 제등만(齊藤灣)을 한눈에 바라볼 수 있는 조망절경의 장소이다.

하고로모노마츠(羽衣の松)

시의 중앙을 관통하는 정시(征矢)천의 상류에 산세가 웅대하고 기암괴석에 둘러싸인 조용하고 고즈넉한 신비의 경치를 이룬 유명 계곡이다. 이곳의 형상이 마치 선녀가 춤을 추는 듯 하는 모습의 커다란 소나무가 있다. 이를 하고로모[41]마츠라 부른다.

키요노우라(淸之浦)

진해항 앞의 카부토야마(兜山)[42] 동쪽 기슭에 있는 대단히 전망이 좋고 푸른 소나무의 해변으로 남쪽 멀리를 바라보면 많은 섬들이 마치 바둑판의 돌처럼 각종 돛단배 사이를 잇는 듯 그림 같은 풍경이다. 여름에는 해수욕장으로 아이들이 즐기는 장소이기도 하다.

치요가하마(千代が濱)

제등만 앞의 치요가하마(千代が濱)는 멀리까지 바다가 얕고 청정한 조선굴지의 해수욕장으로 설비도 완벽하며 부근의 풍경도 훌륭하기 때문에 여름에는 피서객들로 붐빈다.

---

40 고사기(古事記)에 등장하는 일본신화 상의 여신으로 식물, 곡물을 관장하는 신.
41 나무꾼과 선녀 이야기.
42 지금의 진해 제황산으로 일제강점기에 산모양이 투구를 닮았다고 하여 일본인들이 붙인 이름.

마산의 벚꽃

진해시가

부산(1929년판)

Ⅴ. 마산

마산은 진해만으로부터 만입한 하나의 만으로 서쪽 해안을 이루는데 무학산 아래 경사로 인해 신구의 두 시가지로 이루어져 있다. 공기가 청정하고 기후가 온화할 뿐만 아니라 풍광이 아름답기로 조선 제1의 건강지로 일컬어지며 여름에는 해수욕객들로 붐빈다. 1911년 이래 요새지역으로 개항폐쇄 후 마산의 무역은 매우 쇠퇴하여 출입물자의 대부분은 부산을 경유하게 되었고 최근에는 쌀 이출이 다소 있었을 뿐 일본의 저명 상업지와의 거래는 거의 없다. 그러나 근해어업만은 여전히 성황을 이루어 통영을 거쳐 이곳에 집하되어 철도편으로 조선과 만주 각지로 수송되어 어획고는 연액 14만 4천 여 원에 이른다.

또한 이곳에는 지리적으로 보아 공업은 별로이지만 수질과 기후가 양호하여 양조업에는 호조건으로 청주, 간장 등은 품질 면에서 자타 공히 조선 제일을 자랑한다. 하지만 자금관계상 판로확장이 되지 않아 더 활발하지 못한 점은 대단히 유감으로 최근 주조생산량은 9천석에 달한다.

교통

부산으로 항로 40해리, 통영까지 30해리, 진해까지는 겨우 8해리로 매일 발동기선편이 있고 또한 조철(朝鐵)경남선이 진주까지 연장되어 있다.

자동차요금: 마산 진주 간(약 64킬로) 2원30전(진주에서 합천, 사천, 삼천포, 통영 및 김천행 자동차가 있다).

마산 통영 간(약 68킬로): 3원.

마산 고성 간(약 44킬로): 2원.

마산시내 및 구마산 간: 승합 1명 5전, 대절 1대 1원.

발동기선

마산 진해 간: 매일 5왕복(소요시간 50분) 요금 30전.

마산 통영 간: 매일 2왕복(소요시간 4시간). 요금 2등 1원50전, 3등 1원.

호구

인구: 23,243(일본인 5,095)

호수: 5,176(일본인 1,321)

관공서 그 외

마산부청, 창원군청, 중포병대대, 지방법원, 공립상업학교, 고등여학교, 금융조합, 조선식산은행지점.

명승지

마산공원

마산역으로부터 수 백 미터 거리의 사쿠라마치(櫻町) 언덕 위에 있다. 전면에 마산시내와 항구 전경이 펼쳐있고 원내는 벚나무를 심어 대신궁(大神宮)을 모시고 있다.

마산성터

구마산역으로부터 동쪽으로 약 5백 미터. 전방은 마산만의 푸른바다를 한 눈에 담고 배후에는 무학의 높은 봉우리가 자리 잡은 요해 견고한 언덕 위에 있다. '분로쿠노 야쿠'때 시마즈(島津)군에 의해 세워진 것이라 한다. 지금은 산 정상에 일본식 고성 석루가 남아 있을 뿐이다.

부산안내(끝)

조선총독부철도국

운수사무소

부산, 대전, 용산, 평양역 구내

선만(鮮滿)안내소

동경: 동경마루(丸) 빌딩 1층. 전화 우시고메(牛込) 4782-4786

오사카: 오사카시 사카이스지(堺筋) 카와라쵸(瓦町). 전화 나가쿄쿠(永局) 3400,

3401.

시모노세키역전: 전화1962

1929년 4월 (비매품)

조선총독부철도국

경성부 봉래정(蓬萊町) 3정목(丁目) 62-3

인쇄소: 조선인쇄주식회사

釜山案内

부산(1929년판)

要塞及要港地帶撮寫禁止

左の場所は要塞及要港地帶である關係上許可なくして寫眞撮影及描寫は出來ない。

釜山附近（海雲臺東萊を含む）

馬　山・鎭　海　附　近

昭和四年四月　　【非賣品】

朝鮮總督府鐵道局

京城府蓬萊町三丁目六二・三

印刷所　朝鮮印刷株式會社

부산(1929년판)

釜 山 案 内

釜山及其郊外

日次

— 1 —

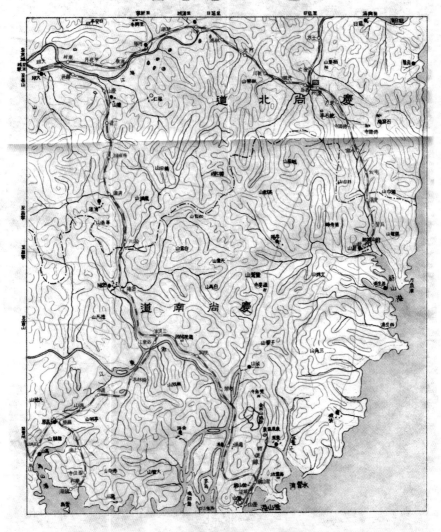

圖畧近附山釜

부산(1929년판)

釜山案内

釜山及其郊外

遠い太古の昔から本邦内地と朝鮮との間には交通があつたことは史實の證する處で其國際的關係の開かれたのは凡そ一千九百年前崇神天皇の朝、任那に日本府を置いたのが其の始りである。而して嘉吉三年（稱光天皇の朝四百八十餘年前）の條約改正で釜山は蔚山郡鹽浦、熊川郡濟浦と共に三浦の一となり内地との貿易が開始したのが抑も釜山開港の濫觴であつた。爾來幾多の變革を經、明治九年日韓修交條約の締結せらるゝに及び新に管理廳が置かれ專ら通商事務

— 1 —

を擧り居留民の保護に任じて居つたが、同十三年之を領事館に改め三十九年二月更に之を理事

山聽と改稱し四十三年八月日韓併合成るに及んで之を廢して府聽を置き今日に至つたのである。

釜山港灣の設備

朝鮮東南端の主要貿易港である釜山は煙波三十浬を隔てゝ壹岐對馬と相對し朝鮮海峽を越へ

て百二十浬の彼方下關との間には朝夕二回の關釜連絡船が定期連航して鮮滿の鐵道と相

俟ち歐亞大陸に通ずる大玄關たる樞要の地位を占めてゐる。港口は周圍七里の絶影島（牧島）の

爲に東西の二港に兩分されて居るが絶影島や冬柏島と赤崎の突角とで自然の防波堤を築き水深

く港内も廣く近來港灣の大改築によつて一大開港場となり大船巨舶の投錨に差支がない。

歐亞連絡の最捷徑路の樞紐に當る釜山港の船車連絡設備は連絡船の棧橋に横付は勿論釜山停

車場よりは鐵道が延長敷設されて急行直通列車は此處に發著し、驛と棧橋との中間を繼ぐ大上

屋には旅客待合所、出札所、手荷物取扱所、貨幣交換所、電信取扱所其他一切の設備が完備し

て居る。驛舍は古典兩式折衷の煉瓦三階建で其一部は鐵道局直營のステーションホテルに充當

されホテルのルーフガーデンからは港内が一望されて眺望が頗る佳い。

釜山市街

釜山に上陸して第一に印象するは市街の純然たる内地風なるこゝであつて此處は全く朝鮮の情趣は味へぬ程内地化してゐる。釜山府は草梁・釜山鎭を包擁する東西二里五町南北二里三十二町面積二〇七方里、市街は灣の北東より西南に延長し、府の背面には太白山脈の餘勢である天馬・峨嵋・九德・高遠見の諸峰が屏風の如く圍繞し氣候も溫和で井然たる街衢を成し官衙公署現在全人口十一萬二千餘内、内地人四萬人山腹から汀にかけて内地北陸地方と變らない。大なる會社商店等軒を並べて最近慶南道廳の此地に移轉と共に益々殷賑を極めて居る。

釜山の商工業貿易

本港最近の輸移出入總額は二億四千三百九十九萬餘圓で十年前に比べると約七倍以上の増加を示してゐる。輸移出品の主なる物は米・鮮、鹽、干魚・砂糖・魚油等輸移入品としては葉莨・釜鹽・小麥粉・生菓・綿織絲・肥料・鐵等で駸々たる朝鮮内地産業の發展に伴ひ益々繁盛を呈す

― 3 ―

べき狀勢にある。尚市内には釀造業を始さし精米・製鹽・罐詰・蒲鉾・水產肥料・造船等の工場市内に相當發達し、近代的大規模の紡績、硬質陶器製造會社の如きは朝鮮に於ても有數の大工場さなつてゐる。

釜…… 山 案 内

戶口

	朝鮮人	内地人	外國人	計
戶數	一五、三三三	九、五三三	一三三	二四、八六
人口	七二、三四三	四二、一二四	六〇五	一五、〇七二

官公喬其他

慶尚南道廳(中島町)　釜山府廳(本町)　釜山警察署(篆町)　釜山水上警察署(本町)　釜山稅關(宮島町)

釜山郵便局(大倉町)　釜山測候所(螢水町)　釜山刑務所(大新町)　釜山地方法院(富民町)　水產試驗所(牧ノ島)

釜山憲兵分隊(大廳町)　支那領事館(草梁町)　物產陳列場(驛前)　釜山商業會議所(西町)　公會堂(驛前)

釜山公立商業學校(大新町、釜里)　高等女學校(土城町)　普通學校(瀛州町、牧ノ島、凡一町、中島町)　中學

校(草梁町)　小學校(八箇所)

朝鮮銀行支店(大廳町)　第一銀行支店(本町)　朝鮮殖產銀行支店(大倉町)　安田銀行支店(本町)

十八銀行支店(本町)　漢城銀行支店(本町)　釜山商業銀行(本町)　慶南銀行(草梁町)　釜山日報(大倉町)

釜山水產株式會社(南濱町)　釜山食糧品會社(南濱町)　釜山共同倉庫會社(粟町)　朝鮮水產輸出會

社(本町)　朝鮮紡績會社(凡一町)　日本硬質陶器會社(牧ノ島)　大阪商船會社支店(大倉町)　朝鮮汽船

會社(大倉町)　朝鮮瓦斯電氣會社支店(富平町)　朝鮮郵船會社支店(大倉町)　東洋拓殖會社支店(粟町)

航路

大阪浦鹽線　　大阪清津線　　大阪濟州島線　　新義州大阪線　　朝鮮上海線

朝鮮西海岸線　　釜山元山線　　雄基關門線　　朝鮮長崎大連線　　釜山欝陵島線

釜山麗水木浦線　　釜山統營線　　釜山方魚津線　　釜山浦項線　　釜山濟州島線

自動車

タクシー　一圓　（釜山鎭及龍頭山公園ヲ除ク）　四圓

一時間以內

釜　山

부산(1929년판)

釜　山

電車（釜山市内及東萊温泉間）

市内　貨切料金 ｛ 半日（四時間）以内　　　十五圓
　　　　　　　　 一日（八時間）以内　　　三十圓

市外（諸合定期運轉）
釜山驛前東萊温泉間　　片道一人　四十錢
同　海雲臺間　　　　　同　　　　五十錢
同　松島間　　　　　　同　　　　三十錢
同　下端間　　　　　　同　　　　三十五錢

一區五錢　釜山驛から市内へは一區（即ち市内は五錢均一）草梁古館へ一區釜山鎭へ二區東萊温泉へ五區

旅館（全部茶代廢止）
釜山ステーションホテル（鐵道局直營洋式）
宿泊料
歐式室料　　　　一日　　三圓五十錢以上
米式宿泊　　　　一日　　八圓五十錢以上

76/77

食事料

朝食 一圓五十錢　晝食 二圓　夕食 二圓五十錢

公會堂食堂 和洋食各一品料理を調進す。

大池旅館(辨天町)　鳴戸旅館(驛前)　荒井旅館(驛前)　松井旅館(埋立新町)

米屋旅館(大倉町)　大市旅館(大倉町)　備前屋旅館(大倉町)　松屋旅館(埋立新町)

宿泊料

一泊二食　二圓より七圓まで

一泊一食　一圓五十錢より五圓五十錢まで

晝食料　一圓より二圓五十錢まで

料亭

日本料理　觀潮閣　ちとせ　花月　加茂川(只上商濱町)

西洋料理　ミカド(辨町)　江戸川(南濱町)　精養軒(大廳町)

遊廓

礪町(驛より約二十二町)

釜山

— 7 —

名　勝　地

遊覽順序

市　内　驛　↓　大廳町　↓　龍頭山　↓　日韓市場　↓　長手通　↓　驛

所要時間　徒歩　約三時間　　自動車　約一時間

費用　自動車　一人　二圓五十錢　　電車（驛市場間）　五　錢

龍頭山　市街の中央に聳ゆる一丘陵で松樹欝蒼と茂り府の公園地ぞなつてゐる。春は綠の樹間に霞む櫻花の眺めが佳く丘の上に祀つてある金刀比羅宮（龍頭神社）は二百四十餘年前對馬の國主宗氏の奉祀したもので内地人の朝鮮に奉祀せる神社の最初のものであるぞ云はれてゐる。

境内から一望するこ盆地のような碧灣ぞ絶影、赤崎の翠緒が目睫の間に迫つて晴朗の日には南方遙かに墨繪のやうな對馬が見える。丘の麓に在る府廳の邊は昔宗氏の館のあつた所で今は全く其面影なく市内第一の殷賑を極むる町ぞなつてゐる。

龍尾山　辨天町通の裏通南濱町は食糧品市場、魚市場其他海產物を取扱ふ商廛が多く此町の東端を龍尾山と云つてゐる。丘は小さいけれども龍頭に對し龍尾と名付けたものであらう。丘上には武內宿禰、加藤清正を祀る社が建てられ丘下には釜山沿海で漁撈した漁穫たる魚類の魚市場がある。

大正公園　市の西部土城町にあつて園內には各種の運動競技を爲すグラウンドが設けられてある。こゝから港の酉口を望むと絕影島が粹を凝して間はば答へんほどに近くの雲間に聳え浮んで居る、

松　島　釜山市衙の南方約十町岩南半島の一部に灣入せる海岸を俗に松島と呼んでゐる。灣內波靜かで白砂相連り潮水淺く夏季海水浴場として至極格好の地である。灣口に一小牛島がある。老松數萬株鬱茶として嘈々の韻絕ゆることなく松島の稱も因つて起れりと云ふ。夏季は府營で休憩所脫衣所を設け徒日一時間每に南濱より府の發動機船を運航せしめ一般海水浴客の便宜を圖り、陸路自動車の便もある。

부산(1929년판)

釜山軍艦進裕

釜山縣及ルテホル

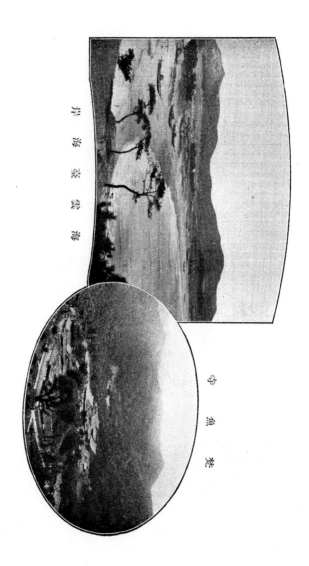

翡 海 雲 海

寺 魚 梵

부산(1929년판)

自動車賃　乘合　三十錢　貸切　二圓
船賃　片道　三錢　往復　五錢

絕影島　（牧の島）近年まで國有の牧場があつたので牧の島と俗に云つてゐる。市街の對岸指呼目睫の間にあつて渡船約十分で達する。周圍七里高きを古碣山と稱し海拔千幾百尺雲表に屹立してゐる。全島は殆んど傾斜地で人家は概ね北方山麓に集團して市街地を成し漁船は本島を根據地として出漁してゐる。

郊外

草梁　草梁は釜山府の一部で市街電車は驛前を經て更らに釜山鎭・東萊溫泉に走つてゐる。昔釜山驛の無かつた頃はこの草梁は本線の始發停車場であつた關係上現在でも鐵道工場工務事務所・機關庫などは尙こゝに置かれてある。

釜山鎭　往時は半島東南端の要鎭で西南一帶は山嶽の麓に東南は廣濶なる埋立地を間に釜

山灣に臨んでゐる。現在釜山府の膨脹は北方に延びて其の一部をなし市内電車も此處から東萊まで延びてゐる。

驛附近には朝鮮紡績會社・日榮ゴム・釜山織物等の工場簇出し、また此處の移出牛檢疫所を經由し內地に移出せらるゝ活牛は年三萬頭の多きに達してゐる。

釜山鎭城址　釜山鎭驛を距る北方二町餘にある。文祿慶長の役小西行長が船を牛岩洞に繋ぎ本城を陷れ守將鄭撥を生擒にしたゞ云ふところ、後行長之を日本式に改築したゞ云はれてゐるが、今は只僅かに石垣を存するのみである。

東萊溫泉　朝鮮では溫泉場ゝしては先づ東萊に指を屈する。そして其附近には海雲臺や梵魚寺等の名所舊蹟があつて所謂湯治場の無聊を感ずるこゝはない。交通は非常に便利で釜山驛から一時間每に乘合自動車があり又電車もある。昔は白鷺溫泉ゝ稱して少數の鮮人入浴者のみであつたのが近來內地人の相次で浴場旅館を設くるものが簇出した結果酒瀟々な溫泉町を現出し四時浴客絕へず、今では釜山を通過する旅客の必ず旅塵を洗ふ處ゝなつたのである。泉質は弱鹽類泉で無臭透明特に胃腸神經婦人病に效能があるこゝ云はれてゐる。

郊 外

旅 館

蓬莱館・東莱ホテル・鳴戸旅館・荒井旅館等

宿泊料　一泊　二圓より七圓まで

交 通

自動車　釜山驛間　賃金片道一人　四十錢　　所要時間　三十分
　　　東莱溫泉間

毎日午前七時半より午後九時まで一時間毎に釜山より發する。

電 車　釜山より　　　　　五圓　　二十五錢　　所要時間　四十五分

海雲臺溫泉

東莱邑から東二里の海濱に在る。東莱より自動車を驅れば車上彼の眼に映るもの
は嵯峨たる山々、白砂青松、岩に碎くる大波小波、はてしもなき青海原……海雲臺の眺望
は殊に佳い。夏季は海水浴場さしても好適の地で漸近新しい避暑地さして溫泉、海水浴、釣
り、洩き網等の家族連れの保養客で賑つてゐる。

交 通

自動車　釜山驛　間　賃金片道一人　　五十錢　　所要時間　一時間
　　　海雲臺間

毎日釜山より午前八時半・十時・十二時三十分・午後一時半・三時・四時三十分・六時の七回定期發車する。

旅館　海雲樓其他

梵魚寺　東萊溫泉の北二里金井山の中腹、翁欝たる綠の中に一大伽藍の甍を列ねてゐるの
が蔚山街道から目につく。これが梵魚寺なのである。新羅の名僧元曉の開基南鮮三大名刹の
一で堂宇寺房數十僧侶が二百人も居ると云ふ。境內は松樹欝慈として幽邃の趣をなし全く別
乾坤の感を起さしめる。釜山驛から蔚山行の自動車を利用せば僅か三十分で達し賃金も片道
一人九十錢、貸切片道七圓で行ける。

通度寺　京釜線の勿禁驛からも釜山驛からも共に蔚山行自動車を利用して行ける。(自動
車賃　勿禁驛より乘合一圓四十錢、釜山邑まで乘合一圓八十錢、釜山驛より貸切二十圓) 自動車は寺の大門口まで達するけれどもそこから山門ま
で約二十町、徒步か貸切自動車に賴らねばならない。寺は嶺南で海印寺と對立する巨刹で其
境域の廣大さは驚くばかり巍巍たる靈鷲山の麓老樹欝欝たる間に殿堂三十五と十二の寺庵が
點在してゐる。其創建は千二百八十餘年前新羅善德王時代慈藏律師の創建に屬し其後屢火災
に遭つて居るが今尙昔の規模を遺して觀るべきものが多く佛の本宗と謂つて有名な釋迦の舍

－13－

釜……
山 　利塔がある。

金海　龜浦から洛東江を渡つて對岸の仙巖里まで發動汽船を利用すればそこから自動車

案内で程なく金海邑に達する。往昔の駕洛國の首府で其當時は洛東江口の要津であつたらしく一

説には任那日本府のあつた遺跡だとも云ふ。邑内盆城臺の地は駕洛王の殿址で其郊外には始

祖金首露の陵墓また其北十町餘龜旨峰下には其王妃の陵墓がある。邑の南一里の竹林里には

文祿の役に黑田長政が駐陣した駕洛城の廢址がある。

交通

龜浦驛金海間　自動車便　片道六十錢
　　　　　　　舟便　　　片道五十錢　（仙對・金海間舟便ヲ曾テ含ム）

大邱

昔の大邱

往古新羅時代は達勾火縣と云つたが景德王の時今の大丘と改めたのである。爾來或は府吏を

置き判官を置き李朝開國五百四年（明治二十八年）には郡守が置かれた。而して内地人が始め

て此地に移住して來たのは明治二十六年頃で日淸戰役後漸次增加し次で日露の戰役起り京釜鐵

道の速成工事に伴ひ來往者頓に激增して今日の殷賑の序を成したのである。其後明治三十八年

始めて此地に理事廳を置き翌年大邱居留民團を設立し日韓併合なるに及び新政が施行されて現

在の大邱府さなつたのである。

今 の 大 邱

大邱は慶尙南道廳の所在地で京城以南に於ける最大都市である。一島二十二郡の政治及產業

の中樞地さして又商工業の盛んなる點に於て西鮮の平壤さ相對峙し市街の殷賑交通機關の整備

案 大都市さして恥しからぬ設備を有してゐる。

内

山 附近は京釜鐵道の開通以來一層繁盛を來し地方への道路も良く修築せられて北は四十二里の

釜 ──── 大 邱

忠州へ東北は三十六里で安東へ南は十二里で昌寧へ各乘合自動車が每日運轉し殊に國有鐵遠東

海中部線は浦項蔚山まで開通して浴道の農産物は勿論日本海の魚類が霺當に搬入せられ今日で

は此地の經濟圏は慶北全部及慶南の東牛部、惡く其勢力下にありミ云ふも過言でない。

古來大邱附近は地味豐沃で穀類、薤鵟の産出を以し開へ內地人の移住者多きにつれ農産界は

近來著しき發展を來し各所には果樹煙草莞草等を栽培する農圃も旋出し、殊に菜果に至っては

名聲赫々たるもので內地は勿論遠く海外まで輪移出し好評を博してゐる。又一般農家には副業

さして養蠶の業が開け市內には朝鮮製絲・傘製絲・片倉組製絲などの大工場か盛んに煙突から

煙を吐いて製絲をやつてゐる。

府內西門東門の兩市場で開かれる毎月六凹の開市は地方的の取引で米・大小豆・魚類・海草

綿布・雜貨等を主ミし其取引高西門市に於て毎月三十萬圓東門市に於て八萬圓內外に及んでゐ

る。又每年十二月に開催せられる藥令市は藥材を主要取引物資ミし其取引高七八萬圓殆ど一箇

月間を通じて開市せられ、本道內地は勿論遠く全鮮各地より參集するものは幾萬に上り開市日

には白衣を以て肩摩轂擊の殷盛を呈する。

大邱市場市日

西門市場　每月陰曆二、七ノ日　東門市場　每月陰曆四、九ノ日

藥令大市　每年陰曆十二月（一箇月間）

戶口

	内地人	朝鮮人	其他	計
戶數	六五〇七	一三四六一	二〇八	二〇一七六
人口	二五五九〇	五九〇八四	六二一	八五二九五

官公衙其他

慶尙北道廳（上町）　府廳（東雲町）　警察署（本町）　覆審法院（南龍岡町）　地方法院（南龍岡町）　郵便局（上町）　步兵第八十聯隊・專賣支局・原蠶種製造所・穀物檢査所・商品陳列所・師範學校・中學校・農學校・商業學校・普通學校・朝鮮銀行支店・朝鮮殖產銀行支店・大邱銀行・金融組合・東洋拓殖支店・大邱商業會議所・朝鮮民報社其他

案内

交通

自動車　一時間　一圓五十錢　市內　片道一圓

釜山　　　大邱

— 17 —

大邱

旗亭
　原竹（幸町驛より二丁）　三笠（園町）　明石（村上町）

遊廊
　八重垣町（驛より八町）

旅館（茶代廃止）
　唯屋旅館（驛より二丁）　花屋旅館（驛より二丁）　三扇旅館（驛より半町）　立花屋旅館（驛より四町）

宿泊料　四圓より七圓まで

食事料　一圓八十錢より三圓まで

名勝地

遊覽順序
市内　驛→商品陳列所→元町→達城公園→西門市場→市場町本町三丁目→東門市場→南城町→驛

所要時間　徒歩　四時間　自動車　一時間半　人力車　二時間半

費用　人力車　一圓五十錢　自動車　一時間　一圓五十錢

達城公園（驛より西八町　人力車賃　自動車賃　乗合三十錢貸切一圓　五十錢）

府内西方に在る盃狀の丘阜を利用した公園で新羅時代に於ける達弗城の遺跡である。蓋し達城の名ある所以であらう。

園内には天照皇大神を奉祀せる大邱神社・望京樓・觀風樓等があつて市内を一瞳に收むる眺望絕佳の地である。

刀水園　園内清泉が湧き築山の彼方には詠歸亭と呼ぶ寂びた建物等があつて夏は釣魚、秋は觀月のため杖を曳く人が多い。

賴慶館　府内上町にある。大正十四年大正天皇御卽位記念として慶尙北道居住朝鮮人の寄附設立に係るもので慶尙北道商品陳列場となつてゐる。

郊外附近

東　村　琴湖江に沿へる沃野一帶の總稱で内地農業經營者の部落である。果樹蔬菜を栽培

郊外附近

一 9 一

부산(1929년판)

朝鮮の市場

大邱

蓬萊公園

大邱市街

부산(1929년판)

し彼の大邱苹果は主に此地より產出する。又栗及花見の名所ミして春秋大邱府民の行樂地ミなり桃花流水別天地の觀がある。

桐華寺　驛の東北四里十七町（大邱より自動車三時間片道壹哩八厘）達城郡八公山の山腹にある。境内は老樹鬱蒼ミして淙々たる溪流あり、奇岩怪石あり、幽邃神秘の景勝の地をなし、十數の堂宇は其間に隱見してゐる。寺は新羅文聖王の時代僧普照の開基にかゝり、朝鮮三十本山の一に算せられ規模大きく殿閣中の極樂殿は新羅朝時代の遺物ミして考古學者に推賞されてゐる。

海印寺　慶南陝川郡伽倻面緇仁里にあり。大邱より西南十七里（自動車賃片道乘合一人三圓六十五錢往復二十五圓五十五錢）金泉より二十三里共に自動車を利用するこミが出來る。境域は伽倻山連峰に圍繞せらるゝ山水秀麗の地で殿閣堂塔また輪奐の美を極めてゐる。その創建は新羅哀莊王の二年（千百餘年前）僧順應により開基せられ、現在法燈を守る僧徒の數三百餘實に嶺南三大寺の一である。名高い大藏經の刳木は寂光殿の後に建てゝゐる大經閣に收められ其數八萬六千六百八十六枚に及び高麗高宗王の時に刳刻されたものミ言傳へられてゐる。

－20－

新羅の古都

慶　州

曾ては半島統一の都城と誇つた慶州も今は「國破れて山河のみ在り」と此の古都の寂寥さを一入感ぜしめてゐる。慶州は西、大邱を距る十七里餘、北迎日灣を距る七里餘、東西約二里南北約二里半の一大盆地に廣々とした沃野を抱き、伊川・南川・北川等の清らかな溪流がゆつたりと曲折し流れてゐる。卽ち此の山水を抱擁せる數方里が昔の王城の地域であつて足一度慶州に入れば流石に規模の壯大、風光温雅如何さま五十六代約一千年の新羅榮華の大都城だと合點せられる。

案内

今の慶州市街は舊都城の西市巷で戸數僅かに三千人口一萬七千に過ぎないけれども所謂全盛時代の京坊はこの盆地一帶を占め全廓一千三百坊、民戸十七萬九千餘を收めたりと云はれてゐる。新羅はこの地を中心として國を建て後漸く大きくなり遂に唐の力をかりて新羅朝半島統一の

釜　山

慶　州

부산(1929년판)

慶州附近略圖

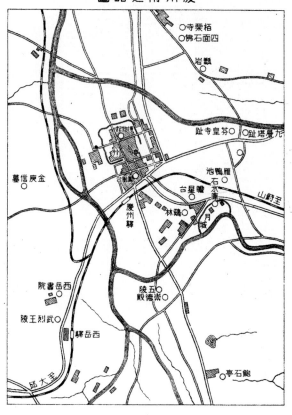

覇業を成したもので今日の邑內には舊時の面影を止むる遺蹟が多く殘つてゐる。若し慶州を訪

ふならば先づ博物分館に至り數多の貴重なる參考品により新羅一千年史の豫備的智識を作り更

に附近に散在する實地を巡りて彼此相對照し其の規模の大文化の進度、構想技工の優秀なる點

等に想像を及ぼすならば榮華の昔を髣髴と描き得て頗る趣味の豐かなるを覺ゆるであらう。

現在新羅文明の事跡は斷片ながら城趾・寺院・堂塔・佛像・陵墓等慶州を中心として遠きは

五・六里の外にまで散在してゐるが坦々たる道路を四方に通じ自動車を驅るこにより自由に

何等の不便苦痛を感ずるこなく探勝が出來る。

慶州を中心として其附近にあるもの

慶州博物分館　　慶州博物分館は邑內の舊慶州府尹官舍の一部を其廳舍に充て最近總督府博物分

館ミなつたもので其れまでは慶州古蹟保存會の陳列館であつた。陳列品は石器時代の遺物・

辰韓・新羅・高麗各時代の土器瓦塼其他佛像・損石棺・石枕・覆棺・府尹練兵服等で就中新

羅王陵から發掘せる金冠、世界無比の稱ある奉德寺の鐘等は驚嘆に値するものミして、考古

學者に珍重せられてゐる。此の鐘は新羅三十三代聖德王の爲第三十五代景德王が企圖し次王

惠恭王の六年に多大の苦心の結果完成したもので高さ一丈・口徑七尺五寸・口周二十三尺四

寸・厚さ八吋・重量十二萬斤と稱せられてゐる。此一鐘を觀たならば新羅當時の文化の發達

は如何に進んで居つたかを想見し得るであらう。

鐘 の 傳 說　（慶州の傳說より）

天下の逸品といはるゝ奉德寺の鐘は唐の大曆六年新羅第三十六世王惠恭王の時に鑄上げら

れたもので分館內鐘閣に藏められてゐる。

初め第三十四世の孝成王は父王なる聖德王の冥福を祈る爲城北に奉德寺を建てたが間もな

く薨ぜられたので弟なる第三十五世景德王は其志を繼いで今度はこれに巨鐘の鑄造に着手さ

れた。けれども出來上らぬ內に是亦薨ぜられたので其子惠恭王がまた其志を繼いで鑄造に苦

心せられ、そして漸く此の年に出來上つて目出度く奉德寺に納め、鐘の名も聖德大王神鐘と

銘ぜられたのである。

この鐘の鑄上げらるゝまでには、幾度造り換へられたか知れなかつた。飛天の陽炎が鮮か
にゆらめいても、惜しや大きな龜裂が眞一文字に切れて居たり、蒲牢が見事に出來上つても
響く其の音に混濁の色が入つて居たり、造るたんびの失敗に國王初め係の檢校使も今は策の
施すやうがなく皆一樣の憂色につゝまれて唯吐息するばかりであつた。別けても鑄工の一典
は曾ては四十九萬斤餘の皇龍寺の大鐘を物の見事に鑄上げて流石天下の名匠と世にうたはれ
た腕、夫れが僅々十二萬斤のこの鐘の出來ぬこは自分ながらも其理由は分からず果ては精も
根も盡きた體をぐつたりと、我が家に投げるより外はなかつた。

　　　◇　　　◇　　　◇

　夢うつゝの彼は靜かに搖り起す者がある。夫は彼には唯一人の妹である。早く良人に死に
別れ、今は一人の娘を連れて、寂しく暮して居る妹である。平素兄思ひの彼女は、鐘の
出來ないのは皆自分のせいでもあるかのやうに寝ても覺めても、獨り小さい胸を痛めて居つ

－ 24 －

た。

「人柱を立てねば、さても出來上るまい」

道行く人のこの言葉は、日に〳〵深く彼女の胸を刺戟せずには置かなかつた。或る日彼女は
堅い決心をした。そしてこの世に唯一人よりない愛しき我が娘を眺めた。

それから彼女は、兄を訪ふて自分の決心を語つた。

「兄さん、どうぞ其の様になさいませ。幸この娘は未だ世の穢を知らぬ清淨な體、これが
お役に立つて鐘が出來ましたなら、獨り王樣のお喜びを見るばかりでなく、亡き良人へ何
よりの供養、娘も十分聞き分けて居ます。あゝもう共用意も出來て居ます。」

興奮した、そして血を吐く思ひを押へての、この愛き妹の言葉に、こう〳〵兄も動かされて
いよ〳〵この人柱が立てられた。

「お母さんよ」

母を呼ぶ一聲はこの世の名殘り、凄しい紫の煙は渦をまいて、銅の熱湯は鑄壺へご流れ込

— 25 —

慶 州

む。

　　　◇　◇　◇

大曆六年も押迫つた師走の末、天花の樣に降つた朝の雪は見渡す限りの一白で新羅の都を淨めてしまつた。

丁度此の日、足掛十何年間、待ちに待つた神鐘の靈音が、塵一つ含まぬ空氣を動して隅から隅へと滿都に響き亙つた、これを聞いた國中の人は貴賤上下老若男女の別なく、皆等しく歡喜の絶頂に達し無限の法悦に我を忘れ、そして名匠の名を呼んでこれを讃嘆した。

併し一典兄妹のみは恰も喪心した人の樣に、唯合掌瞑目してこの響をいつまでも

「お母さんよ」
「お母さんよ」

と聞くのみであつた。

鷄　林　　慶州邑の東南約半里月城の西にある僅ばかりの森林で始林とも鳩林とも稱し昔か

らの神聖林とされてゐる。新羅第四世昔脱解王が或時この森林中に鶏鳴を聞きつつ見ると

金色の小櫃が梢に懸り其下には白鶏が頻りに鳴いてゐると

中から玉の樣な一人の男子が現はれたので王は非常に喜びこれを連れ歸り、太子となし金閼

智と命名した。これが後の金氏の祖でこれから此の林を鶏林と呼び國號も鶏林と改めたと云

ふ。

月城　月城は鶏林のすぐ南手から蚊川（南川）の右岸に沿ふて東南の方に蜒々数町高低

参差として延びてゐる半月形の土城である。昔は石城であつた樣であるが今は僅に基礎石と

思はるゝ石が少しづゝ残つてゐるばかりで短く刈り込まれた芝草や松が美しく周圍を圍んで

ゐる。新羅第四世昔脱解王の居住した地であつたが次王婆娑王十二年に之を築城し後累世の

皇居となつた。今は昔氏の始祖脱解王を祀る崇信殿と王が氷を貯へたりといふる石氷庫が一

隅にある。石氷庫は往時王城の食糧庫であつたらしく内部は穹窿形に石を高く當時四（？）ー

チ建築法が行はれてゐた事を證してゐる。

慶州

慶　州

孝　不　孝　橋　（母への孝は父への不孝となつた橋）

月城を横ぎつて蚊川の岸に出で、其まゝ川に沿ふて上ると、夥しい石材が川の水を堰き止めて居る。これが七星橋の址で孝不孝橋ともいつた。

昔新羅の時代に一人の寡婦が居た。對岸の情夫を訪ふべく、何時も子供ゞもの寢靜まつた深夜に、そつと出掛けるのである。七人の子供等は、何のためかは知らないが、母の深夜川を渡るの苦を知つた時、石を渡して橋を造つた、母は之を見て大いに心に愧ぢ、夫れより不義の行を改めたといふ。母への孝は亡き父への不孝となつたといふので世人はこの橋を孝不孝橋といつた、又七人の子供等が造つたのであるから七星橋とも呼んだ。

子供のなき女、乳の出ぬ女は深夜この橋石に臥して祈れば、必ず「顯し」があるといはれてゐる。又戀に惱むて女が此石に立つて念ずれば、意中の想は必ず先方に通ずるとも信じられてゐる。

南山城趾

月城の南蚊川を隔てたる南山にある廣大な山城で今尚石壁を存し往々古瓦を發見

釜　山　　　慶　州

する。此城は明活山城及仙桃山城と共に新羅都城の三方に鼎立せし重要なる城壁をなして居つたのである。

瞻星臺　月城の北道路の傍にある新羅第二十七世善徳女王の時に築きたる天文觀測臺にして方形の地覆石の上に花崗岩を以て圓筒形に築き上げ上部に二重の井桁を置き中腹南方に方形の窓を設けてゐる。高さ二十九尺、下徑十七尺餘東洋最古の天文臺として訪ふものをして驚嘆せしめてゐる。

雁鴨池　月城の北四・五町ばかりの處に小さい池がある。新羅の英主文武王の時宮苑として作られたもので池を穿ち池中に島を作り、池周に築山を以て支那巫山十二峰を模し島に通ずるに石橋を以てし花木を植え珍禽奇獸を放飼して遊宴の御園としたと傳へられてゐるが今は池及周圍の丘二・三ミ石橋の碁片のみを存してゐる。雁鴨池の西沿地は卽ち臨海殿址で新羅王が海外の貴賓を接見せし最も佳麗宏壯を極めた殿宇があつたと傳へられてゐる。

皇龍寺趾　雁鴨池の東三町田圃の中に今は礎石のみを殘してゐる。新羅二十四世眞興王の十

四年に新宮を此地に建てんゝせしが黄龍が此地に現はれたので王は之を巽さし寺院に收め皇龍寺と名付けたこある。昔同寺には新羅三寶の一なる丈六の佛像及九層塔があつたが悉く蒙古の兵火に罹つて燒失し、今は唯九層塔の門柱に牛圓彫こした金剛力士八體の內二體が博物館に陳列され六體は地中に埋存され雄大な堂宇の礎石・三尊佛の坐石等のみが殘つてゐる。其規模の如何に宏大優麗でありしかは其出土瓦片によつても蓋し想像に難くない。

芬皇寺塔趾　善德女王三年の築造で無褐色の小石材を積み累ねた古塔が殘つてゐる。一見磚築の如く下層の四面には仁王、四隅に石獅子の彫刻がある。東京雜誌に芬皇寺の塔は新羅三寶の一なり、壬辰亂職の爲にその半を毀されたりこあれば以前は可成りの高塔であつたらしい。今下部の三層だけ存してゐる。

四面石佛　邑の東方小金剛山の西麓に大石の四面に佛像を刻みたるものがある。堀佛寺の四面石佛であつて俗說に此の石佛の石粉を人知れず服用すれば妊娠すこの迷信がある。石の高さ約十二尺背面の廣さ約九尺二寸彌陀三尊の立像藥師如來の坐像陰陽刻があつて何れも傑作

さされてゐる。

栢栗寺　四面石佛から二町小金剛山の小徑を攀ずれば其中腹にある。創基の年時は詳でな

いが大雄殿に安置せる銅造藥師如來の立像は髙さ七尺餘相貌により新羅統一時代のものせられてゐる。

瓢岩　小金剛山の南端にある大なる岩石で辰韓六村の一なる與川楊山村の李氏の祖李謁

平の出生地であるさ稱してゐる。百餘年前に建てたる碑によれば此の岩は國都の方位上害あるを以て瓢を植えて覆ひ隱したるが故に瓢岩の稱ある所以さ傅へられてゐる。

五陵　五陵は一に蛇陵さ稱し、蚊川に架せる南川橋の西方松林中にある、新羅の始祖朴

赫居世及其妃以下三王の陵墓で境内廣く老松欝茂して鮮苔濃かに陵を蔽ふてゐる。最南端の陵が始祖の陵墓で附近に始祖を祀る崇德殿がある。

鮑石亭　五陵の南二十町許り、街道を左に折れば一村落の傍らに所謂流觴曲水の宴遊場で

大樹の下に鮑形を成した石造物が現存してゐる。五十五世景哀王が此處に妃と共に置酒歡樂

釜　山

山　慶　州

－31－

佛 國 寺

부산(1929년판)

瞻星臺

鮑石亭

中、後百濟の甑簀に襲はれ、害死を遂げた所謂新羅最後の哀史を語る遺蹟である。

西岳を中心として其附近にあるもの

金庾信墓 慶州驛から西へ、西川橋を渡り西北に向つて松花山麓の徑路を上るゝ約三町の所にある。周圍に十二支の像を彫刻した護石等があつて、比較的完全に昔からの様式を備へてゐる。金庾信は武烈、文武、二王を輔け百濟高句麗を亡ぼし新羅統一の業を成した功臣である。

武烈王陵 西岳驛の西南約三町道路の傍にある。王は新羅第二十九代牛島統一の基を開いた中興の英主で在位僅か八年にして薨した。陵墳は周圍約五十七間文武王元年の築造に係り、前側面の龜趺は周圍に六龍珠を捧ぐる狀を彫刻せるもので手法の精巧は唐式美術輸入の先驅と謳はれてゐる。

西岳書院 武烈王陵の北方僅かの距離にあり新羅の名臣金庾信、同中期の學者薛聰及末期の學者崔致遠の三賢士を祀つてゐる。附近には眞興・眞智・文聖・憲安の諸王陵・永敬寺址等が

ある。

佛國寺を中心として其附近にあるもの

掛　陵　佛國寺驛から約一里蔚山街道の北寄り松林中にある。古來新羅中興の英主第三十世文武王の陵と傳へられて居たが、最近文武王の陵墓であることが確證された。陵墓は優秀なる十二支の神像を陽刻せる護石を以て繞らし、前面數十間の間には文武の石人形及石獸石華表を列置し其樣式の完備結構雄基なること四面の幽邃神秘なこと共に新羅陵墓の模範とも云はれてゐる。殊に文武石人形石獸等の手法の精緻彫刻の妙は唐代藝術の特質を帶び新羅遺物の白眉こして嘆賞に價ひする。

佛國寺　佛國寺驛から三十三町吐含山の山籠にある。新羅十九世訥祇麻立干の時今距千五百餘年前僧我道によつて初めて開剏せられ、後我道去り廢額したが、越へて第二十三代法興

—33—

王の十四年本寺を再建し次王眞興王及第三十世文武王之を重創し第三十五世景德王の時に國宰金大城に因つて更に重鄰兹に初めて結構完成せられたゝ云はれてゐる。卽ち石造物、佛像などの遺物に、よく新羅時代の俤を留め殊に大雄殿の前面に現存せる二基の石塔に一を多寶塔（石造高二十尺）他を釋迦塔（石造高二十七尺）と云ひ、千有餘年の風雨に曝露されて今尙嚴然と左右に屹立し前門の靑雲、白雲の橋址は半頽廢してはゐるが其壯嚴の構造は七寶蓮華の兩橋と共に新羅時代の代表的傑作と稱せられてゐる。

佛國寺驛佛國寺間自動車　片道　乘合　一人　四十錢

石窟庵　佛國寺より急坂二十町を登り吐含山の頂上を越ゆれば間もなく石窟庵に達する。其の頂きからは汪洋たる日本海が望める。俗傳によれば庵は石佛寺と稱し新羅三十五世景德王十年の建立で、山腹に穴を穿ち內部を穹降狀に石を疊み入口の左右に四天王、仁王の像を內部の周壁には十一面觀世音、十六弟子梵天釋など三十六體を半肉彫に刻み中央蓮臺の上には高さ一丈一尺の釋迦座像を安置してゐる。此等の佛像は皆當年の製作に係り、其彫刻の精

練優秀なるこゝは驚くばかり新羅佛像遺物中有數のものこして重寶がられてゐる。

吉蹟遊覽案内

交通

京城方面から　京釜線大邱驛で東海中部線に乘換へ約二時間半で達する。又大邱から乘合自動車の便もある。

汽車賃　大邱慶州間　（片道　大人一人）
　　二等　一圓九十四錢
　　三等　一圓八錢
自動車賃　大邱慶州間　（乘合一人）　一圓六十五錢

釜山・内地方面から　釜山から汽車で大邱に下車、大邱から前記交通機關を利用する外釜山から東萊溫泉に旅塵を洗ひ自動車を驅つて途中梵魚寺・通度寺等の名刹を探勝蔚山に出で汽車で慶州に行く途もある。

釜山東萊溫泉間
　自動車　（乘合　片道　一人）　四十錢
　電車　（五區　壹區　五錢）　二十五錢

東萊溫泉蔚山間

慶州

－35－

慶州

自動車　（乘合　片道　一人）　三圓十錢

蔚山慶州間

汽車賃　（片道　大人　一人）

二等　一圓十七錢　　三等　六十五錢

遊覽順序

慶州の古蹟は慶州邑内を中心として遠きは五六里の外にまでも散在してゐるが非常に道路もよく遊覽自動車もあるから比較的容易に遊覽が出來る。然し全部見逃すことなく遊覽するには時間も要するから、此處には普通主要な所を見物する行程を左に記すこととする。

慶州地方遊覽順路

慶州驛→（六町）博物分館→（二十五町）瓢岩→（二町）四面石佛→（十四町）芬皇寺→（七町）雁鴨池→（四町）石氷庫→（三町）瞻星臺→（三町）鶏林→（十町）五陵→（十八町）鮑石亭→（一里二十五町）武烈王陵→（二十五町）驛歸著

所要時間　（各地見物時間ヲ含ム）

부산(1929년판)

費　用

徒　步　　　　　　　　　　六時間四十五分

自動車　　　　　　　　　　三時間

博物分館　　觀覽料　一人　　　　五　錢

遊覽自動車賃　乘合　一人　　　　一　圓

　但シ　　　　最低　四人分　　　四　圓

佛國寺附近遊覽順路

慶州驛…佛國寺驛↓(三十三町)佛國寺↓(二十七町)石窟庵↓(二十七町)佛國寺↓(三十三町)佛國寺驛↓(三十四町)掛陵↓(三十四町)佛國寺驛…慶州驛

所要時間　(各地見物時間ヲ含ム)

徒　步　　　　　　　　　　五時間四十五分

自動車　　　　　　　　　　三時間四十五分　(一部區間自動車ニよる場合)

費　用

自動車賃

佛國寺驛佛國寺間　　乘合　片道　一人　　　四十錢

佛國寺驛佛國寺間　　乘合　往復　一人　　　五十錢

佛國寺驛掛陵間　　　　　　最低　三人分　一圓五十錢

慶　州

慶　　州

佛國寺驛　慶州間　　乘合　片道＼一人　　一圓四十錢
　　　　　　　　　　貸切　一臺　　　十　圓

汽車賃

慶州　佛國寺驛間　片道　一人

　　　　　二　等　　三十六錢　　三　等　　二十錢

旅館と料金

慶　州　（茶代廢止）

　內地式　　柴田旅舘・朝日旅舘・慶州旅舘・春日旅舘
　朝鮮式　　安東旅舘・慶東旅舘・大邱旅舘・月城旅舘

　宿泊料　內地式　　二圓五十錢以上四圓五十錢以下
　　　　　朝鮮式　　八　十　錢以上一圓五十錢以下

佛　國　寺

　內地式　　佛國寺ホテル

　宿泊料　　一圓五十錢以上八圓以で

佛國寺ホテルは佛國寺の境內にある鐵道局の指定委任經營の瀟洒な旅館で眺望絕佳の位置を

부산(1929년판)

占めてゐる。慶州を訪れ當ホルテに一泊し早曉石窟庵に登り拂曉の日本海を眺望し神秘的雄大の景を味はるゝことをお奬めする。

鎭海

明治三十五年韓國政府が馬山を開港してから露國は鎭海の天然要塞たるに着目し此處に軍港設備を施し爾來露國東洋艦隊の根據地であつたが日露戰役起るや我海軍はこれを占領して根據地こなし彼の日本海戰の大捷以來一躍世間に知られ以來海軍の要港こして今日に及んでゐる。市街は三方蜒々長蛇の如き諸峰を以て圍繞せられ前方は鎭海灣の紺碧を控へた天然の形勝要害の地で征矢川を中央に挾んで北より東南に向つて展開したる旭日型の區劃井然たる都市をなしてゐる。近來種々の事情より衰微を來たして居たが鐵道の開通によつて海陸交通の樞軸こなり市況に漸く活氣を呈して來てゐる。

鎭海

戸數　一四三八　人口　六三二一

官公衙

鎭海要港部・憲兵分隊・警察署・面事務所・鎭海防備隊・鎭海灣要塞司令部・高等女學校・鎭海公立工業補修學校

交通

定期航路

自行岩灣（鎭海港）

釜　山　行　午前九時午後四時三十分二回出航

統　營　行　午後一時出航舊馬山を經て統營行

木　浦　行　午後四時三十分出航馬山統營麗水を經て木浦行

自齊藤港

馬山舊馬山統營に一日午前六時半より午後六時迄五往復の發動汽船の便あり

旅館

松芳・橘・福岡屋・岡野・旭・松葉・鎭海・春の日（料理店）

― 40 ―

𨋢↓鎭海神社↓記念塔↓濤之浦↓千代ヶ濱↓櫻の馬場↓栗港部↓防備隊↓德丸觀音↓羽衣の松↓𨋢

宿泊料　一泊　二・〇〇より　六・〇〇まで
円　　　　　　円

所要時間　徒歩　約四時間　人力車　約三時間半　自動車　約三時間

費用　人力車　一圓五十錢　自動車　五圓

名　勝　地

案内

櫻の馬場　櫻樹萬餘十數町の間に整然として併植せられ櫻花爛漫たる時は恰も霞の如く雲の如く花のトンネルを現出し鮮內屈指の櫻の名所とせられてゐる。

鎭海觀音　一名德丸觀音とも稱し古き由緒たる歷史を有する。境內幽邃土地高燥にして綠林中に支那風の堂宇を存する風情は支那風景に髣髴して居る。

鎭海神社　兜山の南腹にある天照、豐受の二大神を祀れる鎭海市民の守護神であつて、壯宇壯嚴而も市街齊藤灣を一眸に收むる眺望絕佳の地である。

　釜山
　鎭海

釜山……
案内
山

羽衣の松 市の中央を貫流する征矢川（そや）の上流に山容雄大にして奇岩怪石に富み靜寂神秘の境を爲す有明溪がある。此處に形狀恰も仙女の舞を舞ふに似た一巨松がある。之を名付けて羽衣の松さ云つて居る。

内……

清の浦 鎭海港頭兜山の東麓にある眺望頗る佳なる青松の海濱であつて、南方遙かに眼を放てば數多の島嶼は盤上の碁石の如く、眞帆片帆の其の間を縫ふ風情は眞に繪中にあるを思は・しめる。夏期は海水浴場さして河童連の喜ぶ處である。

千代ヶ濱 齊藤灣頭千代ヶ濱は遠淺で海水の清澄なる南鮮屈指の海水浴場さして之が設備は遺憾なく完整せらる。それに附近の風景も捨難いものであるので夏期は避暑客を以て賑つて居る。

馬 山

馬山港は鎭海灣から浸入した一灣の西岸で舞鶴山下の傾斜面に據て新舊の二市街を作り、空

氣の清淨、氣候の溫和並に風光の明媚さを以て朝鮮中第一の健康地と稱へられ夏季は海水浴客を以て賑つてゐる。

明治四十四年以來要塞地帶として開港閉鎖後の馬山貿易は顯る衰退して出入物資の大部分は釜山を經由することゝなり最近は米の移出多少あるのみにて内地商業地の著名の所さは殆んど取引がない、然し近海漁業のみは依然盛況を呈し統營を經て此地に集り更に鐵道便により鮮滿の各地に輸送せられ漁獲高年額十四萬四千餘圓に上つてゐる。

尚此地は地理的關係上工業としては見るべきものがないが水質と氣候の良好なるが爲に釀造業には最も適應し淸酒醬油の如きは品質の優良を以て自他共に全鮮第一を誇つてゐるが資金の關係上販路の擴張出來ず振はざる事は甚だ遺憾で最近の酒造高は九千石に達してゐる。

交　通

釜山に航路四十浬、統營に三十浬、鎭海とは僅に八浬每日發動汽船の便があり又朝鐵慶南線が晉州迄延びてゐる。

櫻 の 山 馬

부산(1929년판)

街市沿銀

馬 山

名 勝 地

自動車料金

馬山晉州間(十六里)二圓三十錢(晉州より陜川・泗川・三千浦・統營及金泉行自動車がある)

馬山統營間(十七里)三圓　　馬山固城間(十一里)二圓

馬山市中及舊馬山間乘合　一人金五錢　　貸切一臺一圓

發動汽船

馬山・鎭海間　　每日五往復(所要時間五十分)　賃金三十錢

馬山・統營間　　〃　二往復(所要時間四時間)　賃金（三等　一圓五十錢
　　　　　　　　　　　　　　　　　　　　　　　　　　　（二等　一圓

戶 口

人 口　　二三、三四三　　（內地人　五、〇九五
戶 數　　五、一六　　　　（內地人　一、二三二

官公衙其他

馬山府廳・昌原郡廳・重砲兵大隊・地方法院・公立商業學校・高等女學校・金融組合・

朝鮮殖產銀行支店

부산(1929년판)

釜 山 案 内 （終）

馬山公園　馬山驛より數町櫻町の丘上に在る。前に馬山市街と港內の全景を望み園內には櫻

樹を植ゑ太神宮も祀つてある。

馬山城址　舊馬山驛より東方五町、前方は馬山灣の靑海を一眸に收め背後は舞鶴の高峰に據

る要害堅固の丘上にある。文祿の役島津軍の築きし處と云ふ。今は唯山頂に大和式古城址石

壘の幾存するに過ぎない。

— 45 —

朝鮮・滿洲の旅行に關しては左記に御相談下されば、無料で各種の御便宜を圖ります。

朝鮮總督府鐵道局

運輸事務所
釜山・大田・龍山・平壤驛構內

鮮滿案內所

東京　東京丸ビル一階
電話半込局四七八二、至四七八六

大阪　大阪市堺筋瓦町
電話永局三四〇〇、三四〇一

下關　下關驛前
電話一九六二

부산(1930년판)

대구 경주 마산 진해

조선총독부철도국

주의

요새 및 요항지대(要港地帶)사진촬영금지

아래 장소는 요새 및 요항지대인 관계로 허가 없이 사진촬영 및 묘사

할 수 없다.

부산부근(해운대 동래를 포함)

마산, 진해 부근

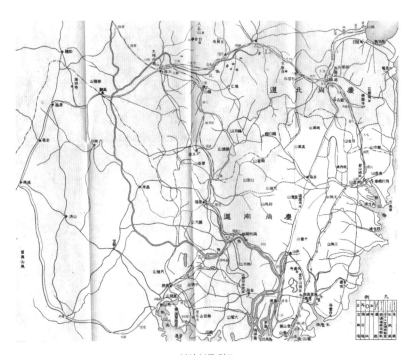

부산 부근 약도

부산안내

부산 및 교외

부산안내

부산 및 교외

Ⅰ. 부산

연혁개요

오랜 태고의 옛날부터 우리나라 내지와 조선 간에 일찍부터 교통이 있었다는 것은 사실(史實)이 증명하고 있는데 그 국제적 관계가 열린 것은 거의 1천9백 년 전 숭신(崇神)천황[1] 때 임나에 일본부를 설치한 것이 그 시작이다. 그리고 嘉吉3년[2](稱光天皇[3]조, 480여 년 전[4])의 조약개정으로 부산은 울산군 염포, 웅천군[5]의 제포와 함께 3포가 하나가 되어 일본과의 무역이 시작 된 것이 부산개항의 시초였다. 이래 얼마간의 변혁을 거쳐 1876년 일한수호조규가 체결됨에 이르러 새로이 관리청이 설치되어 오로지 통상 사무를 관할하고 거류민보호에 임하고 있었으나 1880년 이를 영사관으로 개편하고 1906년 2월에 다시 이를 이사청으로 개칭하였고 1910년 8월 일한병합이 됨에 이르러 이를 폐지하고 부청을 두어 오늘에

---

1 일본서기(日本書紀), 고사기(古事記)에 제10대 천황으로 기록되어 있다.
2 1443년.
3 1401년에서 1428년까지 재위한 일본의 천황.
4 이 조약이 맺어진 시점은 1443년으로 이때의 일본천황은 쇼코(稱光)천황이 아니고 고하나조노(後花園) 천황 때이다.
5 지금의 진해 웅천.

이른다.

부산항만의 설비

조선 동남부의 주요무역항인 부산은 물안개 피어오르는 30해리[6] 거리를 두고 잇키쓰시마(壹岐對馬島)를 마주 보며 조선해협을 넘어 1백20해리[7] 거리의 시모노세키(下關)와는 아침, 저녁 2회 관부연락이 정기운항하여 선만(鮮滿)철도의 직통에 따라 유럽과 아시아대륙을 잇는 대 현관으로 중요한 지위를 점하고 있다. 또한 최근 키타큐슈키센(北九州汽船)회사의 하카타(博多)로의 항로가 개시되어 매일 1회왕복 여객선이 운항하게 되어 내지와의 교통이 한층 더 열리게 되었다. 주위 약 28킬로의 절영도(牧島)는 항구를 감싸고 동백섬과 적기(赤崎)[8]의 돌각으로 자연방파제가 구축되어 수심이 깊고 항내도 넓다. 근래 항만의 대개축에 의해 일대 개항장이 되어 대형 선박이 닻을 내리기에 지장이 없다. 연락선이 잔교에 접안하면 바로 급행직통열차가 대기하는 그곳에서 발차하여 선차(船車)연락설비가 이상적으로 만들어져 있다.

이 잔교역에는 여객대합소, 출발개찰구, 수하물취급소, 화폐교환소, 전신취급소, 식당 등 일체의 설비가 준비되어 있어 잔교로 통하는 지붕덮개 통로를 빠져나오면 부산본역이 있다.

역사는 고전양식절충의 벽돌 3층 건물로 그 일부는 스테이션호텔로 충당되어 호텔의 루프가든에서는 항내가 한눈에 들어오는 조망이 대단

---

6 약8.5킬로.

7 약22킬로.

8 지금의 부산 우암동 부근.

히 훌륭하다.

부산시가

부산에 상륙하여 첫 인상은 시가지가 순전한 일본(內地)풍이라는 것, 이곳은 전혀 조선의 정취를 느낄 수 없을 정도로 일본화(內地化)되어 있다. 부산부는 초량, 부산진을 포용하는 동서 2리(里)9정(町)[9], 남북 3리15정[10], 면적2.18방리(方里)[11]. 시가지는 만의 북동쪽으로부터 남서로 연장되어 있고 부의 배면에는 태백산맥의 여세인 천마(天馬), 아미(峨媚), 구덕(九德), 고원견(高遠見)의 봉우리들이 병풍처럼 둘러싸 기후도 온화하여 일본의 동경지방과 다르지 않다.

현재 전 인구는 11만 6천 여 명으로 내지인 4만 여 명으로 산복에서 바닷가에 걸쳐 바둑판처럼 시가가 형성되어 있고 관공서, 대회사, 상점 등이 나란히 들어서 있고 경남도청이 이곳으로 이전해 옴으로써 점점 번화하고 있다.

부산의 상공무역

본항 최근의 수이출입(輸移出入)총액은 2억4천3백9십9만 여원으로 10년 전과 비교하면 약 2배 이상의 증가를 나타내고 있다. 수이출품은 주로 쌀, 선어, 소금, 건어물, 대두, 김, 도기 등이고 수이입품으로서는 잎담배, 소금, 밀가루, 생과, 면직사, 비료, 기계류, 목재 등으로 가파른 조선내

---

9   약9킬로.
10   약13.5킬로.
11   1방리는 15.423km². 따라서 약km².

지산업의 발전에 따라 점점 번성하는 기세이다. 또한 시내에는 양조업을 위시하여 정미, 제염, 통조림, 어묵, 수산비료, 조선 등의 공장이 시내에 상당히 발달하여 근대적 대규모 방적, 경질도기제조회사 등은 조선 유수의 큰 공장이다.

부산의 시장

부평정(富平町)공설시장(일명 일한(日韓)시장)

부평정 1정목(丁目)에 있고 부산부가 경영하고 있는 옥내, 외의 설비가 정비되어 내선(內鮮)의 점포 약 4백 여 개에 달한다. 판매품은 식료품, 일용잡화 등 거의 대부분을 망라하여 시장 입출장자는 하루에 실로 8천명 하루 평균 매매액 약 6천5백 원에 달해 성황을 이루고 있다.

어시장(魚市場)

남빈(南濱) 1정목(丁目)에 있고 부산수산회사의 경영으로 근해로부터의 선어는 거의 이곳에 집하하여 조선 내는 물론 멀리 만주방면으로도 수송되는 등 1년 매매액은 2백만여 원으로 실로 조선 제일의 어시장이다.

부산봉천 간 급행직통열차 식당 칸

부산선차연락잔교(진요사 검열 필)

범어사

동래온천

부산(1930년판)

호구

	조선인	내지인	외인	계
호수	15,578	9,823	141	25,542
인구	73,336	42,246	625	116,207

관공서 기타

경상남도청(中島町), 부산부청(本町), 부산경찰서(榮町), 부산수상경찰서 (佐藤町), 부산세관(高島町), 부산우편국(大倉町), 부산측후소(寶水町), 부산 형무소(大新町), 부산지방법원(富民町), 수산시험소(牧ノ島), 부산헌병분대 (大廳町), 지나(支那)[12]영사관(草梁町), 물산진열장(驛前), 부산상공회의소(西 町), 공회당(驛前).

부산공립상업학교(大新町, 釜山里), 고등여학교(土城町), 보통학교(瀛州町, 牧ノ島, 凡一町, 中島町), 중학교(草梁町), 소학교(8개소).

조선은행지점(大廳町), 제일은행지점(本町), 조선식산은행지점(大倉町), 야스다(安田)은행지점(本町), 쥬하치(十八)은행지점(本町), 한성은행지점(本 町), 부산상업은행(本町), 경남은행(草梁町), 부산일본사(大倉町), 부산수산 주식회사(南濱町), 부산식량품회사(南濱町), 부산공동창고회사(榮町), 조선 수산수출회사(本町), 조선방적회사(凡一町), 일본경질도기회사(牧ノ島), 조 선주류양조회사(釜山鎭), 오사카(大阪)상선회사지점(大倉町), 조선기선회 사(大倉町), 조선가스전기회사지점(富平町), 조선우선(郵船)회사지점(大倉 町), 동양척식회사지점(榮町).

---

12 중국.

항로

오사카포염선(大阪浦鹽13線), 오사카청진(淸津)선, 오사카제주도선, 신의주오사카선, 조선상해선, 부산울릉도선, 조선서해안선, 부산원산선, 웅기관문(雄基關門)선, 조선나가사키대련선, 부산제주도선, 부산여수목포선, 부산통영선, 부산방어진선, 부산포항선.

자동차

택시		1圓(부산진 및 용두산공원 제외)
시내대절요금 1시간이내	3圓	
반나절(5시간)이내	15圓	
하루(10시간)이내	30圓	

시외(승합정기운전)

부산역전동래온천간 편도1인		30전
부산역전해운대간	동	50전
부산역전송도간	동	30전
부산역전하단간	동	30전

전차(부산시내 및 동래온천 간)

1구 5전, 부산역에서 시내로는 1구(즉 시내는 5전 균일), 초량부산진 1구, 동래온천 5구.

13 블라디보스토크.

여관(전부 차대(茶代)[14]폐지)

부산스테이션호텔(철도국직영 양식)

숙박료

유럽식객실료: 1일 3원50전 이상

미국식숙박료: 1일 8원50전 이상

식사료

조식 1원50전, 중식 2원, 석식 2원50전.

공회당식당: 화양식(和洋食) 각 1품을 조리하여 제공

오오이케(大池)여관(변천정), 나루토(鳴戸)여관(역전), 오카모토(岡本)여관(역전), 아라이(荒井)여관(역전), 마츠이(松井)여관(埋立新町), 요네야(米屋)여관(대창정), 오이치(大市)여관(대창정), 비젠야(備前屋)여관(대창정).

숙박료

1박2식: 2원부터 7원까지

1박1식: 1원50전부터 5원50전까지

중식료: 1원부터 2원50전까지

기정(旗亭)[15]

일본요리

칸초카쿠(觀潮閣), 미도파(美都巴), 카게츠(花月), 카모가와(加茂川) 이상

14 팁에 해당되는 요금.
15 기를 세워 표시한 주막.

남빈정

　서양요리

　미카도(ミカド, 幸町), **코요켄**(好養軒, 本町), 세이요켄(精養軒, 大廳町)

　유곽

　미도리쵸(綠町), 역에서 약 2.4킬로

　유람순서

　시내

　역→대청정(大廳町)→용두산→일한(日韓)시장→장수통(長手通)→역

　소요시간: 도보 약2시간　자동차 약1시간

　비용: 자동차 1대 2원50전, 전차(역 시장 간) 5전.

명승지

　용두산(龍頭山)

　시가 중앙에 우뚝 선 구릉으로 소나무가 울창한 부의 공원지로 되어 있다. 봄에는 신록 사이로 안개 낀 것처럼 벚꽃 핀 경치가 훌륭하며 언덕 위에 모셔진 코토히라(金刀比羅)궁(용두산신사)는 2백4십여 년 전 쓰시마의 국왕 소(宗)씨를 모신 곳으로 일본인이 조선에서 모시는 신사의 최초라고 일컬어지고 있다.

　경내에서 한 눈에 바라보면 분지와 같은 푸른 만과 절영(絕影), 적기(赤崎)의 푸른 산봉우리가 눈썹 사이로 들어와 맑은 날에는 남쪽 멀리 묵화

(墨畵)같은 대마도가 보인다. 산자락에 있는 부청은 옛날 대마도영주 소
(宗)씨의 관사가 있었던 곳으로 지금은 전혀 그 모습을 볼 수 없고 시내
제1의 번화함을 자랑하는 거리가 되었다.

용미산(龍尾山)

변천정 길 뒤편의 남빈정(南濱町)은 식료품시장, 어시장, 그 외 해산물
을 취급하는 큰 상점들이 많은데 이곳의 동쪽 끝을 용미산이라 한다. 작
은 언덕이지만 용두에 대해 용미라 이름 붙인 것 같다. 언덕 위에는 타
케노우치노스쿠네(武內宿彌)[16], 카토키요마사(加藤淸正)[17]를 제신으로 하는
신사가 있고 언덕 아래에는 부산연해에서 어획한 신선한 어류의 어시장
이 있다.

대정공원(大正公園)

시의 서부 토성정(土城町)에 있고 원내에는 각종 수목을 심어 산을 만
들어 아동유원지도 있고 부민들의 산책 장소이다. 여기에서 항구의 서쪽
을 바라보면 절영도가 매무새를 다듬어 부르면 답을 할 듯 가까운 곳에
구름 사이로 우뚝 서 있다.

송도(松島)

부산시가의 남쪽 약 1킬로 암남반도 일부에 만을 형성하고 있는 해안
을 속칭 송도라 부르고 있다. 만내는 파도가 잠잠하고 백사장이 길게 뻗

---

16 일본의 고사기, 일본서기에 등장하는 신공황후의 신하로 일컬어지는 고대 인물.
17 임진왜란 때 토요토미 히데요시를 도와 조선침공에 앞장섰던 무장.

어있고 바다가 깊지 않아 여름에는 해수욕장으로 대단히 좋은 곳이다. 만내에 작은 섬이 있는데 노송 수 만 그루가 울창하여 나뭇가지소리 끊임없어 송도라 칭하였다고도 한다.

여름에는 부영(府營)으로 휴게소, 탈의소를 설치하고 매일 1시간마다 남빈에서 부(府)의 발동기선을 운항하게 하여 일반해수욕객의 편의를 도모하고 육로자동차편도 있다.

자동차 운임: 승합 30전, 대절 1원.

배 운임: 편도 3전, 왕복 5전.

절영도(絶影島)

마키노시마(牧の島), 최근까지 이왕가(李王家)의 목장이 있었기 때문에 속칭 마키노시마라 불리고 있다. 시가로부터 지척의 거리에 있어 도선으로 약 10분 만에 갈 수 있다. 주위 약 27.5킬로에 높은 산을 고갈산(古碣山)이라 칭하는데 해발 약 300몇 십 미터로 구름 위에 서 있다. 섬 대부분이 경사지로 인가는 대체로 북쪽 산기슭에 집중하여 시가지를 이루고 어선은 본도를 근거지로 하여 출어하고 있다.

교외

초량

초량은 부산부의 일부로 시가전차는 역전을 거쳐 부산진, 동래온천으로 다니고 있다. 예전에 부산역이 없었을 때는 이곳이 경부선 시발 정거장이었기 때문에 현재에도 철도공장, 공무사무소, 기관고 등이 아직도 이곳에 있다.

부산진

예전에는 반도 동남단의 요지로 서남일대는 산기슭으로 동남부는 광활한 매립지 사이에 부산만이 임하고 있다. 현재 부산부의 팽창은 북쪽으로 뻗어가고 있는데 그 일부를 이루며 전차도 이곳으로부터 동래까지 뻗어있다. 역 부근에는 조선방적회사, 각종 양조장, 니치에이(日榮)고무, 부산직물 등의 공장이 모여 있고, 또한 이곳의 이출우(移出牛)검역소를 거쳐 내지로 이출되는 소는 연간 4만두에 이르고 있다.

부산진성터

부산진역으로부터 북쪽으로 약 200여 미터 거리에 있다. '분로쿠케이쵸노야쿠(文禄慶長の役)'[18] 때 코니시유키나가(小西行長)가 배를 우암동에 정박하고 본성을 함락하여 수장 정발을 생포하였다고 전해지는 곳으로 후에 유키나가가 이를 일본식으로 개축한 것이라 전해지고 있다. 지금도 성벽이 남아있어 당시를 회상하기에 충분하다.

쯔에효고(津江兵庫)[19]의 비(碑), 부산진역으로부터 서남 약 330미터 떨어진 소화공원(昭和公園)에 세워져 있다. 1671년 대마도 소(宗)씨는 그의 가신 쯔에효고를 동래부사에게 파견하여 왜관 이전 건을 교섭하였지만 부사가 이에 응하지 않았기 때문에 사명의 책임을 다하지 못해 자결하

---

18 임진왜란
19 쯔에노효고노스케(津江兵庫助). 대마도의 무사로 1671년 정사로 조선에 건너와 왜관이전 교섭 중 60세로 부산에서 병사한 것으로 되어 있다.

였다. 이에 동래부사도 의열에 감복하여 그의 주장을 받아들이기에 이르렀다. 부산 오늘날의 번영은 실로 씨에 의한 것이 많아 부민이 그 덕을 기리기 위해 1879년 11월 세운 초혼비가 그것이다.

동래온천

조선에서 온천장으로는 우선 동래가 손꼽힌다. 동래는 부산에서 동북쪽으로 약 12킬로, 그 부근에는 해운대나 범어사, 통도사 등 명성고적도 있어 탕치장(湯治場)과 같이 무료함을 느낄 일은 없다. 교통이 대단히 편리해 부산역에서 1시간마다 승합자동차가 있고 전차도 있다. 예전에는 백로(白鷺)온천이라 불려 소수의 조선인 입욕자 뿐이었지만 근래 내지인이 연이어 온천여관을 세우는 자들이 많아 세련된 온천거리를 형성하여 사시사철 온천객이 끊이지 않아 요즘에는 부산을 거쳐 가는 여객들이 반드시 여독을 씻어내는 장소가 되었다. 온천수는 약염류천(弱鹽類泉)으로 무취투명하고 특히 위장, 신경, 부인병 등에 효능이 있다고 전해진다.

여관

나루토(鳴戶), 동래관, 호우라이칸(蓬萊館), 아라이(荒井) 등
숙박료: 1박 2원부터 7원까지

교통

자동차: 부산역 동래온천 간 승합편도 1인 30전. 대절편도 3원, 소요시간 30분.

　　　매일 오전 7시 반부터 오후 9시까지 1시간마다 부산, 동래 양쪽

에서 출발.

전차: 부산에서 5구간(편도25전 왕복40전) 소요시간 45분.

해운대온천

동래읍에서 동쪽으로 약 8킬로 해변에 있다. 동래에서 자동차를 타고 가다보면 차창 밖으로 보이는 것은 높고 험한 산들, 백사청송(白砂青松), 바위에 부딪히는 크고 작은 파도 끝없는 푸른 바다… 해운대의 조망은 대단히 훌륭하다. 여름철에는 해수욕장으로서도 또한 캠핑, 골프 등에 호적지로 최근 새로운 피서지로 온천, 해수욕, 낚시, 후릿그물 등 가족단위의 보양객들로 넘친다.

교통

자동차: 부산역 해운대 간 편도 1인 50전. 소요시간 1시간.

매일 부산에서 오전 8시 반, 10시, 11시 반, 오후 1시 반, 3시, 4시 반, 6시 7회 정기 발차한다.

여관: 해운루(海雲樓) 그 외.

범어사(梵魚寺)

동래온천에서 북쪽으로 약 8킬로 금정산 중턱에 울창한 수풀 속의 대가람의 기와지붕이 늘어 선 모습이 울산가도에서도 눈에 띈다. 이곳이 범어사다. 신라의 명승 원효가 창건에 관여한 남조선 3대 명찰의 하나로 법당 방이 수 십 개소로 승려 200명이 있다고 한다. 경내는 소나무로 울창하여 조용하면서도 그윽한 운치가 있어 전혀 별천지의 느낌을 갖게 한다. 부산역에서 울산행 자동차를 이용하면 불과 30분 만에 갈 수 있으며 요금은 편도 1인 90전, 대절 편도 7원으로 갈 수 있다.

통도사(通度寺)

경부선 물금역에서도 부산역에서도 통도사행 자동차가 있다(자동차 운임은 물금역에서 승합 1원40전, 부산역에서 양산읍까지 승합 1원80전, 대절 20원). 자동차는 절 입구까지로 거기서부터 산문까지 약 1.5킬로는 도보 혹은 대절자동차를 이용해야 하지만 이 1.5킬로 구간은 계곡물이 흐르는 노목들 사이를 흘러 청류에는 향어, 피라미 등이 무리를 지어 있다. 또한 수풀 속으로 한 걸음 옮기면 계절에 따라 송이버섯의 군락을 볼 수 있는 등 풍광에 정취를 느낄 점이 많다. 절은 영남에서 해인사와 대립하는 거찰로 그 경역의 넓이에 놀랄 정도인데, 험하고 높은 영취산 자락에 노송 울창한 사이로 가람 35동과 12개의 암자가 점재해 있다. 창건은 1천2백80여 년 전 신라 선덕왕시대에 자장율사(慈藏律師)의 창건에 의한 것이고 이후 여러 번 화재를 입었지만 지금도 여전히 옛 규모를 남기고 있어 볼만 한 것들이 많고 불교의 본종이라 하여 유명한 석가의 사리탑이 있다.

김해(金海)

구포에서 낙동강을 건너 맞은 편 강안의 선암리(仙巖里)까지 발동기선을 이용하고 거기서부터는 자동차로 조금만 가면 김해읍에 다다른다. 옛 가락국의 도읍으로 그 당시는 낙동강구의 주요항구였다고 하는데 일설에는 임나일본부가 있었던 유적지라고 한다. 읍내의 분성대(盆城臺) 장소는 가락국의 궁궐터로 그 교외에는 시조 수로의 능묘가 있고 또한 북쪽으로 약 1킬로 떨어진 곳 구지봉아래에는 왕비의 묘가 있다. 읍의 남쪽 약 4킬로 지점의 죽림리(竹林里)에는 '분로쿠에키(文祿の役)'[20] 때 쿠로다 나가마사(黑田長政)[21]가 주둔했던 가락성의 성터가 있다. 또한 고인돌, 패총 등이 부근에 점재해 있다.

교통

구포역 김해 간: 자동차편 편도 60전

배편 편도 50전(선암 김해 간 자동차요금 포함)

Ⅱ. 대구

옛 대구

옛 신라시대에는 달구화현(達勾火縣)이라 하였는데 경덕왕[22] 때에 지금의 대구(大丘)로 바뀌었다. 이래로 이 지역에는 부사(府使)를 두고, 판관(判官)을 두어 이조개국 5백4년(1895)에는 군수(郡守)를 두었다. 그리고 내지인[23]이 처음으로 이곳에 이주해 온 것은 1893년경으로 청일전쟁 후 점차 증가하여 러일전쟁이 일어나고 경부철도의 속성공사에 따라 왕래자

---

20 임진왜란.
21 임진왜란 때의 무장으로 지금의 후쿠오카지역의 번주(藩主). 부산, 김해, 창원 등 경남지역으로 침입하였다.
22 신라의 제35대 왕(재위 742~765).
23 일본인.

가 급격하게 증가하여 오늘날 번성함의 서두를 이루었다. 그 후 1905년 처음으로 이곳에 이사청(理事廳)²⁴을 설치하고 다음 해에 대구거류민단을 설립하고 일한병합이 되어 신정(新政)이 실시되고 오늘의 대구부(大邱府)로 되었다.

지금의 대구

대구는 경북도청의 소재지로 경성이남에서 부산 다음으로 큰 도시이다. 1도 22군의 정치 및 산업의 중추지로서 또한 상공업이 번창하였다는 점에서 서조선의 평양과 비교할 정도로 시가가 번성하고 교통기관의 정비 등 대도시로써 부끄러움이 없는 설비를 갖추고 있다. 부근은 경부철도의 개통 이래 한층 더 번성하여 지방으로의 도로도 잘 구축되어 북쪽으로 약 46킬로에 충주, 동북으로 약 40킬로에 안동, 남쪽으로 약13킬로에 창녕으로 각각 승합자동차가 매일 운행하고 특히 국유철도 동해중부선은 포항, 울산까지 개통하여 연도의 농산물은 물론 동해의 어류가 풍부하게 반입되어 오늘날 이 지역의 경제권은 경북의 전부, 경남의 동반부(東半部)가 그 세력아래 있다고 해도 과언이 아니다. 고래부터 대구부근은 지질이 풍요로워 곡류, 돗자리(筵蓆)의 산출지로 전해져 내지인들의 이주자가 많아짐에 따라 근래 눈부신 발전을 가져와 각지에는 과수, 연초, 완초(莞草)²⁵ 등을 재배하는 농원도 속출하고 특히 사과에 이르러서는 명성이 대단하여 내지는 물론 멀리 해외까지 수출되어 호평을 얻고 있다.

24 통감부가 각 지방에 설치한 행정기관.
25 왕골.

또한 일반농가에서는 부업으로 양잠을 할 수 있어 시내에는 조선제사(朝鮮製絲), 야마쥬제사(수製絲), 카타쿠라구미제사(片倉組製絲) 등 큰 공장들이 한창 굴뚝에서 연기를 내뿜으며 실을 만들고 있다.

부내 서문, 동문 양 시장에서 열리는 매월 6회의 개시(開市)에 지방적인 거래로 쌀, 대두, 소두, 어류, 해초, 면포, 잡화 등을 주로 하여 그 거래액에 있어 서문시장은 매월 21만 6천원내외로 동문시장은 8만원내외에 이른다. 또한 매년12월에 열리는 약령시는 대단히 유명한데 약재를 주요 거래물로 하여 거래액이 70만원에 이르는데 한 달 내내 장이 열려 경상북도는 물론이거니와 멀리 전 조선 각지에서 모여든 자들이 몇 만에 이르러 개시일에는 흰옷으로 뒤덮여 어깨가 부딪힐 정도로 성황을 이룬다.

대구시장 장날

서문시장: 매월 음력 2, 7의 날

동문시장: 매월 음력 4, 9의 날

약령시장: 매년 음력12월(1개월간)

호구

	내지인	조선인	기타	계
호수	6,809	15,187	184	22,180
인구	28,090	66,092	619	94,801

관공서 기타

경상북도청(上町), 부청(東雲町), 경찰서(本町), 복심(覆審)법원(南龍岡町),

달성공원

대구시가

대구의 조선시장

부산(1930년판)

지방법원(南龍岡町), 우편국(上町), 보병80연대, 전매지국, 원잠종제조소(原蠶種製造所), 상품진열소, 사범학교, 중학교, 농학교, 상업학교, 보통학교, 조선은행지점, 조선식산은행지점, 대구은행, 금융조합, 동양척식지점, 대구상업회의소, 조선민보사, 대구일보사, 기타.

교통

자동차: 1시간 1원50전. 시내 편도 1원,
　　　　　정차장 송영 1대 50전. 부영버스 시내 6전 균일.

기정(旗亭)

미카사(三笠, 幸町), 아카시(明石, 村上町), 키요노케(淸乃家, 東本町), 키쿠만(菊萬, 田町).

유곽

야에가키쵸(八重垣町, 역에서 약 8백 미터)

여관(차대폐지)

타다시야(唯屋, 역에서 약 200미터), 하나야(花屋)여관(역에서 약 200미터), 산푸쿠(三福)여관(역에서 약 50미터), 타치바나야(立花屋)여관(역에서 약 400미터).
숙박료: 4원에서 7원까지
식사료: 1원80전에서 3원까지

명승지

유람순서

시내: 역→상품진열소→원정(元町)→달성공원→서문시장→시장정(市場町)본정(本町)3정목(町目)→동문시장→남성정(南城町)→역

소요시간: 도보 4시간, 자동차 1시간 반, 인력거 2시간 반.

비용: 인력거 1원50전, 자동차 1시간 1원50전.

달성공원

(역에서 약 900미터, 인력거 50전, 자동차 승합30전, 대절 1원, 부영버스 편도 6전)

부내 서쪽에 있는 잔 모양(盃狀)의 구릉을 이용한 공원으로 신라시대 달불성(達弗城)의 유적지이다. 아마도 달성이라는 이름 때문일 것이다. 원내에는 아마테라스오미카미(天照大神)를 봉사(奉祀)하는 대구신사, 망경루(望京樓), 관풍루(觀風樓) 등이 있어 시내를 한눈에 내려다 볼 수 있는 조망이 수려한 곳이다.

뇌경관(賴慶館)

부내 상정(上町)에 있는데 1925년 대정천황즉위기념으로 경상북도 거주 조선인의 기부로 설립된 것이다.

도수원(刀水園)

원내에는 청천(淸泉)이 샘솟고 축산(築山) 뒤쪽으로 영귀정(詠歸亭)이라 불리는 오래된 건물 등이 있어 여름에는 낚시를 하고 가을에는 만월을

즐기기 위해 지팡이를 짓고 산보하는 사람이 많다.

대구교외

동촌(東村)

금호강변 일대의 옥야(沃野)의 총칭으로 일본농업경영자의 부락이다. 과수와 소채를 재배하고 대구사과는 주로 이곳에서 산출된다. 또한 밤과 꽃놀이의 명소로서 봄가을 대구부민의 행락지가 되어 도화유수(桃花流水) 별천지의 경치이다.

동화사(桐華寺)

역의 동북쪽 약18킬로(대구에서 자동차로 2시간, 편도대절 8원) 달성군 팔공산의 산복에 있다. 경내는 노목이 울창하고 잔잔히 흐르는 계곡이 있고 기암괴석도 있어 고즈넉한 신비의 경승지를 이루고 십 수채의 당우가 그 사이에 숨기듯이 자리 잡고 있다. 이 절은 신라 문성왕 때 보조(普照)스님에 의해 창건되어 조선 30본산의 하나로 헤아려질 만큼 규모도 크고 전각 중 극락전은 신라시대의 유물로서 고고학자들이 추천하고 있다.

해인사(海印寺)

경남 합천군 가야면 치인리(緇仁里)에 있다. 대구에서 서남쪽으로 약 67킬로(자동차운임 편도승합 1인 3원65전, 대절 25원), 김천에서 약 90킬로로 자동차를 이용할 수 있다. 경역은 가야산연봉에 둘러싸인 산수가 수려한 곳으로 전각과 당탑 또한 크고 아름다운 미의 극치를 이루고 있다. 창건은 신라 애장왕 2년(천 백 여 년 전)[26] 승려 순응(順應)에 의해 창건되어 현재 법등(法燈)을 지키는 승도의 수가 3백 여 명으로 실로 영남 3대사찰의 하나이다. 유명한 대장경 판목은 적광전(寂光殿) 뒤에 세워진 대경각(大經閣)에 수납되어 있는데 그 수가 86,686매에 이르러 고려 고종왕 때 판각된 것이라 전해지고 있다.

26 애장왕 2년으로 되어 있으나, 애장왕 3년(802)에 창건되었음.

신라의 고도

Ⅲ. 경주

옛날에는 반도 통일의 도성으로 자랑스러웠던 경주도 지금은 '나라는 망해도 산하(山河)는 그대로'라는 고도(古都)의 적막감을 한층 더 느끼게 해준다. 경주는 서쪽으로 대구로부터 약 67킬로 떨어져 있고 북쪽의 영일만으로부터 약 27킬로 떨어진 곳에 동서로 약 8킬로, 남북으로 약 8킬로 반의 큰 분지에 넓은 옥야를 품에 안고 이천(伊川), 남천(南川), 북천(北川) 등의 계류가 굽이돌아 흐르고 있다. 즉, 이 산수를 품에 안는 수 백 평방 킬로가 옛 왕성이 있던 곳으로 경주에 발을 한 번 들이면 대단한 규모의 장대함, 풍광의 온아함에 과연 56대에 걸쳐 1천년 신라의 영화로운 대도성이라 납득할 것이다.

지금의 경주 시가는 구도성의 서쪽 시에 호수 불과 3천, 인구 1만7천에 지나지 않지만 소위 전성시대 때의 도읍은 이 분지 일대를 점하여 전체 1천3백방(坊)[27], 민호(民戶) 17만9천여 호에 이르렀다고 전해진다. 신라는 이 지역을 중심으로 하여 나라를 세운 후 한동안 크게 성장하여 이윽고 당의 힘을 빌려 신라가 조선반도통일의 패업(覇業)을 이룬 것으로 오늘날 읍내에는 옛 모습을 남기고 있는 유적들이 많이 남아 있다. 만약

---

27 고려, 조선시대에 성내 일정구획을 방(坊)이라 하였고 그 안에 동(洞), 리(里)를 두었다.

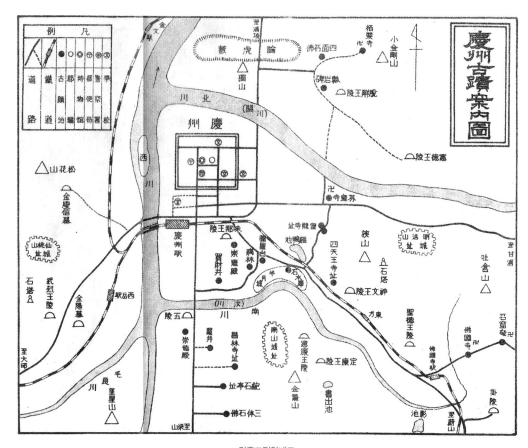

경주고적안내도

부산(1930년판)

경주를 찾는다면 우선 박물분관에 들려 수많은 귀중한 유물들을 보고 신라 1천녀사의 예비적 지식을 만들고 나아가 부근에 산재해 있는 실지를 둘러보며 이를 대조하여 그 규모의 대단함, 문화의 진도, 구상기공(構想技工)의 우수함 등에 상상을 펼치면 영화로웠던 옛 것을 눈에 선하게 그려낼 수 있어 매우 흥미를 느낄 수 있을 것이다. 현재 신라문명의 사적은 단편적이지만 성터, 사원, 동탑, 불상, 능묘 등 경주를 중심으로 하여 멀리는 2, 30킬로 바깥까지 산재해 있지만 정비된 도로가 사방으로 통하여 자동차를 이용하면 보다 자유롭게 아무런 불편을 느끼지 않고 탐승할 수가 있다.

경주박물분관

경주박물분관은 읍내 구 경주부윤관사의 일부를 그 청사로 하여 최근 총독부박물분관이 되었는데 지금까지는 경주고적보존회의 진열관이었다. 진열품은 석기시대의 유물, 진한(辰韓), 신라, 고려 각 시대의 토기, 와전(瓦塼), 기타 불상, 깨진 석관(石棺), 석침(石枕), 복관(覆棺) 등으로 그 중 신라 왕릉에서 발굴된 금관, 세계에 그 비할 데 없다고 일컬어지는 봉덕사 종 등은 경탄해 마지않는 것들로 고고학자들이 중시하고 있다. 이 종은 신라33대 성덕왕을 위해 35대 경덕왕이 기도하고 다음 왕인 혜공왕 6년에 다대한 고심의 결과 완성된 것으로 높이 약 3미터, 구경 약2.23미터, 둘레 약7미터, 두께 약 8인치, 중량 약72킬로라 일컬어지고 있다. 이 종을 보는 것만으로 신라 당시의 문화발달이 얼마나 발전하고 있었는지를 상상할 수 있을 것이다.

종(鐘)의 전설(경주의 전설에 의함)

천하일품이라 일컫는 봉덕사의 종은 당대역(唐大曆)6년[28] 신라 36대 혜공왕 때에 주조된 것으로 분관 내 종각에 보존되어 있다. 처음에 34대 효성왕이 부왕인 성덕왕의 명복을 빌기 위해 성의 북쪽에 봉덕사를 세웠지만 얼마 지나지 않아 임종하였기 때문에 동생인 35대 경덕왕은 그 뜻을 이어 이번에는 그곳에 큰 종 주조에 착수하였다. 하지만 완성되기도 전에 또한 임종하여 그 아들 혜공왕이 뜻을 이어받아 주조에 힘을 들여 얼마 후 완성하게 되고 경사스럽게 봉덕사에 봉납하고 종을 성덕대왕신종(聖德大王神鐘)이라 이름 지었다.

이 종이 주조되기까지 몇 번에 걸쳐 다시 만들었는지 알 수 없을 정도이다. 비천(飛天)의 아지랑이가 선명하게 흔들려도 아깝게도 커다란 균열이 한 일자로 가 있다든지, 종이 훌륭하게 완성되었더라도 종소리에 혼탁한 음이 들어가 있다든지, 만들 때마다 실패하게 되자 국왕을 위시하여 검사관도 이제는 손 쓸 방책이 따로 없게 되어 암울함에 빠져 모두가 한숨만 내쉴 뿐이었다. 그 중에서도 특히 주공이었던 일전(一典)은 과거에 49만 여근의 황룡사대종을 훌륭하게 만들어 낸 천하의 명장으로 세상에 알려진 기술자. 그가 불과 12만 여근의 이 종을 완성해 낼 수 없

28 771년에 해당.

다니 자신도 그 이유를 알 수 없어 마지막에는 몸도 마음도 진을 다하여 축 쳐진 몸으로 집에 갈 수 밖에 없었다.

어느 날 꿈결에 누군가 몸을 흔드는 자가 있었다. 그에게는 유일한 여동생이 있었다. 일찍 남편과 사별하고 외동딸과 함께 외롭게 살고 있는 여동생이다. 평소 오라버니를 아끼고 있던 그녀는 종이 완성되지 못하는 이유가 모두 자신 때문이라고 늘 마음 아프게 생각하고 있었다.

"사람을 제물로 바치지 않으면 안 된다"는 길가는 사람들의 목소리 나날이 마음깊이 아로새겨졌다. 어느 날 그녀는 굳은 결심을 하였다. 그리고 이 세상에 하나밖에 없는 사랑하는 딸을 바라보았다. 얼마 뒤 그녀는 오라버니를 찾아가 자신의 결심을 이야기 하였다. "오라버니 부디 그렇게 해 주세요. 다행히 딸아이는 세상 떼가 묻지 않은 청결한 몸, 이 아이로 도움이 되어 종이 완성된다면 오로지 왕의 기쁨일 뿐만 아니라 돌아가신 아비에 대한 그 무엇과도 바꿀 수 없는 공양이 될 것이라고 딸아이도 잘 알고 있습니다. 그리고 이미 그 준비도 되어 있습니다."

흥분하여 피를 토하는 심정을 억누르며 귀중한 여동생의 말에 이윽고 제물로 바치게 되었다.

"어머니(ま一ねつれ一, 마一네쯔레一)!" 어머니를 부르는 목소리는 이 세상의 아쉬움. 엄청난 보랏빛 연기가 회오리치며 뜨거운 쇳물이 주조 틀에 부어졌다.

◇　　◇　　◇

　　당대역(唐大曆)6년이 다가오는 연말 아침에 하늘 꽃과 같이 내린 눈이 눈길 닿는 곳까지 새하얗게 순백으로 덮인 신라 도성을 가라앉히고 있었다. 바로 그 때 햇수로 십여 년 기다림 끝에 신종의 영음이 먼지하나 없는 공기를 가르며 사방으로 도성을 가득 채워 울렸다. 이 소리를 들은 나라 안의 모든 사람들이 귀천을 따지지 않고 남녀노소 모두가 환희의 절정에 달했고 명장의 이름을 부르며 찬탄해마지 않았다.

　　그러나 일전남매만은 찢어지는 마음을 가누고 합장하며 이 소리를 언제까지나 "어머니(まーねつれー, 마-네쯔레-)!" "어머니(まーねつれー, 마-네쯔레-)!"로 듣고 있을 뿐이었다.

계림

　　경주읍의 동남 약 2킬로 월성 서쪽에 있는 조그마한 숲으로 시림(始林)이라고도 계림(鷄林)이라고도 불리는 예부터 신성한 숲으로 되어 있다. 신라 제4세 석탈해왕이 어느 날 숲속에서 닭이 우는 소리를 듣고 가보니 금궤가 나뭇가지에 걸려있고 그 아래에는 흰 닭이 계속 울고 있었다. 이상하게 생각하여 그 궤를 열어보니 안에 구슬 같은 한 남자아이가 나타나자 왕은 대단히 기뻐하며 이를 데리고 돌아와 태자로 삼고 김알지(金閼智)라 이름 지었다. 이가 후에 김씨의 조상으로 그때부터 이 숲을 계림이라 부르고 국호도 계림으로 바꾸었다고 한다.

월성

월성은 계림의 바로 남쪽으로부터 문천(蚊川)[29]의 오른쪽 강변을 따라 동남쪽으로 길게 수 백 미터 뻗어 고저 차로 늘어서 있는 반월형의 토성이다. 예전에는 석성(石城)이었다고 하는데 지금은 그 일부인 초석으로 보이는 돌이 조금씩 남아 있을 뿐 잘 정리된 잔디나 소나무가 아름답게 주위를 둘러싸고 있다. 신라 제4세 석탈해왕이 거주했던 곳이었지만 다음 왕인 파사왕(婆娑王)12년에 이를 축성하여 누대의 황거가 되었다. 지금은 석씨의 시조 탈해왕을 제사 드리는 숭신전(崇信殿)과 왕이 얼음을 저장했다고 전해지는 석빙고가 한 쪽에 있다. 석빙고는 과거 왕성의 식량창고였던 것 같은데 내부는 원통형으로 돌을 쌓아 당시에 이미 아치 건축법이 실시되고 있었다는 것을 알 수 있다.

효불효교(孝不孝橋 모친에 대한 효는 부친에 대한 불효가 된 다리)

월성을 가로질러 문천의 기슭을 따라 그대로 올라가면 수많은 석재가 강물을 막고 있다. 이것이 칠성교의 유적으로 효불효교라고도 하였다.

옛 신라 때 한 사람의 과부가 있었다. 강 건너편의 정부를 만나러 항상 아이들이 잠든 깊은 밤에 슬쩍 집을 나서는 것이었다. 7명의 아이들은 무슨 일인지는 모르지만 어머니가 심야에 강을 건너야 하는 어려움을 알고 돌을 옮겨 다리를 만들었다. 어머니는 그것을 보고 크게 부끄러워 이로 인해 불의를 멈추었다고 한다. 어머니에 대한 효는 돌아가신 아버지에 대한 불효가 되었다고 하여 세상 사람들은 이 다리를 효불효교

---

29 남천(南川)

라 하였다. 또한 7명의 자식들이 만들었기에 칠성교라고도 불렸다.

자식이 없는 여자나 젖이 나오지 않는 여자는 심야에 돌다리에 엎드려 기도를 하면 반드시 답을 얻었다고 한다. 또한 연애로 고민하는 여자가 이 돌다리 위에서 빌면 의중의 사람에게 반드시 그 뜻이 전해진다고 믿어지고 있다.

첨성대

월성 북쪽 도로 옆에 있는 신라 제27대 선덕여왕 때 축조된 천문관측대로서 방형의 지복석(地覆石) 위에 화강암을 원통형으로 쌓아올리고 상부에 이중의 우물정자형 구조물을 놓았고 중간 지점 남쪽에 방형의 창문을 설치하였다. 높이 약 8.8미터, 밑 지름 약 5.1미터의 동양 최고(最古)의 천문대로 방문하는 이들의 경탄을 자아내고 있다.

안압지

월성 북쪽으로 약 4, 5백 미터 거리에 작은 연못이 있다. 신라 영주(英土) 문무왕 때의 궁원(宮苑)으로 만들어진 것으로 연못을 만들고 연못 가운데에 작은 섬과 주변에 얕은 산을 만들어 중국의 무산(巫山)12봉[30]을 모방하여 연못 가운데 섬에는 돌다리를 놓고 꽃과 나무를 심고 진귀한 새와 짐승들을 방사하여 연회장으로 하였다고 전해지는데 지금은 연못과 주변의 언덕 두 세 곳과 돌다리의 기초석만 남아 있다. 안압지 서쪽으로 이어지는 곳은 임해전(臨海殿)[31]터로 신라왕이 해외로부터의 귀빈을

30　중국 사천성의 명산 무산(巫山)12봉
31　안압지 서쪽에 있었던 궁궐.

접견하는 가장 수려하고 웅장한 궁궐이 있었다고 전해지고 있다.

황룡사지

안압지 동쪽으로 약 3백 미터 거리의 밭 가운데에 지금은 초석만이 남아있다. 신라 24대 진흥왕 14년에 새로운 궁궐을 이곳에 세우려고 하였으나 황룡(黃龍)이 이곳에 나타나자 왕은 이를 기이하게 여겨 사원으로 세우고 황룡사라 이름 지었다고 한다. 옛날 이 절에는 신라 삼보(三寶)의 하나인 장육불상(丈六佛像)과 9층탑이 있었지만 몽고의 병화로 전부 불타 소실하였고 지금은 유일하게 구층탑의 문주에 반원조(半圓彫)의 금강역사 8체 중 2체가 박물관에 진열되어 있고 6체는 땅 속에 묻혀 있 웅대한 당우의 초석과 삼존불의 좌석만이 남아 있다. 그 규모가 얼마나 광대하고 화려하였는지 이곳에서 출토된 기와 편만으로도 대략 상상할 수 있다.

분황사탑지

선덕여왕 3년에 축조된 흑갈색의 석재를 쌓아올린 고탑이 남아 있다. 마치 벽돌로 쌓은 전축(磚築)처럼 하층의 4면에는 인왕, 네 귀퉁이에는 돌사자가 조각되어 있다. 동경잡지(東京雜誌)[32]에 분황사의 탑은 신라 삼

32 1670년(현종11)에 간행된 경상도 경주부(慶州府)의 지리지인 『동경잡기(東京雜記)』를 1711년(숙종37)에 중간(重刊)한 책이다. 목판 크기는 초간본과 다르지만, 항수(行數)와 자수(字數)를 똑같이 맞추어 새로 목판을 새겨 인출한 것으로, 3권 3책이다. 다만 표지 서명이 '동경잡지(東京雜誌)'이고, 3책을 천(天)·지(地)·인(人)으로 구분한 것은 초간본과 다르다. 권말에 1711년에 경주부윤(慶州府尹) 남지훈(南至熏)이 신라 천년의 사실이 인멸될까 염려하여 다시 간행한다는 뜻을 밝힌 지(識)가 실려 있다(한국학진흥사업성과포털 http://waks.aks.ac.kr/dir/searchView.aspx?qType=0&sec

보(三寶)의 하나이다. 임진난적(壬辰亂賊)으로 인해 그 반이 훼손되었다고 하는데 이전에는 상당히 높은 탑이었다고 한다. 지금은 하부의 3층만 남아 있다.

사면석불

읍의 동쪽 소금강산의 서쪽 기슭에 큰 바위의 사면에 불상이 새겨진 것이 있다. 이것이 굴불사(掘佛寺)의 사면석불로 속설에는 이 석불의 돌가루를 남몰래 복용하면 임신할 수 있다는 미신이 있다. 바위의 높이는 약 3.6미터 로 배면의 넓이 약 3미터의 미타삼존의 입상약사여래의 좌상 음양각(坐像陰陽刻)이 있어 그 어느 것도 걸작이다.

백율사

사면석불로부터 약 2백 미터 소금강산의 좁은 길을 기어 올라가면 그 중턱에 있다. 창건연대는 불명확하지만 대웅전에 안치된 동조약사여래(銅造藥師如來)의 입상은 높이 약2미터 정도로 모습을 보아 통일신라시대의 것으로 추측된다.

표암(瓢岩)

소금강산의 남쪽 끝에 있는 커다란 암석으로 진한(辰韓) 6촌의 하나인

Type=&sType=&sWord=%e6%9d%b1%e4%ba%ac%e9%9b%9c%e8%aa%8c&dataID=G001+KYUC+KSM-WV.1660.1111-20120701.GK01375_00@AKS-2011-CAC-3101_DES 2020.1.2.일 검색)

알천양산촌(閼川楊山村)[33] 이씨의 조상 이알평(李謁平)[34]의 출생지로 일컬어지고 있다. 백 여 년 전에 세워진 비석에 의하면 이 바위는 수도의 방위(方位)에 해가 된다고 하여 '박'을 심어 감추었기 때문에 '표암'이라 전해지고 있다.

오릉

오릉은 또는 사릉(蛇陵)이라 칭하는데 문천에 놓인 남천교의 서쪽 소나무 숲에 있어 신라의 시조 박혁거세와 왕비 이하 세 왕의 능묘로 경내는 넓고 노송이 울창하여 깊은 이끼 색으로 덮여 있다. 최남단의 능이 시조의 능묘로 부근에는 시조를 제사 드리는 숭덕전(崇德殿)이 있다.

포석정

오릉 남쪽으로 약 2킬로 거리에 길을 왼쪽으로 돌면 마을 근처에 소위 유상곡수(流觴曲水)의 연회장으로 커다란 나무아래 전복형태의 석조물이 현존하고 있다. 55대 경애왕이 이곳에서 왕비와 함께 술자리를 가지며 환락 중에 후백제 견훤의 습격으로 죽음을 맞이한 신라 최후의 애사를 전하는 유적이다.

---

33 신라초기에 경주에 있었던 6촌 중의 하나.

34 생몰년 미상. 신라건국기의 씨족장. 경주이씨(慶州李氏)의 시조로서 초기 사로육촌(斯盧六村) 중의 하나인 알천양산촌(閼川楊山村)의 촌장이었다고 하나 이를 경주 이씨의 조상으로 인정하지 않는 학자도 있다.

불국사를 중심으로 그 부근에 있는 것

(서악을 중심으로 그 부근에 있는 것의 오기)

김유신묘

경주역에서 서쪽으로 서천교를 건너 서북을 향해 송화산록(松花山麓)의 좁은 길을 올라 약 3백 미터 지점에 있다. 주위에는 십이지 상을 조각한 호석(護石)이 있고 비교적 완전하게 옛 양식을 갖추고 있다. 김유신은 무열, 문무 두 왕을 도와 백제, 고구려를 멸망시키고 신라통일의 대업을 완수한 공신이다.

무열왕릉

서악역의 서남쪽 약 3백 미터 도로 옆에 있다. 왕은 신라 29대 반도통일의 기초를 연 중흥의 영주로 재위 겨우 8년 만에 죽음을 맞이하였다. 능분은 주위 약 57간[35]으로 문무왕 원년에 축조를 시작하여 앞 측면의 귀부(龜趺)는 주위에 육용주(六龍珠)를 받드는 형태로 조각한 것으로 수법의 정교함은 당나라 식 미술 도입의 선구라고 한다.

서악(西岳)서원

무열왕릉의 북쪽 가까운 곳에 있는 신라의 명신 김유신, 동 중기의 학자 설총 및 말기의 학자 최치원의 세 현사를 모시고 있다. 부근에는 진흥, 진지, 문성, 헌안 등의 여러 왕릉과 영경사지 등이 있다.

---

35 57간=약 0.1킬로미터.

불국사를 중심으로 그 부근에 있는 것

괘릉

불국사역에서 약 4킬로미터 울산가는 길 북쪽 소나무 숲에 있는데 예부터 신라중흥의 영주인 30대 문무왕의 능이라 전해지고 있었지만 최근에 문무왕의 능이라 확증되었다. 능묘는 우수한 12지 신상이 양각된 호석으로 둘러져 있고 전면 수 십 간에는 문무석인상 및 석수(石獸), 석화표(石華表)를 설치하여 그 양식이 완비된 웅장함이란 사면의 그윽한 신비로움과 함께 신라능묘의 모범이라 일컬어지고 있다.

특히 문무석 인형석수 등의 수법이 정치하고 조각의 기묘함은 당대(唐代)예술의 특질을 띠며 신라유물의 백미로 탄성을 자아내고 있다.

불국사역 괘릉 간 자동차요금: 1인 왕복 40전
최저 4명분 1원60전

불국사

불국사역에서 약 3.4킬로 토함산 중턱에 있다. 신라19대 눌지마립간 때 지금으로부터 거슬러 1천 5백 여 년 전 승려 아도(我道)[36]에 의해 처음으로 개기되었으나 그 후 아도가 떠난 뒤 패퇴하였지만 나중에 제23대 법흥왕 14년 본사를 재건하고 다음 왕인 진흥왕 및 제 30대 문무왕이 이를 중창하여 제35대 경덕왕 때에 나라의 제상 김대성에 의해 또 다시 중

---

36 생몰연대 미상의 고구려의 승려로 신라에 불교를 전파하였다고 한다.

불국사

석굴암

부산(1930년판)

건되어 여기에 처음으로 완성되었다고 전해진다. 즉, 석조물, 불상 등의 유물에 신라시대의 모습이 잘 남겨져 있고 특히 대웅전 전면에 현존하는 2기의 석탑 중 하나는 다보탑(석조 높이 약6미터)으로 또 다른 하나는 석가탑(석조 높이 약8미터)이라 하여 천 여 년의 풍우를 잘 견뎌 지금도 엄연한 모습으로 좌우에 서 있고, 앞문의 청운교, 백운교 터는 거의 퇴폐되었지만 그 장엄한 구조는 칠보연화의 양교와 함께 신라시대의 대표적 걸작으로 일컬어지고 있다.

불국사역 불국사 간 자동차: 편도 승합 1인 40전

석굴암

불국사로부터 급경사를 약 2.8킬로 올라가 토함산 정상을 넘으면 얼마 지나지 않아 석굴암에 이른다. 그 정상에서는 망양한 일본해를 앞에 볼 수 있다. 속전에 의하면 암은 석불사라 이름 하여 신라 35대 경덕왕 10년 때의 건립으로 산 중턱에 굴을 파고 내부를 아치형으로 돌을 쌓아 입구 좌우에 사천왕, 인왕상을 내부 주벽에는 11면 관세음, 16제자 범천석(梵天釋) 등 36체를 반 육각으로 조각하고 중앙연대 위에는 높이 약 3.3미터의 석가좌상을 안치하고 있다. 이들 불상은 모두 같은 해에 제작을 실시한 것으로 그 조각의 정치 수려함에 놀라울 뿐으로 신라불상유물 중 유수한 것으로 소중하다.

고적유람안내

교통

• 경성방면에서

경부선 대구역에서 동해중부선으로 갈아타고 약 2시간 반이 소요된다. 또한 대구에서 승합자동차편도 있다.

기차운임 대구경주 간(편도 어른 1인): 2등 1원94전, 3등 1원7전.

자동차운임 대구경주 간(승합 1인): 1원65전.

• 부산 내지방면에서

부산에서 기차로 대구에서 하차, 대구에서 앞의 교통기관을 이용하는 편 외에 부산에서 동래온천에서 여독을 풀고 자동차를 이용하여 도중에 범어사, 통도사 등의 고찰을 탐승하고 울산으로 나와 기차로 경주로 가는 방법도 있다.

부산 동래온천 간: 자동차(승합 편도1인) 30전.

전차 5구간(1구간 5전) 편도 25전, 왕복 40전.

동래온천 울산 간: 자동차(승합 편도 1인) 2원50전.

기차 자동차 연락운수

부산 울산 간 자동차(울산자동차조합)와 철도국 선의 주된 관계역 사이에 연대승차권을 발매하고 있다. 본 연대에 의한 자동차 운임은 아래에서 보듯이 할인되어 부산 대구 간을 포함한 승차권으로 울산, 경주방면을 돌아보기를 원하는 분들은 부산역 또는 대구역에 신청하면 본 자동차

운임을 지불하고 희망대로 회유할 승차권으로 변경할 수가 있다.

자동차운임(승합 편도 1인) 1원90전. 10인 이상 단체의 경우(승합 편도 1인 당) 1원80전.

울산경주 간: 기차운임(편도 어른 1인) 2등 1원18전, 3등 66전.
자동차운임(승합 편도 1인) 1원.

유람순서

주의 고적은 경주읍내를 중심으로 멀리는 2십 4, 5킬로 바깥까지 산재해 있지만 대단히 도로가 좋고 유람자동차도 있어 비교적 용이하게 유람할 수 있다. 그러나 모두 다 유람하는 것은 시간도 필요하니 여기에서는 주요한 곳만을 구경하는 코스를 아래에 제시한다.

경주지방유람순로

경주역→(약 600미터) 박물관분관→(약 2.5킬로) 표암→(약 20미터) 사면석불→(약 1.5킬로) 분황사→(약 700미터)→ 안압지→(약 400미터) 석빙고→(약 300미터) 첨성대→(약300미터) 계림→(약 1킬로) 오릉→(약1.8킬로) 포석정→(약 6.5킬로) 무열왕릉→(약2.5킬로) 경주역

소요시간(각지 견학시간 포함)

도보: 6시간45분

자동차: 3시간

비용

박물관분관 관람료 1인 5전.

유람 자동차운임

경주 중앙부 안내: 승합1인 80전.

무열왕릉 코스: 40전 증.

백율사 아래 사면석불 코스: 40전 증.

경주역 읍내 간: 승합 1명 10전(단, 최저 4명분에 한함)

경주 울산 간: 승합 1명 1원.

불국사부근 유람순로

경주역 ⋯ 불국사역→(약 3.3킬로) 불국사→(약 2.7킬로) 석굴암→(약 2.7킬
로) 불국사→(약 3.3킬로) 불국사역→(약 3.4킬로) 괘릉→(약 3.4킬
로) 불국사역→경주역

소요시간(각지 견학시간 포함)

도보: 5시간45분

자동차: 3시간45분(일부구간 자동차에 의한 경우)

비용

자동차운임

불국사역 불국사 간: 승합 편도 1명 40전.

불국사역 괘릉 간: 승합 왕복 1명 40전 최저 4명분 1원60전.

불국사역 울산 간: 승합 편도 1명 80전.

불국사역 경주 간: 승합편도 1명 80전(단 최저 4명분 3원20전).

기차운임

경주역 불국사역 간: 편도 1명 2등 34전, 3등 19전.

경주(차대폐지)

일본식: 시바타(柴田)여관, 아사히(朝日)여관, 경주여관, 카스가(春日)여관

조선식: 안동여관, 경동(慶東)여관, 대구여관, 월성여관

숙박료: 일본식 2원50전 이상 4원50전 이하

　　　　조선식 80전 이상 1원50전 이하

불국사

일본식: 불국사호텔(철도국위임경영)

숙박료: 1원50전 이상 8원이하

불국사호텔은 불국사 경내에 있는 철도국지정위임경영의 깨끗하고 세련된 여관으로 조망이 수려한 위치에 있다. 경주에 와서 본 호텔에 1박하고 새벽녘에 석굴암에 올라 떠오르는 태양빛에 빛나는 일본해를 조망하며 신비롭고 웅대한 경치를 즐겨보길 권한다.

Ⅳ. 진해

1902년 한국정부가 마산을 개항하였는데 러시아는 진해가 천연의 요새임에 착목하여 여기에 군항설비를 만든 이래 러시아동양함대의 근거지가 되었지만 러일전쟁이 일어나자 우리 해군은 이곳을 점령하여 근거지로 삼아 일본해전의 대첩을 거둔 이래 일약 세상에 알려졌고 군항으로 오늘날에 이르고 있다. 시가지는 세 방향으로 긴 뱀처럼 늘어져 산들

로 둘러싸였고 전방은 진해만의 검푸름을 안은 경승요지의 땅으로 정시천(征矢川)을 가운데 두고 북쪽으로부터 동남쪽을 향해 전개된 욱일(旭日)형의 우물 정자 형태로 정연하게 구획된 도시이다. 근래 여러 사정으로 조금 쇠퇴하고 있었지만 철도 개통에 따라 육해교통이 구축되어 시황이 활기를 되찾고 있다.

호구

호수: 1,437
인구: 6,413

관공서 그 외

진해 요항부(要港部), 헌병분대, 경찰서, 면사무소, 진해방위대, 진해만요새사령부, 고등여학교, 진해공립공업보수학교, 조선총독부수산시험장, 진해담수양어장, 체신국 해원(海員)양성소, 우편국, 진해세관출장소, 진해제일금융조합, 부산상업은행진해지점, 수산회사.

교통

정기항로

행암만(行岩灣)(진해항)

부산행: 오전10시, 오후6시30분 2회 출항(2등 1원50전, 3등 1원)

통영행: 오후1시 출항 마산 경유 통영행(2등 1원50전, 3등 1원)

목포행: 오후4시30분 출항. 마산, 통영, 여수를 경유하여 목포행(2등 9원80전, 3등 6원50전)

제등만(齊藤灣)

마산으로 매일 오전7시부터 오후6시까지 6왕복의 발동기선편이 있음 (30전).

통영으로는 매일 오전8시50분 발, 오후5시50분 착 1왕복 기선편이 있음(특등 1원50전, 병(竝)등 1원).

정기자동차로 및 요금

역전 제등만(齊藤灣) 간 10전, 역전 비봉리(飛鳳里) 간 15전, 역전 장천리(將川里) 간 40전.

그 외 시내대절 편도 80전.

여관

마츠요시(松芳), 타치바나(橘), 후쿠오카야(福岡屋), 아사히(旭), 마츠바(松葉), 친카이(鎭海), 하루노히(春の日, 요리점)

숙박료: 1박 2엔부터 6엔까지.

유람순서

역→진해신사→일본해해전기념탑→키요노우라(淸之浦)→치요가하마(千代が濱)→사쿠라노바바(櫻の馬場)→요항부(要港部)→방위대→토쿠마루칸논(德丸觀音)→하고로모노마츠(羽衣の松)→역

소요시간: 도보 약4시간. 인력거: 약2시간 반. 자동차: 약2시간.

비용: 인력거 1원50전, 자동차 5원.

명승지

사쿠라노바바(櫻の馬場)

벚꽃나무 만 여 그루가 수 백 미터 사이에 정연하게 심겨져 벚꽃이 만발하였을 때는 마치 안개와 구름처럼 꽃 터널을 이루어 조선 내에서도 굴지의 벚꽃명소로 알려져 있다.

친카이칸논(鎭海觀音)

일명 토쿠마루칸논(德丸觀音)이라고도 하는데 오랜 유서 있는 역사를 지니고 있다. 경내는 조용하면서도 고즈넉한 공간에 녹림 가운데 중국풍 당우가 있어 풍정은 중국풍경을 방불케 한다.

진해신사

투구모양의 산 남쪽 중턱에 있는 아마테라스(天照)[37], 토요우케(豊受)[38] 양신을 모시는 곳으로 진해시민의 수호신으로 신사는 장엄하고 시내의 제등만(齊藤灣)을 한눈에 바라볼 수 있는 조망절경의 장소이다.

하고로모노마츠(羽衣の松)

시의 중앙을 관통하는 정시(征矢)천의 상류에 산세가 웅대하고 기암괴석에 둘러싸인 조용하고 고즈넉한 신비의 경치를 이룬 유명 계곡이다.

---

37 일본신화에 등장하는 주신(主神)으로 황조신(皇祖神). 일본서기, 고사기에 아마테라스는 태양신의 성격과 무녀의 성격을 동시에 지닌 존재로 묘사되어 있다.

38 고사기(古事記)에 등장하는 일본신화 상의 여신으로 식물, 곡물을 관장하는 신.

이곳의 형상이 마치 선녀가 춤을 추는 듯 하는 모습의 커다란 소나무가 있다. 이를 하고로모[39]마츠라 부른다.

키요노우라(淸之浦)

진해항 앞의 카부토야마(兜山)[40] 동쪽 기슭에 있는 대단히 전망이 좋고 푸른 소나무의 해변으로 남쪽 멀리를 바라보면 많은 섬들이 마치 바둑판의 돌처럼 각종 돛단배 사이를 잇는 듯 그림 같은 풍경이다. 여름에는 해수욕장으로 아이들이 즐기는 장소이기도 하다.

치요가하마(千代が濱)

제등만 앞의 치요가하마(千代が濱)는 멀리까지 바다가 얕고 청정한 조선굴지의 해수욕장으로 설비도 완벽하며 부근의 풍경도 훌륭하기 때문에 여름에는 피서객들로 붐빈다.

일본해해전기념탑

카부토야마 정상에 있는 높이 약36미터, 둘레 약27미터, 건평 100평, 철근콘크리트로 건립. 1929년 5월 27일 준공.

---

39 나무꾼과 선녀 이야기.
40 지금의 진해 제황산으로 일제강점기에 산모양이 투구를 닮았다고 하여 일본인들이 붙인 이름.

진해시가지

마산의 벚꽃

부산(1930년판)

V. 마산

마산은 진해만으로부터 만입한 하나의 만으로 서쪽 해안을 이루는데 무학산 아래 경사로 인해 신구의 두 시가지로 이루어져 있다. 공기가 청정하고 기후가 온화할 뿐만 아니라 풍광이 아름답기로 조선 제1의 건강지로 일컬어지며 여름에는 해수욕객들로 붐빈다. 1911년 이래 요새지역으로 개항폐쇄 후 마산의 무역은 매우 쇠퇴하여 출입물자의 대부분은 부산을 경유하게 되었고 최근에는 쌀 이출이 다소 있었을 뿐 일본의 저명 상업지와의 거래는 거의 없다. 그러나 근해어업만은 여전히 성황을 이루어 통영을 거쳐 이곳에 집하되어 철도편으로 조선과 만주 각지로 수송되어 어획고는 연액 14만 4천 여 원에 이른다.

또한 이곳에는 지리적으로 보아 공업은 별로이지만 수질과 기후가 양호하여 양조업에는 호조건으로 청주, 간장 등은 품질 면에서 자타 공히 조선 제일을 자랑한다. 하지만 자금관계상 판로확장이 되지 않아 더 활발하지 못한 점은 대단히 유감으로 최근 주조생산량은 1만2천석에 달한다.

교통

부산으로 항로 40해리, 통영까지 30해리, 진해까지는 겨우 8해리로 매일 발동기선편이 있고 또한 조철(朝鐵)경남선이 진주까지 연장되어 있다.

자동차요금: 마산 진주 간(약 64킬로) 2원10전(진주에서 합천, 사천, 삼천포, 통영 및 김천행 자동차가 있다).

마산 통영 간(약 68킬로): 3원.

마산 고성 간(약 44킬로): 2원.

마산시내 및 구마산 간: 승합 1명 5전, 대절 1대 1원.

발동기선

마산 진해 간: 매일 6왕복(소요시간 50분) 요금 30전.

마산 통영 간: 매일 2왕복(소요시간 4시간). 요금 2등 1원50전, 3등 1원.

호구

인구: 23,734(일본인 5,339)

호수: 5,413(일본인 1,410)

관공서 그 외

마산부청, 창원군청, 중포병대대, 지방법원, 공립상업학교, 고등여학교, 금융조합, 조선식산은행지점.

명승지

마산공원

마산역으로부터 수 백 미터 거리의 사쿠라마치(櫻町) 언덕 위에 있다. 전면에 마산시내와 항구 전경이 펼쳐있고 원내는 벚나무를 심어 대신궁(大神宮)을 모시고 있다.

구마산역으로부터 동쪽으로 약 5백 미터. 전방은 마산만의 푸른바다를 한 눈에 담고 배후에는 무학의 높은 봉우리가 자리 잡은 요해 견고한 언덕 위에 있다. '분로쿠노 야쿠'때 시마즈(島津)군에 의해 세워진 것이라 한다. 지금은 산 정상에 일본식 고성 석루가 남아 있을 뿐이다.

교외근교

지리산

지리산은 다른 의미에서 조선의 금강산에 버금가는 명산으로 해발 약 2천 미터의 울창한 노목으로 뒤덮인 완전한 처녀림을 이루고 있다. 그 넓이가 실로 5개 군에 걸쳐 지형의 변화가 왕성하고 역사적으로도 유명하여 여러 전설과 고찰 등도 있다. 실로 지리산은 조선에 유례가 없는 고즈넉하고 우아한 낙원으로 근래 외인들 사이에서도 회자되어 피서객들의 발길이 끊이지 않는 성황을 이루어 별장 등도 급증하여 일본의 카루이자와(輕井澤)[41]에 비견할 날이 그리 멀지 않다고 생각된다.

부산안내(끝)

---

41 일본 나가노(長野)현에 있는 관광지로 별장, 피서지 등으로 유명한 곳.

조선, 만주여행에 관해서는 아래에 상담해 주시면 수수료 없이 각종 편의를 도모해 드립니다.

조선총독부철도국

운수사무소(부산, 대전, 용산, 평양역 구내)

선만(鮮滿)안내소

동경: 동경마루(丸) 빌딩 1층

오사카: 오사카시 사카이스지(堺筋) 아즈치쵸(安土町)

시모노세키: 시모노세키역전

1930년 4월 (비매품)

조선총독부철도국

경성부 봉래정(蓬萊町) 3정목(丁目) 62-3

인쇄소: 조선인쇄주식회사

釜山案内

부산(1930년판)

要塞及要港地帶撮寫禁止

左の場所は要塞及要港地帶である關係上許可なくして寫眞撮

影及描寫は出來ない。

釜山附近（海雲臺東萊を含む）

馬　山・鎭　海　附　近

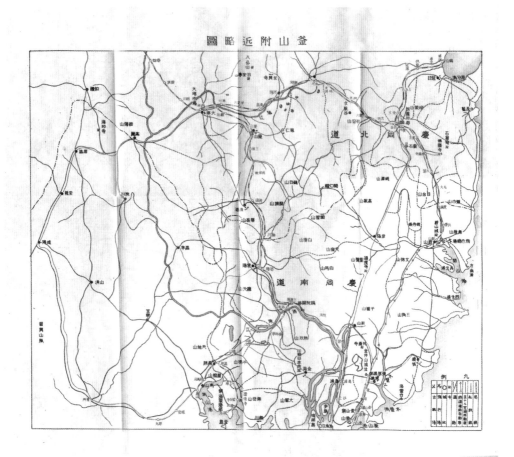

釜山附近略圖

부산(1930년판)

釜山案内

釜山及其郊外

부산(1930년판)

釜山案内

釜山及其郊外

釜山

沿革概要

釜山

遠い太古の昔から本邦内地こ朝鮮この間に最早交通のあつたこは史實の證する處で其國際的關係の開かれたのは凡そ一千九百年前崇神天皇の朝、任那に日本府を置いたのが其の始りである。而して嘉吉三年（稱光天皇の朝四百八十餘年前）の條約改正で釜山は蔚山郡鹽浦、熊川郡濟浦こ共に三浦の一こなり内地この貿易を開始したのが

抑も釜山開港の濫觴であつた。爾來幾多の變革を經、明治九年日韓修交條約の締結せ

らるゝに及び新に管理廳が置かれ專ら通商事務を掌り居留民の保護に任じて居つた

が、同十三年之を領事館に改め三十九年二月更に之を理事廳と改稱し四十三年八月日

韓併合成るに及んで之を廢して府廳を置き今日に至つたのである。

釜山港灣の設備

朝鮮東南端の主要貿易港である釜山は煙波三十浬を隔てゝ壹岐對馬と相對し朝鮮海

峽を越へて百二十浬の彼方下關との間には朝夕二回の關釜連絡船が定期運航して鮮滿

の鐵道の直通と相俟ち歐亞大陸に通ずる大玄關たる樞要の地位を占めてゐる。尚最近

北九州汽船會社て博多への航路を開始し每日一往復の旅客船が運航する事となり內地

との交通が一層開けてきた。　周圍七里の絕影島（牧島）は港口を擁し多栢島と赤崎の

突角とで自然の防波堤を築き水深く港內も廣く近來港灣の大改築によつて一大開港場

こなり大船巨船の投錨に差支がない。

連絡船が棧橋に横付けされるこすぐ急行直通列車が相對して其處に發著し船車連絡設備が最も理想的に出來て居る。

此の棧橋驛には旅客待合所、出札所、手荷物取扱所、貨幣交換所、電信取扱所、食堂等一切の設備が整つて居る棧橋から通する上屋下を拔けるこ釜山本驛がある。

驛舎は古典兩式折衷の煉瓦二階建で其一部は鐵道局直營のステーションホテルに充當されホテルのルーフガーテンからは港內が一望されて眺望が頗る佳い。

釜　山　市　街

釜山に上陸して第一に印象するは市街の純然たる內地風なるこであつて此處は全く朝鮮の情趣は味へぬ程內地化してゐる。　釜山府は草梁・釜山鎭を包擁する東西二里九町南北三里十五町面積二、一八方里、市街は灣の北東より西南に延長し、府の背面

— 3 —

釜　山

には太白山脈の餘勢である、天馬・戟媚・九德・高遠見の諸峰が屏風の如く圍繞し氣候も溫和で東京地方と變らない。

現在全人口十一萬六千餘、内、内地人四萬餘人山腹から汀にかけて井然たる街衢を成し官衙公署大なる會社商店等軒を並べて慶南道廳の此地に移轉と共に益々殷賑を極めて居る。

釜山の商工業貿易

本港最近の輸移出入總額は二億四千三百九十九萬餘圓で十年前に比べると約二倍以上の增加を示してゐる。輸移出品の主なる物は米、鮮、鹽、干魚・大豆・海苔・陶器等輸移入品としては葉賣・鹽・小麥粉・生果・綿織絲・肥料・機械類・木材等で戔々たる朝鮮內地產業の發展に伴ひ益々繁盛を呈すべき狀勢にある。尙市內には釀造業を始さし精米・製鹽・罐詰・蒲鉾・水產肥料・造船等の工場市內に相當發達し・近代的

― 4 ―

釜 山 の 市 場

大規模の紡績、硬質陶器製造會社の如きは朝鮮に於ても有數の大工場となつてゐる。

富平町公設市場（一名日韓市場）

富平町一丁目に在つて釜山府の經營になつて居る屋内外の設備整ひ内鮮の店舗四百餘に達し、販賣品は食糧品、日用雜貨等殆んご全部を網羅し市場入出場者一日實に八千人、一日平均賣揚高約六千五百圓を算し盛況を極めて居る。

魚 市 場

南濱一丁目に在り釜山水産會社の經營で近海よりの鮮魚は殆んご此處に水揚げせられ鮮内は勿論遠く滿洲方面にも輸送せられて居る 一ケ年の取引高は二百萬圓餘で實に朝鮮第一の魚市場である。

釜⋯⋯⋯⋯⋯山

釜　山

案　内

山　戶數
　　人口

	朝鮮人	內地人	外人	計
戶數	一五、五八七	九、八三	一四三	二五、五四三
人口	七三、三二六	四三、二六	六三五	一一六、七〇七

官公衙其他

慶尚南道廳(中島町)　釜山府廳(本　町)　釜山警察署(榮　町)　釜山水上警察署(佐藤町)釜山税
關(高島町)　釜山郵便局(大倉町)　釜山測候所(寶水町)　釜山刑務所(大新町)　釜山地方法院(富民町)

水産試驗所(牧ノ島)　釜山憲兵分隊(大廳町)　支那領事館(草梁町)　物産陳列場(驛　前)　釜山

商業會議所(西　町)　公會堂(驛　前)

釜山公立商業學校(大新町、釜山里)　高等女學校(土城町)　普通學校(瀛州町、牧ノ島凡一町・中島町)

中學校(草梁町)　小學校(八箇所)

朝鮮銀行支店(大廳町)　第一銀行支店(本　町)　朝鮮殖産銀行支店(大倉町)　安田銀行支店

（本町）十八銀行支店（本町）漢城銀行支店（本町）釜山商業銀行（本町）慶南銀行（草梁町）

釜山日報社（大倉町）釜山水産株式會社（南濱町）釜山食糧品會社（南濱町）釜山共同倉庫會

社（築町）朝鮮水産輸出會社（本町）朝鮮紡績會社（凡一町）日本硬質陶器會社（牧ノ島）

朝鮮酒類釀造會社（釜山鎮）大阪商船會社支店（大倉町）朝鮮汽船會社（大倉町）朝鮮瓦斯電

氣會社支店（富平町）朝鮮郵船會社支店（大倉町）東洋拓殖會社支店（築町）

航路

大阪浦鹽線・大阪清津線・大阪濟州島線・新義州大阪線・朝鮮上海線・釜山欝陵島線・朝
鮮西海岸線・釜山元山線・雄基關門線・釜山博多線・朝鮮長崎大連線・釜山濟州島線・釜
山麗水木浦線・釜山統營線・釜山方魚津線・釜山浦項線

自動車

タクシー 一圓（釜山鎮及龍頭山公園ヲ除ク）三圓

一時間以內

釜山

釜山

釜山

— 7 —

釜山案内

市　内　　貸切料金　半日（五時間）以內　　　　十五圓
　　　　　　　　　　一日（十時間）以內　　　　三十圓

市　外　（乘合定期運轉）

釜山驛前東萊溫泉間　片道一人　　三十錢
同　海雲臺間　　　同　　　五十錢
同　松　島間　　　同　　　三十錢
同　下　端間　　　同　　　三十錢

電　車（釜山市內及東萊溫泉間）

一區五錢　驛から市內へは一區（卽ち市內は五錢均一）草梁釜山鎭へ一區東萊溫泉へ五區

旅　館（全部茶代廢止）

釜山ステーションホテル（鐵道局直營洋式）

宿泊料　　　一日　　　三圓五十錢以上

歐式室料

부산(1930년판)

米式舶泊　一日　八圓五十錢以上

食事料

　朝食　一圓五十錢　晝食　二圓　夕食　二圓五十錢

公會堂食堂　和洋食各一品料理を調進す。

大池旅館（大宮町）　鳴戸旅館（驛前）　岡本旅館（驛前）　荒井旅館（驛前）　松井旅館（埋立新町）

米屋旅館（大倉町）　大市旅館（大倉町）　備前屋旅館（大倉町）

案内

宿泊料

　一泊二食　二圓より七圓まで

　一泊一食　一圓五十錢より五圓五十錢まで

　晝食料　一圓より二圓五十錢まで

山旗亭

釜山

日本料理　觀潮閣　美都巴　花月　加茂川（自上南濱町）

釜山

釜⋯⋯山

釜　　山

西洋料理　ミカド（幸町）　好養軒（本町）　精養軒（大廳町）

山遊廓

案　緑　町　（驛より約二十二町）

内遊覽順序

市　內　驛　↓　大廳町　↓　龍頭山　↓　日韓市場　↓　長手通　↓　驛

所要時間　徒步　約二時間　自動車　約一時間

費　用　自動車　一臺　二圓五十錢　電車（驛市場間）五　錢

名　勝　地

龍頭山　市街の中央に聳ゆる一丘陵で松樹欝蒼と茂り府の公園地ミなつてゐる。

春は綠の樹間に霞む櫻花の眺めが佳く丘の上に祀つてある金刀比羅宮（龍頭神社）は

二百五十餘年前對馬の國王宗氏の奉祀したもので內地人の朝鮮に奉祀せる神祉の最

부산(1930년판)

龍尾山　辨天町通の裏通南濱町は食糧品市場、魚市場其他海産物を取扱ふ商廈が多く此町の東端を龍尾山と云つてゐる。丘は小さいけれども龍頭に對し龍尾と名付けたものであらう。丘上には武内宿禰、加藤清正を祀る社が建てられ丘下には釜山沿海で漁撈した潑剌たる魚類の魚市場がある。

初のものであると云はれてゐる。

境内から一望すると盆地のやうな碧灣と絶影、赤崎の翠巒が目睫の間に迫つて晴朗の日には南方遙かに墨繪のやうな對馬が見える。丘の麓に在る府廳の邊は昔對馬の領主宗氏の館のあつた所で今は全く其面影なく市内第一の殷賑を極むる町となつてゐる。

大正公園　市の西部土城町にあつて園内には各種の樹木を植え築山を設け兒童遊園あり府民散策の地となつて居る。こゝから港の西口を望むと絶影島が粧を凝して問

はゞ答へんほゞに近くの雲間に聳え浮んで居る。

松　島　釜山市街の南方約十町岩南牛島の一部に灣入せる海岸を俗に松島と呼んでゐる。灣内波靜かで白砂相連り潮水淺く夏季海水浴場として至極格好の地であ

る。灣口に一小牛島がある。老松數萬株欝蒼として嘈々の韻絶ゆることなく松島の稱も因つて起れりと云ふ。

夏季は府營で休憩所脱衣所を設け毎日一時間毎に南濱より府の發動機船を運航せしめ一般海水浴客の便宜を圖り、陸路自動車の便もある。

自動車賃　乘合　三十錢　貸切　一圓

船賃　片道　三錢　往復　五錢

絕影島　（牧の島）近年まで李王家の牧場があつたので牧の島と俗に云つてゐる。市街の對岸指呼目睫の間にあつて渡船約十分で達する。　周圍七里高きを古碣山と稱

부산(1930년판)

雨天來泰山參觀
再乘食車列進或行走

橋棧絡連車船山泰
（濟関檢司要覽）

梵魚寺

東萊溫泉

부산(1930년판)

し海抜千幾百尺雲表に屹立してゐる。全島は殆んど傾斜地で人家は概ね北方山麓に集團して市街地を成し漁船は本島を根據地として出漁してゐる。

郊　外

草　梁　草梁は釜山府の一部で市街電車は驛前を經て更らに釜山鎭・東萊溫泉に走つてゐる。昔釜山驛の無かつた頃はこの草梁は本線の始發停車場であつた關係上現在でも鐵道工場・工務事務所・機關庫なども尚こゝに置かれてある。

釜山鎭　往時は半島東南端の要鎭で西南一帶は山嶽の麓に東南は廣潤なる埋立地を間に釜山灣に臨んでゐる。現在釜山府の膨脹は北方に延びて其の一部をなし市内電車も此處から東萊まで延びてゐる。驛附近には朝鮮紡績會社・各種釀造場・日榮ゴム・釜山織物等の工場簇出し、また此處の移出牛檢疫所を經由し內地に移出せら

郊　外

るゝ活牛は年四萬頭の多きに達してゐる。

釜山鎭城址、釜山鎭驛を距る北方二町餘にある。文祿慶長の役小西行長が船を牛岩洞に繫ぎ本城を陷れ守將鄭撥を生擒にしたゝ云ふところ、後行長之を日本式に改築したゝ云はれてゐる、今猶城砦を遺し當時を追懷するに充分である。

津江兵庫の碑、釜山鎭驛を距る西南約三丁昭和公園に建てられてゐる寬文十一年對馬の宗氏は其の家臣津江兵庫を東萊府使に使せしめ倭館移轉の議を交渉したが府使は之に應せなかつた爲兵庫は使命の責任を感じて自殺したのであつたが府使もその義烈に感ずる處がありこの主張を容れるに至つた釜山今日の繁榮は實に氏の功に依るもの多く府民之を德ゝして明治四十二年十一月建てた招魂碑が之れである。

東萊溫泉

朝鮮で溫泉場ゝしては先づ東萊に指を屈する。東萊は釜山を距る東北約三里にして其附近には海雲臺や梵魚寺、通度寺等の名所舊蹟があつて所謂湯治場の

無聊を感ずるこさはない。交通は非常に便利で釜山驛から一時間毎に乗合自動車が
あり又電車もある。昔は白鷺溫泉さ稱して少數の鮮人入浴者のみであつたのが近來
內地人の相次で浴場旅館を設くるものが簇出した結果洒灑な溫泉町を現出し四時浴
客絶へず、今では釜山を通過する旅客の必ず旅塵を洗ふ處さなつたのである。泉質
は弱鹽類泉で無臭透明特に胃腸神經婦人病に効能があるこ云はれてゐる。

旅　館

鳴戸・東萊館・蓬萊館・荒井等

交　通

宿泊料　一泊　二圓より七圓まで

自動車　釜山驛間（東萊溫泉）賃金片道一人　三　十　錢　所要時間　三十分

毎日午前七時半より午後九時まで一時間每に釜山東萊の兩地より發する。

電　車　釜山より　五　區（片道　二十五錢　往復　四十錢）所要時間　四十五分

郊　　外

海雲臺溫泉

東萊邑から東二里の海濱に在る。東萊より自動車を驅れば車上雙の眼に映るものは嵯峨たる山々、白砂青松、岩に碎くる大波小波、はてしもなき青海原……海雲臺の眺望は殊に佳い。夏季は海水浴場ぇしても又キヤンピング、ゴルフリンク等の好適の地で輓近新しい避暑地ぇして溫泉、海水浴、釣り、浅き網等の家族連れの保養客で賑つてゐる。

交　通

自動車　釜山嶼　海雲臺間　賃金片道一人　五　十　錢　　所要時間　一　時　間

毎日釜山より午前八時半・十時・十一時半・午後一時半・三時・四時半・六時の七回定期發車する。

旅　館

海雲閣其他

梵魚寺

東萊溫泉の北二里金井山の中腹、蓊鬱たる綠の中に一大伽藍の甍を列ね てゐるのが蔚山街道から目につく。これが梵魚寺なのである。新羅の名僧元曉の開

基南鮮三大名刹の一で堂宇寺房數十僧侶が二百人も居るこ云ふ。境内は松樹欝蒼こ
して幽邃の趣をなし全く別乾坤の感を起さしめる。釜山驛から蔚山行の自動車を利
用せば僅か一時間で達し賃金も片道一人八十錢、貸切片道五圓で行ける。

通度寺　京釜線の勿禁驛からも釜山驛からも共に通度寺行自動車を利用して行け
る。（自動車賃　勿禁驛より乘合一圓四十錢、釜山驛より乘合一圓八十錢、貸切三十圓）乘合自動車は寺の大門口まで達するけれ
ごもそこから山門まで約十五丁、徒歩か貸切自動車に頼らねばならないが此の十五
町は流々たる溪流が欝然たる老樹の間を縫い淸流には香魚、ハェ等が群族して居る
又足一歩林間に入れば時季には松茸の簇生を見る等風光に情趣に掬すべき點が多
い。寺は嶺南で海印寺こ對立する巨刹で其境域の廣大さは驚くばかり巍峨たる靈鷲
山の麓老樹欝たる間に殿堂三十五こ十二の寺庵が點在してゐる。其創建は千二百
八十餘年前新羅善德王時代慈藏律師の創建に屬し其後屢火災に遭つて居るが今尙

釜......昔の規模を遺して觀るべきものが多く佛の本宗ミ謂つて有名な釋迦の舍利塔があ

山　る。

金　海　龜浦から洛東江を渡つて對岸の仙嚴里まで發動汽船を利用すればそこか

ら自動車で程なく金海邑に達する。往昔の駕洛國の首府で其當時は洛東江口の要津

であつたらしく一說には任那日本府のあつた遺跡だこも云ふ。邑內盆城臺の地は駕

洛王の殿址で其郊外には始祖首露の陵墓また其北十町餘龜旨峰下には其王妃の陵墓

がある。邑の南一里の竹林里には文祿の役に黑田長政が駐陣した駕洛城の廢址があ

る。又ドルメン、貝塚等が附近に點在して居る。

交　通

龜浦驛金海間
　自動車便　片道　六十錢
　船　便　片道　五十錢（伹舟・金海間自動車賃ヲ含ム）

大邱

昔 の 大 邱

往古新羅時代は達勾火縣と云つたが景德王の時今の大丘と改めたのである。爾來或は府吏を置き制官を置き李朝開國五百四年（明治二十八年）には郡守が置かれた。而して内地人が始めて此地に移住して來たのは明治二十六年頃で日清戰役後漸次增加し次で日露の戰役起り京釜鐵道の速成工事に伴ひ來往者頓に激增して今日の殷賑の序を成したのである。其後明治三十八年始めて此地に理事廳を置き翌年大邱居留民團を設立し日韓併合なるに及び新政が施行されて現在の大邱府となつたのである。

今 の 大 邱

208/209

大　邱

　大邱は慶尙北道廳の所在地で京城以南に於て釜山に亞ぐ大都市である。一島二十二郡の政治及產業の中樞地こして又商工業の盛んなる點に於て西鮮の平壤こ相對峙し市街の蝦脈交通機關の整備等大都市こして恥しからぬ設備を有してゐる。

　附近は京釜鐵道の開通以來一層繁盛を來し地方への道路も良く修築せられて北は四十二里の忠州へ東北は三十六里で安東へ南は十二里で昌寧へ各乘合自動車が每日運轉し殊に國有鐵道東海中部線は浦項蔚山まで開通して沿道の農產物は勿論日本海の魚類が豐富に搬入せられ今日では此地の經濟圈は慶北全部及慶南の東半部、悉く其勢力下にありこ云ふも過言でない。

　古來大邱附近は地味豐沃で穀類、莚蓆の產出を以て聞へ內地人の移住者多きにつれ農產界は近來著しき發展を來し各所には果樹煙草莞草等を栽培する農園も簇出し、殊に苹果に至つては名聲赫々たるもので內地は勿論遠く海外まで輸移出し好評を博して

　― 20 ―

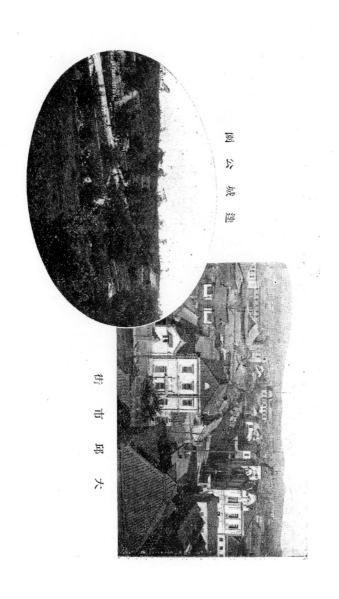

遠眺城公園

大邱市街

朝鮮の邑大市場

부산(1930년판)

大邱

るる。又一般農家には副業さして養蠶の業が開け市内には朝鮮製絲・🏭製絲・片倉組

製絲なごの大工場が盛んに煙突から煙を吐いて製絲をやつてゐる。

府内西門東門の兩市場で開かれる毎月六囘の開市は地方的の取引で米・大小豆・魚

類・海草・綿布・雜貨等を主さし其取引高西門市に於て毎月二十一萬六千圓內外東門

市に於て八萬圓內外に及んでゐる。又每年十二月に開市せられる藥令市は最も有名で

藥材を主要取引物資さし其取引高七十萬圓殆ご一箇月間を通じて開市せられ、本道內

は勿論遠く全鮮各地より參集するものは幾萬に上り開市日には白衣を以て肩摩轂擊の

殷盛を呈する。

大邱市場市日

西門市場　毎月陰暦二、七ノ日　東門市場　毎月陰暦四、九ノ日

藥令大市　毎年陰暦十二月（一箇月間）

大邱

戸口

	内地人	朝鮮人	其他	計
戸數	六、八〇九	一五、一八七	一八	三三、一八〇
人口	二八、〇九〇	六六、〇九二	六一九	九四、八〇一

官公衙其他

慶尙北道廳(上町)・府廳(東雲町)・警察署(本町)・覆審法院(南龍岡町)・地方法院(南龍岡町)・郵便局(上町)・步兵第八十聯隊・專賣支局・原蠶種製造所・穀物檢查所・商品陳列所・師範學校・中學校・農學校・商業學校・普通學校・朝鮮銀行支店・朝鮮殖産銀行支店・大邱銀行・金融組合・東洋拓殖支店・大邱商業會議所・朝鮮民報社・大邱日報社其他

交通

自動車　市内一時間一圓五十錢　片道二十圓　停車場送迎　一圓五十錢
府營バス　市內六錢均一

旗亭

三笠(幸町)・明石(村上町)・清乃家(東本町)・菊萬(田町)

— 22 —

遊廓

　八重垣町（驛より八町）

旅館（茶代廢止）

唯屋旅館（驛より二町）　花屋旅館（驛より二町）　三福旅館（驛より半町）　立花屋旅館（驛より四町）

宿泊料　　四圓より七圓まで

食事料　　一圓八十錢より三圓まで

名勝地

遊覽順序

市　內　驛→商品陳列所→元町→達城公園→西門市場→市場町本町三丁目→東門市場→南城町→驛

案　內

　費　用　人力車　一圓五十錢　　自動車　一時間　一圓五十錢

　所要時間　徒　歩　四時間　　自動車　一時間半　　人力車　二時間半

山

釜

大邱

達城公園（驛より西八町）

人力車賃　五十錢

自動車賃　乗合三十錢貸切一圓

（府營バス　片道六錢）

— 23 —

府内西方に在る盃狀の丘阜を利用した公園で新羅時代に於ける達弗城の遺跡であ

る。蓋し達城の名ある所以であらう。

園内には天照皇大神を奉祀せる大邱神社・望京樓・觀風樓等があつて市内を一眸に

收むる眺望絕佳の地である。

賴慶館　府内上町にある。大正十四年大正天皇御卽位記念こして慶尙北道居住朝

鮮人の寄附設立に係るものである。

刀水園　園内淸泉が湧き築山の彼方には詠歸亭さ呼ぶ寂びた建物等があつて夏は

釣魚、秋は觀月のため杖を曳く人が多い。

郊外附近

東　村　琴湖江に沿へる沃野一帯の總稱で内地農業經營者の部落である。果樹蔬

　　　　　　　　──郊　外　附　近──

菓を栽培し彼の大邱苹果は主に此地より産出する。又栗及花見の名所こして春秋大
邱府民の行樂地こなり桃花流水別天地の觀がある。

桐　華　寺　驛の東北四里十七町（大邱より自動車二時間片道賃玫八圓）達城郡八公山の山腹にある。境内は老樹
鬱蒼こして漏々たる溪流あり、奇岩怪石あり、幽邃神秘の景勝の地をなし、十數の
堂宇は其間に隱見してゐる。寺は新羅文聖王の時代僧曹照の開基にかゝり、朝鮮三
十本山の一に算せられ規模大きく殿閣中の極樂殿は新羅朝時代の遺物こして考古學
者に推賞されてゐる。

海　印　寺　慶南陜川郡伽倻面緇仁里にあり。　大邱より西南十七里（自動車賃片道乘合一人
三圓六十五錢
貸切二十五圓）金泉より二十三里共に自動車を利用するこが出來る。　境域は伽倻山連峰に
圍繞せらるゝ山水秀麗の地で殿閣堂塔また輪奥の美を極めてゐる。　その創建は新羅
哀莊王の二年（千百餘年前）僧順應により開基せられ、現在法燈を守る僧徒の數三

── 25 ──

慶　州

百餘寶に嶺南三大寺の一である。名高い大藏經の刉木は寂光殿の後に建てゝゐる大

經閣に收められ其數八萬六千六百八十六枚に及び高麗高宗王の時に刉刻されたもの

と言傳へられてゐる。

新羅の古都

慶　州

曾ては半島統一の都城と誇つた慶州も今は「國破れて山河在り」との古都の寂寥さ

を一入感ぜしめてゐる。慶州は西、大邱を距る十七里餘、北迎日灣を距る七里餘、東

西約二里南北約二里半の一大盆地に廣々とした沃野を抱き、伊川・南川・北川等の清

らかな溪流がゆつたりと曲折し流れてゐる。即ち此の山水を抱擁せる數方里が昔の王

城の地域であつて足一度慶州に入れば流石に規模の壯大、風光溫雅如何さま五十六代

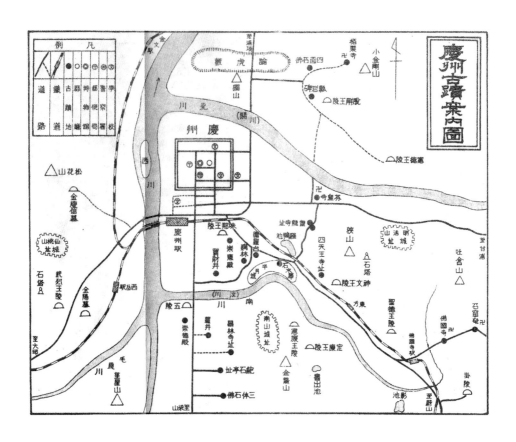

慶州古蹟案内圖

約一千年の新羅榮華の大都城だと合點せられる。

今の慶州市街は舊都城の西市巷で戸數僅かに三千人口一萬七千に過ぎないけれども所謂全盛時代の京坊はこの盆地一帶を占め全衢一千三百坊、民戸十七萬九千餘を收めたりと云はれてゐる。新羅はこの地を中心として國を建て後漸く大きなり遂に唐の力をかりて新羅朝牛島統一の覇業を成したもので今日の邑内には舊時の面影を止むる遺蹟が多く殘つてゐる。若し慶州を訪ふならば先づ博物分館に至り數多の貴重なる參考品により新羅一千年史の豫備的智識を作り更に附近に散在する實地を廻りて彼此相對照し其の規模の大文化の進度、構想技工の優秀なる點等に想像を及ぼすならば榮華の昔を髣髴と描き得て頗る趣味の豐かなるを覺ゆるであらう。

現在新羅文明の事跡は斷片ながら城趾・寺院・堂塔・佛像・陵墓等慶州を中心として遠きは五・六里の外にまで散在してゐるが坦々たる道路を四方に通じ自動車を驅る

ここにより自由に何等の不便苦痛を感ずることなく探勝が出來る。

慶州を中心として其附近にあるもの

慶州博物分館　慶州博物分館は邑內の舊慶州府尹官舍の一部を其廳舍に充て最近總督府博物分館こなつたもので其れまでは慶州古蹟保存會の陳列館であつた。陳列品は石器時代の遺物・辰韓・新羅・高麗各時代の土器瓦塼其他佛像・損石棺・石枕・覆棺・府尹練兵服等で就中新羅王陵から發掘せる金冠、世界無比の稱ある奉德寺の鐘等は驚嘆に値するものこして、考古學者に珍重せられてゐる。　此の鐘は新羅三十三代聖德王が企圖し次王惠恭王の六年に多大の苦心の結果完成したもので高さ一丈・口徑七尺五寸・口周二十三尺四寸・厚さ八吋・重量十二萬斤こ稱せられてゐる。　此一鐘を觀たならば新羅當時の文化の發達は如何に進んで居つたかを想見し得るであらう。

― 28 ―

220/221

鐘 の 傳 説 （慶州 の 傳説 より）

天下の逸品といはるゝ奉德寺の鐘は唐の大暦六年新羅第三十六世王惠恭王の時に鑄上げられたもので分館内鐘閣に藏められてゐる。

初め第三十四世の孝成王は父王なる聖德王の冥福を祈る爲城北に奉德寺を建てたが間もなく薨ぜられたので弟なる第三十五世景德王は其志を繼いで今度はこれに巨鐘の鑄造に着手された。けれども出來上らぬ内に是亦薨ぜられたので其子惠恭王がまた其志を繼いで鑄造に苦心せられ、そして漸く此の年に出來上つて目出度く奉德寺に納め、鐘の名も聖德大王神鐘と銘ぜられたのである。

◇　　◇　　◇

慶州

この鐘の鑄上げらるゝまでには、幾度造り換へられたか知れなかつた。飛天の陽

— 29 —

炎が鮮かにゆらめいても、惜しや大きな龜裂が眞一文字に切れて居たり、蒲牢が見

事に出來上つても響く其の音に混濁の音が入つて居たり、造るたんびの失敗に國王

初め係の檢校使も今は策の施すやうがなく皆一樣の憂色につゝまれて唯吐息するば

かりであつた。別けても鑄工の一典は曾ては四十九萬斤餘の皇龍寺の大鐘を物の見

事に鑄上げて流石天下の名匠と世にうたはれた腕、夫れが僅々十二萬斤のこの鐘の

出來ぬこは自分ながらも其理由は分からず果ては精も根も盡きた體をぐつたりこ、

我が家に投げるより外はなかつた。

◇　　◇　　◇

　夢うつゝの彼は靜かに搖り起す者がある。夫は彼には唯一人の妹である。早く良

人に死に別れ、今は一人の娘の子を連れて、寂しく暮して居る妹である。卒素兄思

ひの彼女は、鐘の出來ないのは皆自分のせいでもあるかのやうに寢ても覺めても、

獨り小さい胸を痛めて居つた。

「人柱を立てねば、こても出來上るまい」

道行く人のこの言葉は、日にゝ深く彼女の胸を刺戟せずには置かなかつた。或る

日彼女は堅い決心をした。そしてこの世に唯一人よりない愛しき我が娘を眺めた。

それから彼女は、兄を訪ふて自分の決心を語つた。

「兄さん、どうぞ其の樣になさいませ。幸この娘は未だ世の穢を知らぬ清淨な

體、これがお役に立つて鐘が出來ましたなら、獨り王樣のお喜びを見るばかりで

なく、亡き良人へ何よりの供養、娘も十分聞き分けて居ます。あゝもう其用意も

出來て居ます。」

興奮した、そして血を吐く思ひを押えての、この尊き妹の言葉に、こうゝ兄も動

かされていよゝこの人柱が立てられた。

釜山……慶州

案内

「まーねっれー
お母さんよ」

母を呼ぶ一聲はこの世の名殘り、凄じい紫の煙は渦をまいて、銅の熱湯は鑄壺へと流れ込む。

◇　　◇　　◇

大曆六年も押迫つた師走の末、天花の樣に降つた朝の雪は見渡す限りの一白で新羅の都を淨めてしまつた。

丁度此の日、足掛十何年間、待ちに待つた神鐘の靈音が、塵一つ含まぬ空氣を動して隅から隅へと滿都に響き亙つた、これを聞いた國中の人は貴賤上下老若男女の別なく、皆等しく歡喜の絶頂に達し無限の法悦に我を忘れ、そして名匠の名を呼んでこれを讚嘆した。

併し一典兄妹のみは恰も喪心した人の樣に、唯合掌瞑目してこの響をいつまでも

— 32 —

224
225

「<ruby>おーわーれー</ruby>お母さんよ」

「<ruby>まーわっれー</ruby>お母さんよ」

と聞くのみであつた。

鶏　林　慶州邑の東南約半里月城の西にある僅ばかりの森林で始林とも鶏林とも稱し昔からの神聖林とされてゐる。新羅第四世昔脱解王が或時この森林中に鶏鳴を聞き行つて見るに金色の小櫃が梢に懸り其下には白鶏が頻りに鳴いてゐる。不思議に思ひ其櫃を開いて見るに中から玉の様な一人の男子が現はれたので王は非常に喜びこれを連れ歸り、太子となし金閼智と命名した。これが後の金氏の祖でこれから此の林を鶏林と呼び國號も鶏林と改めたと云ふ。

案内

山月城　月城は鶏林のすぐ南手から蚊川（南川）の右岸に沿ふて東南の方に蜒々數町高低參差として延びてゐる半月形の土城である。昔は石城であつた様であるが

釜山　慶州

今は僅に基礎石と思はるゝ石が少しづゝ殘つてゐるばかりで短く刈り込まれた芝草や松が美しく周圍を圍んでゐる。新羅第四世昔脱解王の居住した地であつたが次王婆娑王十二年に之を築城し後累世の皇居となつた。今は昔氏の始祖脱解王を祀る崇信殿と王が氷を貯へたりと云へる石氷庫が一隅にある。石氷庫は往時王城の食糧庫であつたらしく内部は穹窿形に石を嵩み當時既にアーチ建築法が行はれてゐた事を證してゐる。

孝　不　孝　橋　（母への孝は父への不孝となつた橋）

月城を横ぎつて蚊川の岸に出で、其まゝ川に沿ふて上ると、夥しい石材が川の水を堰き止めて居る。これが七星橋の址で孝不孝橋ともいつた。

昔新羅の時代に一人の寡婦が居た。對岸の情夫を訪ふべく、何時も子供ごもの寢靜まつた深夜に、そつと出掛けるのである。七人の子供等は、何のためかは知らな

いが、母の深夜川を渡るの苦を知つた時、石を渡して橋を造つた、母は之を見て大いに心に愧ぢ、夫れより不義の行を改めたといふ。母への孝は亡き父への不孝となつたといふので世人はこの橋を孝不孝橋といつた、又七人の子供等が造つたのであるから七星橋とも呼んだ。

　子供のなき女、乳の出ぬ女は深夜この橋石に臥して祈れば、必ず「顯し」があるといはれてゐる。又戀に悩む女が此石に立つて念ずれば、意中の想は必ず先方に通ずるとも信じられてゐる。

南山城趾　月城の南蚊川を隔てたる南山にある廣大な山城で今尚石壁を存し往々古瓦を發見する。此城は明活山城及仙桃山城と共に新羅都城の三方に鼎立せし重要なる城壁をなして居つたのである。

釜山

慶州

膽星臺　月城の北道路の傍にある新羅第二十七世善德女王の時に築きたる天文觀

測臺にして方形の地覆石の上に花崗岩を以て圓筒形に築き上げ上部に二重の井桁を置き中腹南方に方形の窓を設けてゐる。高さ二十九尺、下徑十七尺餘東洋最古の天文臺こして訪ふものをして驚嘆せしめてゐる。

雁鴨池

月城の北四・五町ばかりの處に小さい池がある。新羅の英主文武王の時宮苑こして作られたもので池を穿ち池中に島を作り、池周に築山を以て支那巫山十二峰を模し島に通ずるに石橋を以てし花木を植え珍禽奇獸を放飼して遊宴の御園こしたこ傳へられてゐるが今は池及周圍の丘二・三こ石橋の基片のみを存してゐる。雁鴨池の西沿地は卽ち臨海殿址で新羅王が海外の貴賓を接見せし最も佳麗宏壯を極めた殿宇があつたこ傳へられてゐる。

皇龍寺址

雁鴨池の東三町田圃の中に今は礎石のみを殘してゐる。新羅二十四世眞興王の十四年に新宮を此地に建てんこせしが黃龍が此地に現はれたので王は之を異

さし寺院に改め皇龍寺ご名付けたごある。　昔同寺には新羅三寶の一なる丈六の佛像及九層塔があったが悉く蒙古の兵火に罹つて燒失し、今は唯九層塔の門柱に半圓彫さした金剛力士八體の内二體が博物館に陳列され六體は地中に埋存され雄大な堂宇の礎石・三尊佛の坐石等のみが殘つてゐる其規模の如何に宏大優麗でありしかは其出土瓦片によつても蓋し想像に難くない。

芬皇寺塔趾　善德女王三年の築造で黑褐色の小石材を積み累ねた古塔が殘つてゐる。一見磚築の如く下層の四面には仁王、四隅に石獅子の彫刻がある。東京雜誌に芬皇寺の塔は新羅三寶の一なり、壬辰亂賊の爲にその半を毀されたりごあれば以前は可成りの高塔であつたらしい。今下部の三層だけ存してゐる。

案内

四面石佛　邑の東方小金剛山の西麓に大石の四面に佛像を刻みたるものがある。堀佛寺の四面石佛であつて俗說に此の石佛の石粉を人知れず服用すれば姙娠すごの迷

釜　山　──　慶　州

― 37 ―

釜……慶　州

信がある。石の高さ約十二尺背面の廣さ約九尺二寸彌陀三尊の立像藥師如來の坐像陰陽刻があつて何れも傑作とされてゐる。

案山内　栢栗寺　四面石佛から二町小金剛山の小徑を攀ずれば其中腹にある。創基の年時は詳でないが大雄殿に安置せる銅造藥師如來の立像は高さ七尺餘相貌により新羅統一時代のものとせられてゐる。

瓢　岩　小金剛山の南端にある大なる岩石で辰韓六村の一なる閼川楊山村の李氏の祖李謁平の出生地であると稱してゐる。百餘年前に建てたる碑によれば此の岩は國都の方位上害あるを以て瓢を植えて覆ひ隱したるが故に瓢岩の稱ある所以と傳へられてゐる。

五　陵　五陵は一に蛇陵と稱し、蚊川に架せる南川橋の西方松林中にある、新羅の始祖朴赫居世及其妃以下三王の陵墓で境內廣く老松欝茂して鮮苔濃かに陵を蔽ふ

てゐる。

最南端の陵が始祖の陵墓で附近に始祖を祀る崇徳殿がある。

鮑石亭　五陵の南二十町許り、街道を左に折れば一村落の傍らに所謂流觴曲水の宴遊場で大樹の下に鮑形を成した石造物が現存してゐる。五十五世景哀王が此處に妃と共に置酒歡樂中、後百濟の甄萱に襲はれ、害死を遂げた所謂新羅最後の哀史を語る遺蹟である。

佛國寺を中心として其附近にあるもの

金庾信墓　慶州驛から西へ、西川橋を渡り西北に向つて松花山麓の徑路を上るこ約三町の所にある。周圍に十二支の像を彫刻した護石等があつて、比較的完全に昔からの樣式を備へてゐる。金庾信は武烈、文武、二王を輔け百濟高勾麗を亡ぼし新羅統一の業を成した功臣である。

武烈王陵　西岳驛の西南約三町道路の傍にある。王は新羅第二十九代半島統一の基

釜山

慶州

山

—39—

を開いた中興の英主で在位僅か八年にして薨した。陵墳は周圍約五十七間文武王元年の築造に係り、前側面の龜趺は周圍に六龍珠を捧ぐる狀を彫刻せるもので手法の精巧は唐式美術輸入の先驅と謳はれてゐる。

西岳書院

武烈王陵の北方僅かの距離にあり新羅の名臣金庾信、同中期の學者薛聰及末期の學者崔致遠の三賢士を祀つてゐる。附近には眞興・眞智・文聖・憲安の諸王陵・永敬寺址等がある。

佛國寺を中心として其附近にあるもの

掛　陵

佛國寺驛から約一里蔚山街道の北寄り松林中にある。古來新羅中興の英主第三十世文武王の陵と傳へられて居たが、最近文武王の陵墓であることが確證された。陵墓は優秀なる十二支の神像を陽刻せる護石を以て繞らし、前面數十間の間には文武の石人形及石獸石華表を列置し其樣式の完備結構雄基なること四面の幽

佛　國　寺

부산(1930년판)

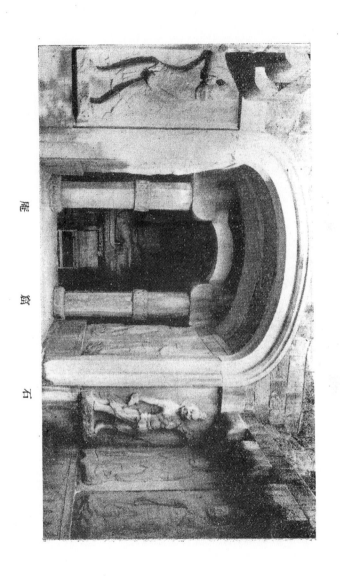

庵　窟　石

遂神秘なこゝ共に新羅陵墓の模範さも云はれてゐる。殊に文武石人形石獸等の手
法の精緻彫刻の妙は唐代藝術の特質を帶び新羅遺物の白眉さして嘆賞に價ひする。

佛國寺驛掛陵間自動車料金　一人　往復　四十錢

　　　　　　　　　　　　　最低四人分　一圓六十錢

佛國寺　佛國寺驛から三十三町吐含山の中腹にある。　新羅十九世訥祗麻立干の時
今距千五百餘年前僧我道によつて初めて開剏せられ、後我道去り廢頽したが、越へ
て第二十三代法興王の十四年本寺を再建し次王眞興王及第三十世文武王之を重創し
第三十五世景德王の時に國宰金大城に因つて更に重剏ゝに初めて結構完成せられた
ゝ云はれてゐる。即ち石造物、佛像なごの遺物に、よく新羅時代の佛を留め殊に大
雄殿の前面に現存せる二基の石塔は一を多寶塔（石造高二十尺）他を釋迦塔（石造
高二十七尺）ゝ云ひ、千有餘年の風雨に曝露されて今尙嚴然ゝ左右に屹立し前門の

青雲、白雲の橋址は半頽廢してはゐるが其壯嚴の構造は七寶蓮華の兩橋ミ共に新羅時代の代表的傑作ミ稱せられてゐる。

佛國寺驛佛國寺間自動車　片道　乘合　一人　四十錢

石窟庵　佛國寺より急坂二十七町を登り吐呑山の頂上を越へれば間もなく石窟庵に達する。其の頂きからは注洋たる日本海が望める。俗傳によれば庵は石佛寺ミ稱し新羅三十五世景德王十年の建立で、山腹に穴を穿ち內部を穹窿狀に石を疊み入口の左右に四天王、仁王の像を內部の周壁には十一面觀世音、十六弟子梵天釋なミ三十六體を半肉彫に刻み中央蓮臺の上には高さ一丈一尺の釋迦座像を安置してゐる。此等の佛像は皆當年の製作に係り、其彫刻の精練優秀なるこミは驚くばかり新羅佛像遺物中有數のものミして重寶がられてゐる。

古蹟遊覽案內

交通

京城方面から　京釜線大邱驛で東海中部線に乘換へ約二時間半で達する。又大邱から乘合自動車の便もある。

汽車賃　大邱慶州間　（片道　大人一人）
　　二等　一圓九十四錢　　三等　一圓七錢
自動車賃　大邱慶州間　（乘合一人）　一圓六十五錢

釜山・内地方面から　釜山から汽車で大邱に下車、大邱から前記交通機關を利用する外釜山から東萊溫泉に旅塵を洗ひ自動車を驅つて途中梵魚寺・通度寺等の名刹を探勝蔚山に出で汽車で慶州に行く途もある。

釜山東萊溫泉間
　自動車　（乘合　片道　一人）　三十錢
　電車　五區（一區　五錢）　片道二十五錢　往復　四十錢

東萊溫泉蔚山間
　自動車　（乘合　片道　一人）　二圓五十錢

慶州

부산(1930년판)

慶 州

汽車自動車連絡運輸

釜山蔚山間の自動車（蔚山自動車組合）と當局線の主なる關係驛との間に連帶乘車券を發賣して居る本連帶に依る時は自動車賃に於て左の通り割安になる又釜山・大邱間を含む乘車券を以て蔚山・慶州方面を廻る希望の方は釜山驛又は大邱驛に申出れば本自動車賃を支拂つて希望通り廻遊する乘車券に變更する事が出來る。

自動車賃　　（乘合　片道　一人）　　一圓九十錢

　　　　　　十人以上の團體の場合
　　　　　　（乘合　片道　一人當）　　一圓八十錢

釜山慶州間

汽車賃　　（片道　大人　一人）
　　　　二等　一圓十八錢
　　　　三等　　六十六錢

自動車賃　（乘合　片道　一人）　　一圓

遊覽順序

慶州の古蹟は慶州邑內を中心さして遠きは五六里の外にまでも散在してゐるが非

常に道路もよく遊覽自動車もあるから比較的容易に遊覽が出來る。然し全部見逃
すこともなく遊覽することは時間も要するから、此處には普通主要な所を見物する
行程を左に記することゝする。

慶州

慶州地方遊覽順路

慶州驛↓(六町)　博物分館↓(二十五町)　瓢岩↓(二町)　四面石佛↓(十四町)　芬皇寺↓(七町)
雁鴨池↓(四町)　石氷庫↓(三町)　瞻星臺↓(三町)　鷄林↓(十町)　五陵↓(十八町)　鮑石亭↓(二
里二十五町)　武烈王陵↓(二十五町)　驛歸著

所要時間　（各地見物時間ヲ含ム）
徒　　歩　　六時間四十五分
自　動　車　　三　時　間

費　用
博物分館　觀覽料　一人　五　錢
遊覽自動車賃

－45－

慶州

慶州中央部案内
（武烈王陵廻リ）　　　　　　　乗合　一人　　八十錢

佛國寺驛下四圍石佛廻リ
（栢栗寺下四圍石佛廻リ）　　　乗合　一人　四十錢增

慶州驛邑內間　　　　　　　　　乗合　一人　四十錢增

　　　　　　　　　　　　　　　乗合　一人　　十錢

慶州・蔚山間　　但し　最低　四人分收受ス　　乗合　一人　　一圓

佛國寺附近遊覽順路

慶州驛……佛國寺驛↓（三十三町）佛國寺↓（二十七町）石窟庵↓（二十七町）佛國寺↓（三十三町）
佛國寺驛↓（三十四町）掛陵↓（三十四町）佛國寺↓（二十七町）佛國寺驛……慶州驛

所要時間　（各地見物時間ヲ含ム）

　徒　歩　　　五時間四十五分
　自動車　　　三時間四十五分　（一部區間自動車ニよる場合）

費用

自動車賃

　佛國寺驛佛國寺間　　乗合　片道　一人　　四十錢

佛國寺　慶州

旅館と料金

慶　州　（茶代廢止）

內地式　柴田旅館・朝日旅館・慶州旅館・春日旅館

朝鮮式　安東旅館・慶東旅館・大邱旅館・月城旅館

宿泊料　內地式　二圓五十錢以上四圓五十錢以下

朝鮮式　八十錢以上一圓五十錢以下

汽車賃

慶州驛佛國寺驛間　片道　一人

二等　三十四錢　三等　十九錢

佛國寺驛掛陵間　桑合　往復　一人　四十錢

最低　四人分　一圓六十錢

佛國寺驛蔚山間　乘合　片道　一人　八十錢

佛國寺驛慶州間　乘合　片道　一人　八十錢（但し最低四人分三圓二十錢）

― 47 ―

佛國寺ホテルは佛國寺の境內にある鐵道局の指定委任經營の瀟洒な旅館で眺望絕佳

内地式　佛國寺ホテル（鐵道局委任經營）

宿泊料　一圓五十錢以上八圓以下

の位置を占めてゐる。　慶州を訪れ當ホテルに一泊し早曉石窟庵に登り拂曉の日本海

を眺望し神秘的雄大の景を味はるゝことをお獎める。

鎮　　海

明治三十五年韓國政府が馬山を開港してから露國は鎮海の天然要塞たるに着目し此

處に軍港設備を施し爾來露國東洋艦隊の根據地として居つたが日露戰役起るや我海軍

はこれを占領して根據地となし彼の日本海戰の大捷以來一躍世間に知られ以來海軍の

要港として今日に及んでゐる。　市街は三方蜒々長蛇の如き諸峰を以て圍繞せられ前方

は鎭海灣の紺碧を控へた天然の景勝要害の地で征矢川を中央に挾んで北より東南に向つて展開したる旭日型の區劃井然たる都市をなしてゐる。近來種々の事情より衰微を來たして居たが鐵道の開通によつて海陸交通の樞軸さなり市況に漸く活氣を呈して來てゐる。

戸　口

　　戸　數　　一、三七　　人　口　　六、四三

官公衙

鎭海要港部・憲兵分隊・警察署・面事務所・鎭海防備隊・鎭海灣要塞司令部・高等女學校・鎭海公立工業補修學校・朝鮮總督府水産試驗場・鎭海淡水養魚場・遞信局海員養成所・郵便局・鎭海稅關出張所・鎭海第一金融組合・釜山商業銀行鎭海支店・水産會社

釜山 ┄┄┄ 鎭海

案内

山 釜

鎮海

交通

定期航路

自行岩灣（鎮海港）

釜山行　午前十時午後六時三十分二回出航〔二等　一圓五十錢
〔三等　一圓

統營行　午後一時出航馬山を經て統營行〔二等　一圓五十錢
〔三等　一圓

木浦行　午後四時三十分出航馬山統營麗水を經て木浦行〔二等　六圓五十錢
〔三等　九圓八十錢

自齋藤灣

馬山に毎日午前七時より午後六時迄六往復の發動汽船の便あり（三十錢）
統營には毎日午前八時五十分發午後五時五十分着一往復發着の汽船便あり

定期自動車路及料金

齋藤灣間　驛前　一〇錢　特等　一圓五十錢
飛鳳里間　驛前　一五錢　並等　一圓
將川里間　驛前　四〇錢

— 50 —

其の他市内貸切　片道　八〇錢

旅館
松芳・橘・福岡屋・岡野・旭・松葉・鎭海・春の日（料理店）

宿泊料　一泊　二・〇〇より　六・〇〇まで（円）

遊覽順序
驛↓鎭海神社↓日本海々戰記念塔↓衛之浦↓千代ケ濱↓櫻の馬場↓要港部↓防備隊↓德丸觀音↓羽衣の松↓驛

所要時間　徒歩　約四時間　人力車　約二時間半　自動車　約二時間

費用　人力車　一圓五十錢　自動車　五圓

名勝地

櫻の馬場　櫻樹萬餘十數町の間に整然こして併植せられ櫻花爛漫たる時は恰も霞の如く雲の如く花のトンネルを現出し鮮内屈指の櫻の名所こせられてゐる。

釜山
鎭海

－51－

부산(1930년판)

釜

鎮海観音　一名徳丸観音こも稱し古き由緒ある歴史を有する。境内幽邃土地高燥に

山

して綠林中に支那風の堂宇を存する風情は支那風景に髣髴して居る。

鎮海神社　兜山の南腹にある天照、豐受の二大神を祀れる鎮海市民の守護神であつ

て、社宇壯嚴而も市街齊藤灣を一眸に收むる眺望絕佳の地である。

羽衣の松　市の中央を貫流する征矢川の上流に山容雄大にして奇岩怪石に富み靜寂

神秘の境を爲す有明溪がある。此處に形狀恰も仙女の舞を舞ふに似た一亙松があ

る。之を名付けて羽衣の松ミ云つて居る。

淸　の　浦　鎮海港頭兜山の東麓にある眺望頗る佳なる靑松の海濱であつて、南方遙

かに眼を放てば數多の島嶼は盤上の碁石の如く、眞帆片帆の其の間を縫ふ風情は眞

に繪中にあるを思はしめる。　夏期は海水浴場こして河童連の喜ぶ處である。

千代ケ濱　齊藤灣頭千代ケ濱は遠淺で海水の淸澄なる南鮮屈指の海水浴場こして之

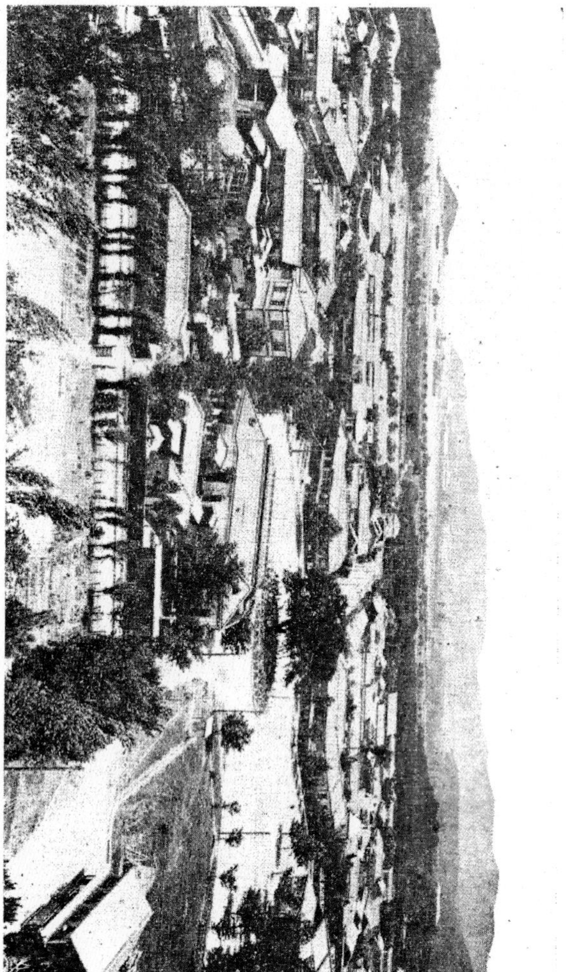

鎭海市街

櫻 の 江 島

が設備は遺憾なく完整せらる。それに附近の風景も捨難いものがあるので夏期は避暑客を以て賑つて居る。

日本海々戰記念塔 兜山上にあり高さ百二十尺、徑九十尺、建坪百坪、鐵筋コンクリートにて建立、昭和四年五月二十七日工事竣工す。

馬　山

馬山港は鎭海灣から灣入した一灣の西岸で舞鶴山下の傾斜面に據て新舊の二市街を作り、空氣の淸淨、氣候の溫和竝に風光の明媚さを以て朝鮮中第一の健康地ゝ稱へられ夏季は海水浴客を以て賑つてゐる。

明治四十四年以來要塞地帶ゝして開港閉鎖後の馬山貿易は頗る衰退して出入物資の大部分は釜山を經由することゝなり最近は米の移出多少あるのみにて内地商業地の著

名の所こは殆んご取引がない、然し近海漁業のみは依然盛況を呈し統營を經て此地に集り更に鐵道便により鮮滿の各地に輸送せられ漁獲高年額十四萬四千餘圓に上つてゐる'。

山案内

尚此地は地理的關係上工業さしては見るべきものがないが水質ご氣候の良好なるが爲に釀造業には最も適應し清酒醬油の如きは品質の優良を以て自他共に全鮮第一を誇つてゐるが資金の關係上販路の擴張出來ず振はざる事は甚だ遺憾で最近の酒造高は一萬二千石に達してゐる。

交通

釜山に航路四十浬、統營に三十浬、鎮海とは僅に八浬毎日發動汽船の便があり又朝鐵慶南線が晋州迄延びてゐる。

自動車料金

馬山晋州間（十六里）二圓十錢（晋州より陜川・泗川・三千浦・統營及金泉行自動車が

馬　山

ある）

馬山統營間（十七里）三圓　　馬山固城間（十一里）二圓

馬山市中及舊馬山間乘合　　一人金五錢　　貸切一臺一圓

發動汽船

馬山・鎭海間　　　每日六往復（所要時間五十分）　　賃金三十錢

馬山・統營間　　　〃　二往復（所要時間四時間）　　賃金〔二等三等〕一圓五十圓

戶　口

人　口　　二三、七三四　　（內地人　五、三二九）

戶　數　　五、四三　　　　（內地人　一、四一〇）

官公衙其他

馬山府廳・昌原郡廳・重砲兵大隊・地方法院・公立商業學校・高等女學校・金

融組合・朝鮮殖產銀行支店

郊外附近

名 勝 地

馬山公園 馬山驛より數町櫻町の丘上に在る。前に馬山市街と港内の全景を望み園内には櫻樹を植へ大神宮も祀つてある。

馬山城址 舊馬山驛より東方五町、前方は馬山灣の青海を一眸に收め背後は舞鶴の高峰に據る要害堅固の丘上にある。文祿の役島津軍の築きし處と云ふ。今は唯山頂に大和式古城址石壘の殘存するに過ぎない。

郊 外 附 近

智異山 智異山は別の意味に於て朝鮮では金剛山と併稱すべき名山である。馬山驛で朝鮮鐵道慶南線に乗り換へ晋州驛から自動車で二時間半にして山麓に達する賃金

釜山案内（終）

………郊外附近

一臺金十七圓、山は海拔六千六百尺鬱密たる老樹を以て掩はれ全くの處女林である殊に山麓より頂上に亙り氣候溫帶より寒帶に移り高山植物開花の頃は得がたき異彩を放つものがあるのみならず廣袤實に五郡に亙り地形の變化に富み又歷史的にも著名で幾多の傳說、古刹等もある。實に智異山は朝鮮內類例なき幽勝閑雅の樂園である。近時外人間に膾炙せられ避暑客蹈を次くの有樣で別莊等も激增し內地輕井澤と比肩するの日は決して遠くはあるまい。

朝鮮・滿洲の旅行に關しては左記に御相談下されば、無料で各種の御便宜を圖ります。

朝鮮總督府鐵道局

運輸事務所
釜山・大田・龍山・平壤驛構内

鮮滿案内所
東京東京丸ビル一階
大阪大阪市堺筋安土町
下關下關驛前

昭和五年四月　　　【非賣品】

朝鮮總督府鐵道局

京城府蓬萊町三丁目六二・三

印刷所　朝鮮印刷株式會社

부산(1930년판)

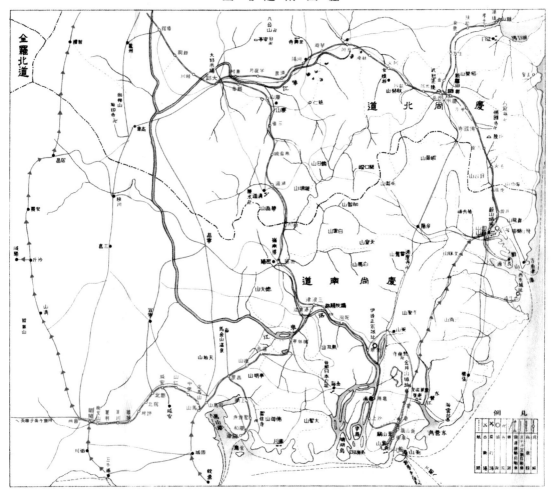

부산 부근 약도

목차

부산안내

부산 봉천 간 급행직통열차 식당차

부산 선차(船車)연락잔교(진해사(鎭海司)검열필)

범어사

동래온천

부산안내

부산 및 교외

Ⅰ. 부산

연혁

오랜 태고 옛날부터 우리나라 내지와 조선 간에 일찍부터 교통이 있었다는 것은 사실(史實)이 증명하고 있는데 그 국제적 관계가 열린 것은 거의 1천9백 년 전 숭신(崇神)천황[1] 때 임나에 일본부를 설치한 것이 그 시작이다. 이래로 많은 변혁을 거쳐 명치43년(1910) 8월에 일한병합에 이르러 부(府)가 되어 오늘에 이르렀다.

부산항과 선차(船車)연락

조선 동남부의 주요무역항인 부산은 물안개 피어오르는 30해리[2] 거리를 두고 잇키쓰시마(壹岐對馬島)를 마주 보며 조선해협을 넘어 120해리[3] 거리의 시모노세키(下關)와는 아침, 저녁 2회 관부연락이 정기운항 하여 선만(鮮滿)철도의 직통에 따라 유럽과 아시아대륙을 잇는 대 현관으로 중요한 지위를 점하게 되었고 기타큐슈(北九州)기선회사의 하카타(博多)행 매일 1왕복의 정기편도 운항하게 됨으로써 교통은 한층 더 편리하게

---

1 일본서기(日本書紀), 고사기(古事記)에 제10대 천황으로 기록되어 있다.
2 약8.9킬로.
3 약22킬로.

되었다.

관부연락선을 옆으로 댈 수 있는 잔교에는 배에서 수 십 보 거리에 봉천(奉天)행 급행직통열차가 기다리고 있다.

잔교에는 여객대합소, 출발개찰구, 수하물취급소, 화폐교환소, 전신취급소, 식당, 뷰로안내소 등의 설비가 이상적으로 마련되어 있다. 잔교에서 토산품을 파는 가게가 즐비한 연결통로를 벗어나면 부산본역이다. 역사는 고전양식절충의 벽돌 2층 건물로 그 일부는 스테이션호텔로 되어 있다.

부산시가

부산에 상륙하여 첫 인상은 시가지가 순전한 일본(內地)풍이라는 것, 이곳은 전혀 조선의 정취를 느낄 수 없을 정도로 일본화(內地化)되어 있다. 부산부는 초량, 부산진을 포용하는 동서 2리(里)9정(町)[4], 남북 3리15정[5], 면적2.18방리(方里)[6]. 시가지는 만의 북동쪽으로부터 남서로 연장되어 있고 부의 배면에는 태백산맥의 여세인 천마, 아미, 구덕, 고원견(高遠見)의 봉우리들이 병풍처럼 둘러싸 삭풍을 막아 기후도 온화하여 동경지방과 다르지 않다.

현재 전 인구는 13만여 명 내지인 4만4천여 명으로 산복에서 바닷가에 걸쳐 바둑판처럼 시가가 형성되어 있고 관공서, 대회사, 상점 등이 나란히 들어서 있고 경남도청이 이곳으로 이전해 옴으로써 점점 번화하고

---

4 약8.8킬로.

5 약13.4킬로.

6 1방리는 15.423km². 따라서 약33.6km².

있다.

부산의 상공업무역

부산항의 통상무역은 멀리 4백7십여 년 전 대마도주 소(宗)씨와 수교를 맺어 일한통상을 약속한 것으로부터 시작하여 당시는 별반 주목할 만한 것이 없고 단순히 대마도와의 교역에 지나지 않았다. 하지만 1876년 무역항으로 개항한 이래 해륙제반시설이 점진적으로 정비되어 다음 해인 1877년 무역액은 연액 4십6만원[7]에 이르렀고 1880년에는 1백만 원대로 오르고 1909년에는 5백만 원대[8]가 되고, 1914년에는 1천만 원[9]대에 달했다. 이래 매년 순조롭게 늘어나 1918년에는 일약 1억 원대를 돌파하는 성황을 보였고 그 후에는 몇 번 부침은 있었지만 근년 선만(鮮滿)산업의 개발과 철도 및 내외항로의 발전에 의해 무역액도 현저하게 증가하여 지금은(1932) 2억4천만 원[10]을 돌파하기에 이르렀다. 주된 수출품은 쌀, 선염(鮮鹽)간어(干魚), 대두, 김, 도기(陶器) 등이고 수입품은 잎담배, 소금, 밀가루, 생과, 면직사, 비료, 기계류, 목재 등으로 가파른 조선내지산업의 발전에 따라 점점 번성하는 기세이다. 또한 시내에는 양조업을 위시하여 정미, 제염, 통조림, 어묵, 수산비료, 조선 등의 공장이 상당히 발달하여 근대적 대규모 방적, 경질도기제조회사 등은 조선 유수의 큰 공장이다.

7　1875년 일본의 국가예산은 약6천9백만 원이었다.

8　1910년 일본의 국가예산은 약5억6천9백만 원이었다.

9　1915년 일본의 국가예산은 약5억8천3백만 원이었다.

10　1930년 일본의 국가예산은 약15억6천만 원이었다.

부산의 시장

부평정(富平町)공설시장(일명 일한(日韓)시장)

부평정 1정목(丁目)에 있으며 부산부가 경영하고 있다. 옥내외의 설비가 정비되어 내선의 점포가 4백여 개소에 달하고 판매품은 식료품, 일용잡화 등 전부 망라하여 시장 출입자 수가 1일 약 2만 명, 1일 평균 매출액 약 7천 원에 이르는 성황을 보이고 있다.

어시장

남빈(南濱) 1정목[11]에 있고 부산수산회사의 경영으로 근해로부터의 선어가 대부분 이곳에 출하되어 조선 내는 물론이고 멀리 장춘, 하얼빈, 대련방면으로도 수송되고 있다. 1년간의 거래고가 2백 여 만 원에 이르러 실로 조선 제1의 어시장이다.

호구

	조선인	내지인	외인	계
호수	18,813	10,347	141	29,301
인구	85,585	44,273	539	130,397

관공서 기타

경상남도청(中島町), 부산부청(本町), 부산경찰서(榮町), 부산수상경찰서(佐藤町), 부산세관(高島町), 부산우편국(大倉町), 무선전신국(牧ノ島[12]), 부산측후소(寶水町), 부산형무소(大新町), 부산지방법원(富民町), 수산시험소

---

11 지금의 영도다리근처 건어물상 지역.

12 지금의 영도.

(牧ノ島), 부산헌병분대(大廳町), 지나(支那)[13]영사관(草梁町), 물산진열장(驛前), 부산상공회의소(西町), 공회당(驛前).

부산공립상업학교(大新町, 釜田里), 고등여학교(土城町), 중학교(草梁町), 보통학교(瀛州町, 牧ノ島, 凡一町, 中島町), 소학교(8개소).

조선은행지점(大廳町), 제일은행지점(本町), 조선식산은행지점(大倉町), 조선저축은행지점(辨天町), 야스다(安田)은행지점(本町), 쥬하치(十八)은행지점(本町), 한성은행지점(本町), 부산상업은행(本町), 조선상업은행지점(瀛州町), 경남은행(草梁町), 부산일본사(驛前), 부산수산주식회사(南濱町), 부산식량품회사(南濱町), 부산공동창고회사(榮町), 조선수산수출회사(本町), 조선방적회사(凡一町), 일본경질도기회사(牧ノ島), 조선주류양조회사(釜山鎭), 오사카(大阪)상선회사지점(大倉町), 조선기선회사(大倉町), 조선가스전기회사지점(富平町), 조선우선(郵船)회사지점(大倉町), 동양척식회사지점(榮町), 이출우(移出牛)검역소(근교), 나환자요양소(근교), 우역(牛疫)혈청소(근교)

항로

오사카포염선(大阪浦鹽[14]線), 오사카청진(淸津)선, 오사카제주도선, 신의주오사카선, 조선상해선, 부산울릉도선, 조선서해안선, 부산원산선, 웅기관문(雄基關門)선, 부산하카타(博多)선, 조선나가사키대련선, 부산제주도선, 부산여수목포선, 부산통영선, 부산방어진선, 부산포항선.

13 중국.
14 블라디보스토크.

자동차

택시	1圓(용두산공원제외)
시내대절요금 1시간이내	3圓
반나절(5시간)이내	15圓
하루(10시간)이내	30圓

시외 승합정기운전

부산역전동래온천 간 편도1인		30전
부산역전해운대 간	동	50전
부산역전송도 간	동	30전
부산역전하단 간	동	30전

전차(부산시내 및 동래온천 간)

1구 5전, 부내는 부산역전을 경계로 2구로 나누어져 있고 부산역전에서 동래온천은 5구이다.

여관(전부 차대(茶代)[15]폐지)

부산스테이션호텔(양식)

숙박료

유럽식객실료: 1일 3원50전 이상

미국식숙박료: 1일 8원50전 이상

식사료

15 팁에 해당되는 요금.

조식 1원50전 중식 2원 석식 2원50전

공회당식당 화양식(和洋食) 각 1품을 조리하여 제공

나루토(鳴戶)여관(역전), 오카모토(岡本)여관(역전) 마츠이(松井)여관(埋立新町), 하나야(花屋)여관(역전), 오오이케(大池)여관(변천정)

숙박료

1박2식: 2원부터 7원까지

1박1식: 1원50전부터 5원50전까지

중식료: 1원부터 2원50전까지

기정(旗亭)[16]

일본요리

칸초카쿠(觀潮閣), 미도파(美都巴), 카게츠(花月), 카모가와(加茂川) 이상 남빈정

서양요리

미카도(ミカド, 幸町), 코요켄(好養軒, 本町), 세이요켄(精養軒, 大廳町)

유곽

미도리쵸(綠町) 역에서 약 2.4킬로

16 기를 세워 표시한 주막.

유람순서

시내

역→대청정(大廳町)→용두산→일한(日韓)시장→장수통(長手通)→물산진열관→역

소요시간: 도보 약2시간 자동차 약1시간

비용: 자동차1대 2원50전 전차(역시장간) 5전

명승지

용두산(龍頭山)

시가 중앙에 우뚝 선 구릉으로 소나무가 울창한 부의 공원지로 되어 있다. 봄에는 신록 사이로 안개 낀 것처럼 벚꽃 핀 경치가 훌륭하며 언덕 위에 모셔진 용두산신사는 1678년 3월(1931년으로부터 253년 전) 왜관이 현재의 부산항으로 이전되자 당시의 대마도영주 소 요시자네(宗義眞)[17]가 4척 사방의 작은 석조사당을 지어 일한통상선의 안전을 도모하기 위해 코토히라다이진(金刀比羅大神)을 봉사(奉祀)하였다. 그 후 1766년에 스미요시다이진(住吉大神), 텐만다이진(天滿大神)을 1865년 2월에 아마테라스스메오오카미(天照皇大神), 1880년 8월 하치만다이진(八幡大神), 1896년 4월 코코쿠다이진(弘國大神), 1899년 4월 스사노오노다이진(素戔嗚大神), 진구코고(神功皇后) 및 토요쿠니다이진(豊國大神)을 합사하여 처음에는 코토히라신사(金刀比羅神社)로 칭했으나 1894년 거류지신사로 개칭하고 1899년

17 대마도 3대 영주(1639-1702).

크게 그 규모를 확장하여 신사의 면모를 일신함과 동시에 용두산신사로 개칭 부산의 우지가미(氏神社)[18]로써 또한 조선 최고(最古)의 신사로써 내선인의 숭경이 두터운 신사가 되었다. 경내에서 한 눈에 바라보면 분지와 같은 푸른 만과 절영(絶影), 적기(赤崎)의 푸른 산봉우리가 눈썹 사이로 들어와 맑은 날에는 남쪽 멀리 묵화(墨畫)같은 대마도가 보인다. 산자락에 있는 부청은 옛날 대마도영주 소(宗)씨의 관사가 있었던 곳으로 지금은 전혀 그 모습을 볼 수 없고 시내 제1의 번화함을 자랑하는 거리가 되었다.

용미산(龍尾山)

변천정 길 뒤편의 남빈정(南濱町)은 식료품시장, 어시장, 그 외 해산물을 취급하는 큰 상점들이 많은데 이곳의 동쪽 끝을 용미산이라 한다. 작은 언덕이지만 용두에 대해 용미라 이름 붙인 것 같다.

언덕 위에는 타케노우치노스쿠네(武內宿彌)[19], 카토키요마사(加藤淸正)[20], 아사히나사부로요시히데(朝日奈三郎義秀)[21]를 제신으로 하는 신사가 세워져 있고 언덕 아래에는 부산연해에서 어획한 신선한 어류의 어시장이 있다. 이 산은 부내 발전상 지장이 많아 곧 제거할 예정이다.

---

18 지역을 지켜주는 중심신사.
19 일본의 고사기, 일본서기에 등장하는 신공황후의 신하로 일컬어지는 고대 인물.
20 임진왜란 때 토요토미 히데요시를 도와 조선침공에 앞장섰던 무장.
21 일본 카마쿠라막부(鎌倉幕府)의 용맹한 무장으로 일컬어지는데 전투에서 패한 뒤 고려로 도망갔다고 전해지는 인물.

대정공원(大正公園)

시의 서부 토성정(土城町)에 있고 원내에는 각종 수목을 심어 축산(築山)하여 아동들의 놀이터이며 부민들의 산책지이기도 하다. 여기에서 항구의 서쪽을 바라보면 절영도가 매무새를 다듬어 부르면 답을 할 듯 가까운 곳에 구름 사이로 우뚝 서 있다.

소화공원(昭和公園)

부산진역으로부터 서남 약 330미터 떨어진 곳에 있으며 원래 오이케추스케(大池忠助)[22]씨의 소유지였지만 이를 부에 기부하여 현재는 공원으로 부민의 유원지가 되었다. 언덕 위에는 오이케씨의 동상 및 쯔에효고(津江兵庫)[23]의 비(碑)가 서 있다. 쯔에효고는 대마도 소(宗)씨의 가신으로 1671년 동래부사에게 파견되어 왜관 이전의 건을 교섭하였지만 부사가 이에 응하지 않았기 때문에 사명의 책임을 다하지 못해 자결하였다. 이에 동래부사도 의열에 감복하여 그의 주장을 받아들이기에 이르렀다. 부산 오늘날의 번영은 실로 씨에 의한 것이 많아 부민이 그 덕을 기리기 위해 1879년 11월에 초혼비를 세운 것이다.

수정원(水晶園)

부산진역으로부터 서쪽으로 약 2.2킬로 떨어진 수정산 중턱에 있는데 카미니시(上西)씨가 수만의 사재와 시간을 들여 개설한 것으로 면적은

---

22 대마도출신으로 부산에서 海運·製塩·水産·旅館業을 하던 사업가.

23 쯔에노효고노스케(津江兵庫助). 대마도의 무사로 1671년 정사로 조선에 건너와 왜관이전 교섭 중 60세로 부산에서 병사한 것으로 되어 있다.

실로 17만평, 정원 내에는 아동유원지, 다정(茶亭), 어린이 골프, 테니스 코트, 야외극장 등의 설비가 있고 매화나무, 벚나무, 단풍나무 등 의 나무를 배치하여 부민의 산책코스로 개방하고 있다. 교통도 편리하여 부산진역전에서 수정원행 전용승합자동차(편도10전)가 끊임없이 왕복하고 있다.

송도(松島)

부산시가의 남쪽 약 1킬로 암남반도 일부에 만을 형성하고 있는 해안을 속칭 송도라 부르고 있다. 만내는 파도가 잠잠하고 백사장이 길게 뻗어있고 바다가 깊지 않아 여름에는 해수욕장으로 대단히 좋은 곳이다. 만내에 작은 섬이 있는데 노송 수 만 그루가 울창하여 나뭇가지소리 끊임없어 송도라 칭하였다고도 한다.

여름에는 부영(府營)으로 휴게소, 탈의소를 설치하고 매일 1시간마다 남빈에서 부(府)의 발동기선을 운항하게 하여 일반해수욕객의 편의를 도모하고 육로자동차편도 있다.

　　자동차 운임　승합 30전　대절 1원
　　선박운임　　편도 3전　왕복 5전

부산진성터

부산진역으로부터 북쪽으로 약 200여 미터 거리에 있다. '분로쿠케이쵸노야쿠(文祿慶長の役)'[24] 때 코니시유키나가(小西行長)가 배를 우암동에 정박하고 본성을 함락하여 수장 정발을 생포하였다고 전해지는 곳으로 후에 유키나가가 이를 일본식으로 개축한 것이라 전해지고 있다. 지금도 성벽이 남아있어 당시를 회상하기에 충분하다.

초량

초량은 부산부의 일부로 시가전차는 역전을 거쳐 부산진, 동래온천으로 다니고 있다. 예전에 부산역이 없었을 때는 이곳이 경부선 시발 정거장이었기 때문에 현재에도 철도공장, 공무사무소, 기관고 등이 아직도 이곳에 있다.

부산진

예전에는 반도 동남단의 요지로 서남일대는 산기슭으로 동남부는 광활한 매립지 사이에 부산만이 임하고 있다. 현재 부산부의 팽창은 북쪽으로 뻗어가고 있는데 그 일부를 이루며 전차도 이곳으로부터 동래까지 뻗어있다. 역 부근에는 조선방적회사, 각종 양조장, 니치에이(日榮)고무, 부산직물 등이 모여 있고, 또한 이곳의 이출우(移出牛)검역소를 거쳐 내지로 이출되는 소는 연간 4만두에 이르고 있다.

절영도(絶影島)

마키노시마(牧の島)는 최근까지 이왕가(李王家)의 목장이 있었기 때문에 속칭 마키노시마라 불리고 있다. 시가로부터 지척의 거리에 있어 도선으로 약 10분 만에 갈 수 있다. 주위 약 27.5킬로에 높은 산을 고갈산(古碣山)이라 칭하는데 해발 약 300몇 십 미터로 구름 위에 서 있다. 섬

대부분이 경사지로 인가는 대체로 북쪽 산기슭에 집중하여 시가지를 이루고 어선은 본도를 근거지로 하여 출어하고 있다.

교외

동래온천

조선에서 온천장으로는 우선 동래가 손에 꼽힌다. 동래는 부산에서 동북쪽으로 약 12킬로, 그 부근에는 해운대나 범어사, 통도사 등 명성고적도 있어 탕치장(湯治場)과 같이 무료함을 느낄 일은 없다. 교통이 대단히 편리해 부산역에서 1시간마다 승합자동차가 있고 전차도 있다. 예전에는 백로(白鷺)온천이라 불려 소수의 조선인 입욕자 뿐이었지만 근래 내지인이 연이어 온천여관을 세우는 자들이 많아 세련된 온천거리를 형성하여 사시사철 온천객이 끊이지 않아 요즘에는 부산을 거쳐 가는 여객들이 반드시 여독을 씻어내는 장소가 되었다. 온천수는 약염류천(弱鹽類泉)으로 무취투명하고 특히 위장, 신경, 부인병 등에 효능이 있다고 전해진다.

여관

나루토(鳴戸), 동래관, 호우라이칸(蓬莱館), 아라이(荒井) 등
숙박료: 1박 2원부터 7원까지

교통

자동차: 부산역 동래온천 간 승합편도 1인 30전. 대절편도 3원, 소요시

간 30분.

　　매일 오전 7시 반부터 오후 9시까지 1시간마다 부산, 동래 양

　　쪽에서 출발.

전차: 부산역전에서 5구간(편도25전 왕복40전) 소요시간 45분.

해운대온천

동래읍에서 동쪽으로 약 8킬로 해변에 있다. 동래에서 자동차를 타고 가다보면 차창 밖으로 보이는 것은 높고 험한 산들, 백사청송(白砂青松), 바위에 부딪히는 크고 작은 파도 끝없는 푸른 바다... 해운대의 조망은 대단히 훌륭하다. 여름철에는 해수욕장으로 캠핑, 골프 등에 호적지이다. 풍부한 온천에서 용출하는 온천수로 온천 풀을 개설하고 화식(和式), 양식(洋式)여관의 신장개업과 더불어 현대식 피서지를 겸한 온천장으로서 가족동반 휴양객들로 붐비고 있다.

수질은 염류성분으로 다량의 라듐을 함유하고 있어 신경쇠약, 부인병, 소화기병, 피부병 등에 특효가 있다.

교통

자동차: 부산역 해운대 간 승합편도 1인 50전. 대절편도 4원 소요시간

　　50분.

　　매일 부산역에서 오전 8시 반, 10시, 11시 반, 3시, 4시 반, 6시

　　7회 정기 발차한다.

여관: 해운각(海雲閣), 온천관(溫泉館) 등.

　　숙박료 1박 2원부터 4원70전까지.

범어사(梵魚寺)

동래온천에서 북쪽으로 약 8킬로 금정산 중턱에 울창한 수풀 속의 대가람의 기와지붕이 늘어 선 모습이 울산가도에서도 눈에 띈다. 이곳이 범어사다. 신라의 명승 원효가 창건에 관여한 남조선 3대 명찰의 하나로 법당 방이 수 십 개소로 승려 200명이 있다고 한다. 경내는 소나무로 울창하여 조용하면서도 그윽한 운치가 있어 전혀 별천지의 느낌을 갖게 한다. 부산역에서 울산행 자동차를 이용하면 불과 1시간 만에 갈 수 있으며 요금은 편도 1인 80전, 대절 편도 5원으로 갈 수 있다.

통도사(通度寺)

경부선 물금역에서도 부산역에서도 통도사행 자동차가 있다. (자동차 운임은 물금역에서 승합 1원40전, 부산역에서 승합 1원80전, 대절 20원) 승합자동차는 절 입구까지로 거기서부터 산문까지 약 1.6킬로는 도보 혹은 대절자동차를 이용해야 한다. 절은 영남에서 해인사와 대립하는 거찰로 그 경역의 넓이에 놀랄 정도인데, 험하고 높은 영취산 자락에 노송 울창한 사이로 가람 35동과 12의 암자가 점재해 있다. 창건은 1천2백80여 년 전 신라 선덕왕시대에 자장율사(慈藏律師)의 창건에 의한 것이고 이후 여러 번 화재를 입었지만 지금도 여전히 옛 규모를 남기고 있어 볼만 한 것들이 많고 불교의 본종이라 하여 유명한 석가의 사리탑이 있다.

Ⅱ. 김해

구포에서 낙동강을 건너 맞은 편 강안의 선암리(仙巖里)까지 발동기선을 이용하고 거기서부터는 자동차로 조금만 가면 김해읍에 다다른다. 옛 가락국의 도읍으로 그 당시는 낙동강구의 주요항구였다고 하는데 일설에는 임나일본부가 있었던 유적지라고 한다. 읍내의 분성대(盆城臺) 장소는 가락국의 궁궐터로 그 교외에는 시조 수로의 능묘가 있고 또한 북쪽으로 약 1킬로 떨어진 곳 구지봉아래에는 왕비의 묘가 있다. 읍의 남쪽 약 4킬로 지점의 죽림리(竹林里)에는 '분로쿠에키(文祿の役)'[25] 때 쿠로다 나가마사(黑田長政)[26]가 주둔했던 가락성의 성터가 있다. 또한 고인돌, 패총 등이 부근에 점재해 있다.

교통

구포역 김해 간: 자동차편 편도 50전

배편 편도 50전(선암 김해 간 자동차요금 포함)

---

[25] 임진왜란.

[26] 임진왜란 때의 무장으로 지금의 후쿠오카지역의 번주(藩主). 부산, 김해, 창원 등 경남지역으로 침입하였다.

Ⅲ. 대구

옛 대구

옛 신라시대에는 달구화현(達勾火縣)이라 하였는데 경덕왕[27] 때에 지금의 대구(大丘)로 바뀌었다.

이래로 이 지역에는 부사(府使)를 두고, 판관(判官)을 두어 이조개국 5백4년(1895)에는 군수(郡守)를 두었다. 그리고 내지인[28]이 처음으로 이곳에 이주해 온 것은 1893년경으로 청일전쟁 후 점차 증가하여 러일전쟁이 일어나고 경부철도의 속성공사에 따라 왕래자가 급격하게 증가하여 오늘날 번성함의 서두를 이루었다. 그 후 1905년 처음으로 이곳에 이사청(理事廳)[29]을 설치하고 다음 해에 대구거류민단을 설립하고 일한병합이 되어 신정(新政)이 실시되고 오늘의 대구부(大邱府)로 되었다.

지금의 대구

대구는 경북도청의 소재지로 경성이남에서 부산 다음으로 큰 도시이다. 1도 22군의 정치 및 산업의 중추지로서 또한 상공업이 번창하였다는 점에서 서조선의 평양과 비교할 정도로 시가가 번성하고 교통기관의 정비 등 대도시로써 부끄러움이 없는 설비를 갖추고 있다. 부근은 경부철도의 개통 이래 한층 더 번성하여 지방으로의 도로도 잘 구축되어 북쪽으로 약 46킬로에 충주, 동북으로 약 40킬로에 안동, 남쪽으로 약13킬로

---

27 신라의 제35대 왕(재위 742~765).
28 일본인.
29 통감부가 각 지방에 설치한 행정기관.

달성공원

대구시가

대구의 조선시장

에 창녕으로 각각 승합자동차가 매일 운행하고 특히 국유철도 동해중부선은 포항, 울산까지 개통하여 연도의 농산물은 물론 동해의 어류가 풍부하게 반입되어 오늘날 이 지역의 경제권은 경북의 전부, 경남의 동반부(東半部)가 그 세력아래 있다고 해도 과언이 아니다.

고래부터 대구부근은 지질이 풍요로워 곡류, 돗자리(筵薦)의 산출지로 전해져 내지인들의 이주자가 많아짐에 따라 근래 눈부신 발전을 가져와 각지에는 과수, 연초, 완초(莞草)[30] 등을 재배하는 농원도 속출하고 특히 사과에 이르러서는 명성이 대단하여 내지는 물론 멀리 해외까지 수출되어 호평을 얻고 있다. 또한 일반농가에서는 부업으로 양잠을 할 수 있어 시내에는 조선제사(朝鮮製絲), 야마쥬제사(ㅅ製絲), 카타쿠라구미제사(片倉組製絲) 등 큰 공장들이 한창 굴뚝에서 연기를 내뿜으며 실을 만들고 있다.

부내 서문, 동문 양 시장에서 열리는 매월 6회의 개시(開市)에 지방적인 거래로 쌀, 대두, 소두, 어류, 해초, 면포, 잡화 등을 주로 하여 그 거래액에 있어 서문시장은 매월 21만6천원내외로 동문시장은 8만원내외에 이른다. 또한 매년12월에 열리는 약령시는 대단히 유명한데 약재를 주요 거래물로 하여 거래액이 70만원에 이르는데 한 달 내내 장이 열려 경상북도는 물론이거니와 멀리 전 조선 각지에서 모여든 자들이 몇 만에 이르러 개시일에는 흰옷으로 뒤덮여 어깨가 부딪힐 정도로 성황을 이룬다.

30 왕골.

대구시장 장날

서문시장: 매월 음력 2, 7의 날

동문시장: 매월 음력 4, 9의 날

약령시장: 매년 음력12월(1개월간)

호구

	내지인	조선인	기타	계
호수	7,961	17,349	200	25,510
인구	31,472	76,351	637	108,460

관공서 기타

경상북도청(上町), 부청(東雲町), 경찰서(本町), 복심(覆審)법원(南龍岡町), 지방법원(南龍岡町), 우편국(上町), 보병80연대, 전매지국, 곡물검사소, 상품진열소, 사범학교, 중학교, 농학교, 상업학교, 보통학교, 조선은행지점, 조선식산은행지점, 대구은행, 금융조합, 동양척식지점, 대구상공회의소, 공회당, 조선민보사, 대구일보사, 기타.

교통

자동차: 1시간 3원. 시내 편도 1인 50전, 3명까지 70전, 6명까지 1원 정차장 송영 1대 50전. 부영버스 시내 6전 균일, 왕복 10전.

인력거: 편도 25전.

기정(旗亭)

미카사(三笠, 幸町), 아카시(明石, 村上町), 키요노케(淸乃家, 東本町), 키쿠만

(菊萬, 田町), 우오타케(魚竹, 東條町), 미토야(水戶家, 村上町)

서양요리

공회당식당, 라쿠텐식당(樂天食堂), 하쿠츠루식당(白鶴食堂)

유곽

야에가키쵸(八重垣町, 역에서 약 8백 미터)

여관(차대폐지)

타다시야(唯屋, 역에서 약 200미터), 하나야(花屋)여관(역에서 약 200미터), 산푸쿠(三福)여관(역에서 약 50미터), 타치바나야(立花屋)여관(역에서 약 400미터), 다나카(田中)여관(역에서 약 300미터), 츠타야(ツタ屋)여관(역에서 약 200미터).

숙박료: 2원에서 7원까지

식사료: 80전에서 3원까지

명승지

유람순서

시내: 역→상품진열소→원정(元町)→달성공원→서문시장→시장정(市場町)본정(本町)3정목(町目)→동문시장→남성정(南城町)→역

소요시간: 도보 4시간, 자동차 1시간 반, 인력거 2시간 반.

비용: 인력거 1원50전, 자동차 1시간 2원50전.

달성공원

(역에서 약 900미터, 인력거 50전, 자동차 승합30전, 대절 1원, 부영버스 편도 6전)

부내 서쪽에 있는 잔 모양(盃狀)의 구릉을 이용한 공원으로 신라시대 달불성(達弗城)의 유적지이다. 아마도 달성이라는 이름 때문일 것이다. 원내에는 아마테라스오미카미(天照大神)를 봉사(奉祀)하는 대구신사, 망경루(望京樓), 관풍루(觀風樓) 등이 있어 시내를 한눈에 내려다 볼 수 있는 조망이 수려한 곳이다.

뇌경관(賴慶館)

부내 상정(上町)에 있는데 1925년 대정천황즉위기념으로 경상북도 거주 조선인의 기부로 설립된 것이다.

도수원(刀水園)

원내에는 청천(淸泉)이 샘솟고 축산(築山) 뒤쪽으로 영귀정(詠歸亭)이라 불리는 오래된 건물 등이 있어 여름에는 낚시를 하고 가을에는 만월을 즐기기 위해 지팡이를 짓고 산보하는 사람이 많다.

대구교외

동촌(東村)

금호강변 일대의 옥야(沃野)의 총칭으로 일본농업경영자의 부락이다. 과수와 소채를 재배하고 대구사과는 주로 이곳에서 산출된다. 또한 밤과 꽃놀이의 명소로서 봄가을 대구부민의 행락지가 되어 도화유수(桃花流

水) 별천지의 경치이다.

동화사(桐華寺)

역의 동북쪽 약18킬로(대구에서 자동차로 2시간, 편도대절 8원) 달성군 팔공산
의 산복에 있다. 경내는 노목이 울창하고 잔잔히 흐르는 계곡이 있고 기
암괴석도 있어 고즈넉한 신비의 경승지를 이루고 십 수채의 당우가 그
사이에 숨기듯이 자리 잡고 있다. 이 절은 신라 문성왕 때 보조(普照)스님
에 의해 창건되어 조선 30본산의 하나로 헤아려질 만큼 규모도 크고 전
각 중 극락전은 신라시대의 유물로서 고고학자들이 추천하고 있다.

해인사(海印寺)

경남 합천군 가야면 치인리(緇仁里)에 있다. 대구에서 서남쪽으로 약
67킬로(자동차운임 편도승합 1인 2원52전, 대절 25원), 김천에서 약 90킬로로 자동
차를 이용할 수 있다. 경역은 가야산연봉에 둘러싸인 산수가 수려한 곳
으로 전각과 당탑 또한 크고 아름다운 미의 극치를 이루고 있다. 창건은
신라 애장왕 2년(천 백여 년 전)[31] 승려 순응(順應)에 의해 창건되어 현재 법
등(法燈)을 지키는 승도의 수가 3백 여 명으로 실로 영남 3대사찰의 하나
이다. 유명한 대장경 판목은 적광전(寂光殿) 뒤에 세워진 대경각(大經閣)
에 수납되어 있는데 그 수가 86,686매에 이르러 고려 고종왕 때 판각된
것이라 전해지고 있다.

31 애장왕 2년으로 되어 있으나, 애장왕 3년(802)에 창건되었음.

Ⅳ. 경주

옛날에는 반도 통일의 도성으로 자랑스러웠던 경주도 지금은 '나라는 망해도 산하(山河)는 그대로'라는 고도(古都)의 적막감을 한층 더 느끼게 해준다. 경주는 서쪽으로 대구로부터 약 67킬로 떨어져 있고 북쪽의 영일만으로부터 약 27킬로 떨어진 곳에 동서로 약 8킬로, 남북으로 약 8킬로 반의 큰 분지에 넓은 옥야를 품에 안고 이천(伊川), 남천(南川), 북천(北川) 등의 계류가 굽이돌아 흐르고 있다.

즉, 이 산수를 품에 안는 수 백 평방 킬로가 옛 왕성이 있던 곳으로 경주에 발을 한 번 들이면 대단한 규모의 장대함, 풍광의 온아함에 과연 56대에 걸쳐 1천년 신라의 영화로운 대도성이라 납득할 것이다.

지금의 경주 시가는 서쪽 시가에 호수 불과 3천, 인구 1만7천에 지나지 않지만 소위 전성시대 때의 도읍은 이 분지 일대를 점하여 전체 1천3백방(坊)[32], 민호(民戶)17만9천여 호에 이르렀다고 전해진다. 신라는 이 지역을 중심으로 하여 나라를 세운 후 한동안 크게 성장하여 이윽고 당의 힘을 빌려 신라가 조선반도통일의 패업(覇業)을 이룬 것으로 오늘날 읍내에는 옛 모습을 남기고 있는 유적들이 많이 남아 있다. 만약 경주를 찾는다면 우선 박물분관에 들려 수많은 귀중한 유물들을 보고 신라 1천녀사의 예비적 지식을 만들고 나아가 부근에 산재해 있는 실지를 둘러보며 이를 대조하여 그 규모의 대단함, 문화의 진도, 구상기공(構想技工)의 우수함 등에 상상을 펼치면 영화로웠던 옛 것을 눈에 선하게 그려낼 수 있어 매

---

32 고려, 조선시대에 성내 일정구획을 방(坊)이라 하였고 그 안에 동(洞), 리(里)를 두었다.

우 흥미를 느낄 수 있을 것이다. 현재 신라문명의 사적은 단편적이지만 성터, 사원, 동탑, 불상, 능묘 등 경주를 중심으로 하여 멀리는 2, 30킬로 바깥까지 산재해 있지만 정비된 도로가 사방으로 통하여 자동차를 이용하면 보다 자유롭게 아무런 불편을 느끼지 않고 탐승할 수가 있다.

경주를 중심으로 하여 그 부근에 있는 것

경주박물분관

경주박물분관은 읍내 구 경주부윤관사의 일부를 그 청사로 하여 최근 총독부박물분관이 되었는데 지금까지는 경주고적보존회의 진열관이었다. 진열품은 석기시대의 유물, 진한(辰韓), 신라, 고려 각 시대의 토기, 와전(瓦塼), 기타 불상, 깨진 석관(石棺), 석침(石枕), 복관(覆棺) 등으로 그 중 신라 왕릉에서 발굴된 금관, 세계에 그 비할 데 없다고 일컬어지는 봉덕사 종 등은 경탄해 마지않는 것들로 고고학자들이 중시하고 있다. 이 종은 신라33대 성덕왕을 위해 35대 경덕왕이 기도하고 다음 왕인 혜공왕 6년에 다대한 고심의 결과 완성된 것으로 높이 약 3미터, 구경 약2.23미터, 둘레 약7미터, 두께 약 8인치, 중량 약72킬로라 일컬어지고 있다. 이 종을 보는 것만으로 신라 당시의 발달이 어느 정도로 발전하였는지를 가늠할 수 있을 것이다.

계림

경주읍의 동남 약 2킬로 월성 서쪽에 있는 조그마한 숲으로 시림(始林)이라고도 계림(鷄林)이라고도 불리는 예부터 신성한 숲으로 되어 있다.

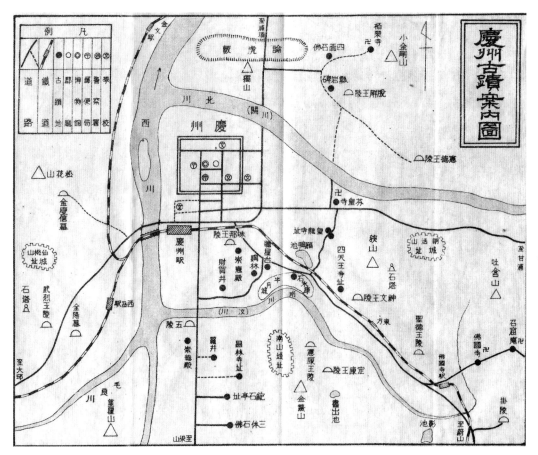

경주고적 안내도

신라 제4세 석탈해왕이 어느 날 숲속에서 닭이 우는 소리를 듣고 가보니 금궤가 나뭇가지에 걸려있고 그 아래에는 흰 닭이 계속 울고 있었다. 이상하게 생각하여 그 궤를 열어보니 안에 구슬 같은 한 남자아이가 나타나자 왕은 대단히 기뻐하며 이를 데리고 돌아와 태자로 삼고 김알지(金閼智)라 이름 지었다. 이가 후에 김씨의 조상으로 그때부터 이 숲을 계림이라 부르고 국호도 계림으로 바꾸었다고 한다.

월성

월성은 계림의 바로 남쪽으로부터 문천(蚊川)[33]의 오른쪽 강변을 따라 동남쪽으로 길게 수 백 미터 뻗어 고저 차로 늘어서 있는 반월형의 토성이다. 예전에는 석성(石城)이었다고 하는데 지금은 그 일부인 초석으로 보이는 돌이 조금씩 남아 있을 뿐 잘 정리된 잔디나 소나무가 아름답게 주위를 둘러싸고 있다. 신라 제4세 석탈해왕이 거주했던 곳이었지만 다음 왕인 파사왕(婆娑王)12년에 이를 축성하여 누대의 황거가 되었다. 지금은 석씨의 시조 탈해왕을 제사 드리는 숭신전(崇信殿)과 왕이 얼음을 저장했다고 전해지는 석빙고가 한 쪽에 있다. 석빙고는 과거 왕성의 식량창고였던 것 같은데 내부는 원통형으로 돌을 쌓아 당시에 이미 아치 건축법이 실시되고 있었다는 것을 알 수 있다.

효불효교(孝不孝橋 모친에 대한 효는 부친에 대한 불효가 된 다리)

월성을 가로질러 문천의 기슭을 따라 그대로 올라가면 수많은 석재가

33 남천(南川)

강물을 막고 있다. 이것이 칠성교의 유적으로 효불효교라고도 하였다.

옛 신라 때 한 사람의 과부가 있었다. 강 건너편의 정부를 만나러 항상 아이들이 잠든 깊은 밤에 슬쩍 집을 나서는 것이었다. 7명의 아이들은 무슨 일인지는 모르지만 어머니가 심야에 강을 건너야 하는 어려움을 알고 돌을 옮겨 다리를 만들었다. 어머니는 그것을 보고 크게 부끄러워 이로 인해 불의를 멈추었다고 한다. 어머니에 대한 효는 돌아가신 아버지에 대한 불효가 되었다고 하여 세상 사람들은 이 다리를 효불효교라 하였다. 또한 7명의 자식들이 만들었기에 칠성교라고도 불렸다.

자식이 없는 여자나 젓이 나오지 않는 여자는 심야에 돌다리에 엎드려 기도를 하면 반드시 답을 얻었다고 한다. 또한 연애로 고민하는 여자가 이 돌다리 위에서 빌면 의중의 사람에게 반드시 그 뜻이 전해진다고 믿어지고 있다.

남산 성터

월성 남쪽 문천을 사이에 둔 남산에 있는 광대한 산성으로 지금도 석벽이 남아 있고 가끔 오래된 기와가 발견되기도 한다. 이 성은 명활산성(明活山城)[34] 및 선도산성(仙桃山城)[35]과 함께 신라 도성의 3면에 정립된 중요한 성벽을 이루고 있다.

---

[34] 경주에 있는 신라시대 수도를 방어할 목적으로 축조되었으며 다듬지 않은 돌을 사용한 신라초기 축성방식으로 만들어진 산성이다.

[35] 경주 서쪽에 있는 선도산에 위치한 산성. 정상부에 보물 제62호로 지정된 경주서악리마애석불상(慶州西岳里磨崖石佛像)이 있다.

첨성대

월성 북쪽 도로 옆에 있는 신라 제27대 선덕여왕 때 축조된 천문관측 대로서 방형의 지복석(地覆石) 위에 화강암을 원통형으로 쌓아올리고 상부에 이중의 우물정자형 구조물을 놓았고 중간 지점 남쪽에 방형의 창문을 설치하였다. 높이 약 8.8미터, 밑 지름 약 5.1미터의 동양 최고(最古)의 천문대로 방문하는 이들의 경탄을 자아내고 있다.

안압지

월성 북쪽으로 약 4, 5백 미터 거리에 작은 연못이 있다. 신라 영주(英主) 문무왕 때의 궁원(宮苑)으로 만들어진 것으로 연못을 만들고 연못 가운데에 작은 섬과 주변에 얕은 산을 만들어 중국의 무산(巫山)12봉[36]을 모방하여 연못 가운데 섬에는 돌다리를 놓고 꽃과 나무를 심고 진귀한 새와 짐승들을 방사하여 연회장으로 하였다고 전해지는데 지금은 연못과 주변의 언덕 두 세 곳과 돌다리의 기초석만 남아 있다. 안압지 서쪽으로 이어지는 곳은 임해전(臨海殿)[37]터로 신라왕이 해외로부터의 귀빈을 접견하는 가장 수려하고 웅장한 궁궐이 있었다고 전해지고 있다.

황룡사지

안압지 동쪽으로 약 3백 미터 거리의 밭 가운데에 지금은 초석만이 남아있다. 신라 24대 진흥왕 14년에 새로운 궁궐을 이곳에 세우려고 하였으나 황룡(黃龍)이 이곳에 나타나자 왕은 이를 기이하게 여겨 사원으로

---

36 중국 사천성의 명산 무산(巫山)12봉
37 안압지 서쪽에 있었던 궁궐.

세우고 황룡사라 이름 지었다고 한다. 옛날 이 절에는 신라 삼보(三寶)의 하나인 장육불상(丈六佛像)과 9층탑이 있었지만 몽고의 병화로 전부 불타 소실하였고 지금은 유일하게 구층탑의 문주에 반원조(半圓彫)의 금강역사 8체 중 2체가 박물관에 진열되어 있고 6체는 땅 속에 묻혀 있어 웅대한 당우의 초석과 삼존불의 좌석만이 남아 있다. 그 규모가 얼마나 광대하고 화려하였는지 이곳에서 출토된 기와 편만으로도 대략 상상할 수 있다.

분황사탑지

선덕여왕 3년에 축조된 흑갈색의 석재를 쌓아올린 고탑이 남아 있다. 마치 벽돌로 쌓은 전축(磚築)처럼 하층의 4면에는 인왕, 네 귀퉁이에는 돌사자가 조각되어 있다. 동경잡지(東京雜誌)[38]에 분황사의 탑은 신라 삼보(三寶)의 하나이다. 임진난적(壬辰亂賊)으로 인해 그 반이 훼손되었다고 하는데 이전에는 상당히 높은 탑이었다고 한다. 지금은 하부의 3층만 남아 있다.

---

38 1670년(현종11)에 간행된 경상도 경주부(慶州府)의 지리지인 『동경잡기(東京雜記)』를 1711년(숙종37)에 중간(重刊)한 책이다. 목판 크기는 초간본과 다르지만, 항수(行數)와 자수(字數)를 똑같이 맞추어 새로 목판을 새겨 인출한 것으로, 3권 3책이다. 다만 표지 서명이 '동경잡지(東京雜誌)'이고, 3책을 천(天)·지(地)·인(人)으로 구분한 것은 초간본과 다르다. 권말에 1711년에 경주부윤(慶州府尹) 남지훈(南至熏)이 신라 천년의 사실이 인멸될까 염려하여 다시 간행한다는 뜻을 밝힌 지(識)가 실려 있다(한국학진흥사업성과포털 http://waks.aks.ac.kr/dir/searchView.aspx?qType=0&secType=&sType=&sWord=%e6%9d%b1%e4%ba%ac%e9%9b%9c%e8%aa%8c&dataID=G001+KYUC+KSM-WV.1660.1111-20120701.GK01375_00@AKS-2011-CAC-3101_DES 2020.1.2.일 검색)

사면석불

읍의 동쪽 소금강산의 서쪽 기슭에 큰 바위의 사면에 불상이 새겨진 것이 있다. 이것이 굴불사(掘佛寺)의 사면석불로 속설에는 이 석불의 돌가루를 남몰래 복용하면 임신할 수 있다는 미신이 있다. 바위의 높이는 약 3.6미터 로 배면의 넓이 약 3미터의 미타삼존의 입상약사여래의 좌상 음양각(坐像陰陽刻)이 있어 그 어느 것도 걸작이다.

백율사

사면석불로부터 약 2백 미터 소금강산의 좁은 길을 기어 올라가면 그 중턱에 있다. 창건연대는 불명확하지만 대웅전에 안치된 동조약사여래 (銅造藥師如來)의 입상은 높이 약2미터 정도로 모습을 보아 통일신라시대 의 것으로 추측된다.

표암(瓢岩)

소금강산의 남쪽 끝에 있는 커다란 암석으로 진한(辰韓) 6촌의 하나인 알천양산촌(閼川楊山村)[39] 이씨의 조상 이알평(李謁平)[40]의 출생지로 일컬어지고 있다. 백 여 년 전에 세워진 비석에 의하면 이 바위는 수도의 방위(方位)에 해가 된다고 하여 '박'을 심어 감추었기 때문에 '표암'이라 전해지고 있다.

---

[39] 신라초기에 경주에 있었던 6촌 중의 하나.

[40] 생몰년 미상. 신라건국기의 씨족장. 경주이씨(慶州李氏)의 시조로서 초기 사로육촌 (斯盧六村) 중의 하나인 알천양산촌(閼川楊山村)의 촌장이었다고 하나 이를 경주 이씨의 조상으로 인정하지 않는 학자도 있다.

오릉

오릉은 또는 사릉(蛇陵)이라 칭하는데 문천에 놓인 남천교의 서쪽 소나무 숲에 있어 신라의 시조 박혁거세와 왕비 이하 세 왕의 능묘로 경내는 넓고 노송이 울창하여 깊은 이끼 색으로 덮여 있다. 최남단의 능이 시조의 능묘로 부근에는 시조를 제사 드리는 숭덕전(崇德殿)이 있다.

포석정

오릉 남쪽으로 약 2킬로 거리에 길을 왼쪽으로 돌면 마을 근처에 소위 유상곡수(流觴曲水)의 연회장으로 커다란 나무아래 전복형태의 석조물이 현존하고 있다. 55대 경애왕이 이곳에서 왕비와 함께 술자리를 가지며 환락 중에 후백제 견훤의 습격으로 죽음을 맞이한 신라 최후의 애사를 전하는 유적이다.

서악(西岳)을 중심으로 그 부근에 있는 것

김유신묘

경주역에서 서쪽으로 서천교를 건너 서북을 향해 송화산록(松花山麓)의 좁은 길을 올라 약 3백 미터 지점에 있다. 주위에는 십이지 상을 조각한 호석(護石)이 있고 비교적 완전하게 옛 양식을 갖추고 있다. 김유신은 무열, 문무 두 왕을 도와 백제, 고구려를 멸망시키고 신라통일의 대업을 완수한 공신이다.

무열왕릉

서악역의 서남쪽 약 3백 미터 도로 옆에 있다. 왕은 신라 29대 반도통일의 기초를 연 중흥의 영주로 재위 겨우 8년 만에 죽음을 맞이하였다. 능분은 주위 약 57간[41]으로 문무왕 원년에 축조를 시작하여 앞 측면의 귀부(龜趺)는 주위에 육용주(六龍珠)를 받드는 형태로 조각한 것으로 수법의 정교함은 당나라 식 미술 도입의 선구라고 한다.

서악(西岳)서원

무열왕릉의 북쪽 가까운 곳에 있는 신라의 명신 김유신, 동 중기의 학자 설총 및 말기의 학자 최치원의 세 현사를 모시고 있다. 부근에는 진흥, 진지, 문성, 헌안 등의 여러 왕릉과 영경사지 등이 있다.

불국사를 중심으로 그 부근에 있는 것

괘릉

불국사역에서 약 4킬로미터 울산가는 길 북쪽 소나무 숲에 있는데 예부터 신라중흥의 영주인 30대 문무왕의 능이라 전해지고 있었지만 최근에 문무왕의 능이라 확증되었다. 능묘는 우수한 12지 신상이 양각된 호석으로 둘러져 있고 전면 수 십 간에는 문무석인상 및 석수(石獸), 석화표(石華表)를 설치하여 그 양식이 완비된 웅장함이란 사면의 그윽한 신비로움과 함께 신라능묘의 모범이라 일컬어지고 있다. 특히 문무석 인형석수

---

41   57간=약 0.1킬로미터.

등의 수법이 정치하고 조각의 기묘함은 당대(唐代)예술의 특질을 띠며 신라유물의 백미로 탄성을 자아내고 있다.

불국사역 패릉 간 자동차요금: 1인 왕복 40전

최저 4인분 1원60전

불국사

불국사역에서 약 3.4킬로 토함산 중턱에 있다. 신라19대 눌지마립간 때 지금으로부터 거슬러 1천 5백 여 년 전 승려 아도(我道)[42]에 의해 처음으로 개기되었으나 그 후 아도가 떠난 뒤 패퇴하였지만 나중에 제23대 법흥왕 14년 본사를 재건하고 다음 왕인 진흥왕 및 제 30대 문무왕이 이를 중창하여 제35대 경덕왕 때에 나라의 제상 김대성에 의해 또 다시 중건되어 여기에 처음으로 완성되었다고 전해진다. 즉, 석조물, 불상 등의 유물에 신라시대의 모습이 잘 남겨져 있고 특히 대웅전 전면에 현존하는 2기의 석탑 중 하나는 다보탑(석조 높이 약6미터)으로 또 다른 하나는 석가탑(석조 높이 약8미터)이라 하여 천 여 년의 풍우를 잘 견뎌 지금도 엄연한 모습으로 좌우에 서 있고, 앞문의 청운교, 백운교 터는 거의 퇴폐되었지만 그 장엄한 구조는 칠보연화의 양교와 함께 신라시대의 대표적 걸작으로 일컬어지고 있다.

불국사역 불국사 간 자동차: 편도 승합 1인 40전

---

[42] 생몰연대 미상의 고구려의 승려로 신라에 불교를 전파하였다고 한다.

북국사

석굴암

부산(1932년판)

석굴암

불국사로부터 급경사를 약 2.8킬로 올라가 토함산 정상을 넘으면 얼마 지나지 않아 석굴암에 이른다. 그 정상에서는 망양한 일본해를 앞에 볼 수 있다. 속전에 의하면 암은 석불사라 이름 하여 신라 35대 경덕왕 10년 때의 건립으로 산 중턱에 굴을 파고 내부를 아치형으로 돌을 쌓아 입구 좌우에 사천왕, 인왕상을 내부 주벽에는 11면 관세음, 16제자 범천석(梵天釋) 등 36체를 반 육각으로 조각하고 중앙연대 위에는 높이 약 3.3미터의 석가좌상을 안치하고 있다. 이들 불상은 모두 같은 해에 제작을 실시한 것으로 그 조각의 정치 수려함에 놀라울 뿐으로 신라불상유물 중 유수한 것으로 소중하다.

고적유람안내

교통
경성방면에서
경부선 대구역에서 동해중부선으로 갈아타고 약 2시간이 소요된다. 또한 대구에서 승합자동차편도 있다.

기차운임 대구경주 간(편도 어른 1인): 2등 1원94전, 3등 1원7전
자동차운임 대구경주 간(승합 1인): 1원15전

• 부산 내지방면에서
부산에서 기차로 대구에서 하차, 대구에서 앞의 교통기관을 이용하는 편 외에 부산에서 동래온천에서 여독을 풀고 자동차를 이용하여 도중에

범어사, 통도사 등의 고찰을 탐승하고 울산으로 나와 기차로 경주로 가는 방법도 있다.

　　부산 동래온천 간: 자동차(승합 편도 1인) 30전

　　　　　　　　　　전차 5구간(1구간 5전) 편도 25전, 왕복 40전

　　동래온천 울산 간: 자동차(승합 편도 1인) 2원50전

기차 자동차 연락운수

　　부산 울산 간 자동차(울산자동차조합)와 철도국 선의 주된 관계역 사이에 연대승차권을 발매하고 있다. 본 연대에 의한 자동차 운임은 아래에서 보듯이 할인되어 부산 대구 간을 포함한 승차권으로 울산, 경주방면을 돌아보기를 원하는 분들은 부산역 또는 대구역에 신청하면 본 자동차 운임을 지불하고 희망대로 회유할 승차권으로 변경할 수가 있다.

　　자동차운임(승합 편도 1인) 1원90전. 10인 이상 단체의 경우(승합 편도 1인당) 1원80전.

　　울산경주 간: 기차운임(편도 어른 1인) 2등 1원18전, 3등 66전.

　　　　　　　　자동차운임(승합 편도 1인) 1원.

유람순서

　　경주의 고적은 경주읍내를 중심으로 멀리는 2십 4, 5킬로 바깥까지 산재해 있지만 대단히 도로가 좋고 유람자동차도 있어 비교적 용이하게 유람할 수 있다. 그러나 모두 다 유람하는 것은 시간도 필요하니 여기에서는 주요한 곳만을 구경하는 코스를 아래에 제시한다.

경주지방유람순로

경주역→(약 600미터) 박물관분관→(약 2.5킬로) 표암→(약 20미터) 사면석불→(약 1.5킬로) 분황사→(약 700미터)→안압지→(약 400미터) 석빙고→(약 300미터) 첨성대→(약300미터) 계림→(약 1킬로) 오릉→(약1.8킬로) 포석정→(약 6.5킬로) 무열왕릉→(약2.5킬로) 경주역

소요시간(각지 견학시간 포함)

도보: 6시간45분

자동차: 3시간

비용

박물관분관 관람료 1인 5전

유람 자동차운임

경주 중앙부 안내: 4명까지 1대 2원50전. 이상 1명 추가마다 50전.

무열왕릉 코스, 백율사 아래 사면석불 코스: 4명까지 1대 1원20전. 이상 1명 추가마다 20전.

경주역 읍내 간: 승합 1명 10전(여관행에 한함)

경주 울산 간: 승합 1명 1원.

불국사부근 유람순로

경주역 … 불국사역→(약 3.3킬로) 불국사→(약 2.7킬로) 석굴암→(약 2.7킬로) 불국사→(약 3.3킬로) 불국사역→(약 3.4킬로) 괘릉→(약 3.4킬로) 불국사역→경주역

소요시간(각지 견학시간 포함)

도보: 5시간45분

자동차: 3시간45분(일부구간 자동차에 의한 경우)

비용

자동차운임

불국사역 불국사 간: 승합 편도 1명 30전.

불국사역 괘릉 간: 4명까지 1대 1원20전. 이상 1명 추가마다 20전.

불국사역 울산 간: 승합 편도 1명 80전.

불국사역 경주 간: 4명까지 1대 2원50전. 이상 1명 추가마다 50전.

기차운임

경주역 불국사역 간: 편도 1명 2등 34전, 3등 19전.

여관과 요금

경주(차대폐지)

일본식: 시바타(柴田)여관, 아사히(朝日)여관, 경주여관, 카스가(春日)여관

조선식: 안동여관, 경동(慶東)여관, 대구여관, 월성여관

숙박료: 일본식 2원50전 이상 4원50전까지

　　　　조선식 80전 이상 1원50전까지

불국사

일본식: 불국사호텔(철도국위임경영)

숙박료: 1원50전 이상 8원까지

불국사호텔은 불국사 경내에 있는 철도국지정위임경영의 깨끗하고
세련된 여관으로 조망이 수려한 위치에 있다. 경주에 와서 본 호텔에 1

박하고 새벽녘에 석굴암에 올라 떠오르는 태양빛에 빛나는 일본해를 조망하며 신비롭고 웅대한 경치를 즐겨보길 권한다.

V. 진해

1902년 한국정부가 마산을 개항하였는데 러시아는 진해가 천연의 요새임에 착목하여 여기에 군항설비를 만든 이래 러시아동양함대의 근거지가 되었지만 러일전쟁이 일어나자 우리 해군은 이곳을 점령하여 근거지로 삼아 일본해전의 대첩을 거둔 이래 일약 세상에 알려졌고 군항으로 오늘날에 이르고 있다. 시가지는 세 방향으로 긴 뱀처럼 늘어져 산들로 둘러싸였고 전방은 진해만의 검푸름을 안은 경승요지의 땅으로 정시천(征矢川)을 가운데 두고 북쪽으로부터 동남쪽을 향해 전개된 욱일(旭日)형의 우물 정자 형태로 정연하게 구획된 도시이다. 근래 여러 사정으로 조금 쇠퇴하고 있었지만 철도 개통에 따라 육해교통이 구축되어 시황이 활기를 되찾고 있다.

호구
호수: 1,437
인구: 6,413

관공서 그 외
진해 요항부(要港部), 헌병분대, 경찰서, 면사무소, 진해방위대, 진해만

요새사령부, 고등여학교, 진해공립공업보수학교, 조선총독부수산시험장, 진해담수양어장, 체신국 해원(海員)양성소, 우편국, 진해세관출장소, 진해제일금융조합, 부산상업은행지점, 수산회사.

교통

정기항로

행암만(行岩灣)(진해항)

부산행: 오전10시, 오후7시 2회 출항(2등 1원50전, 3등 1원)

통영행: 오전6시 출항(2등 1원50전, 3등 1원)

목포행: 오후4시30분 출항. 마산, 통영, 여수를 경유하여 목포행(2등 9원80전, 3등 6원50전)

제등만(齊藤灣)

마산으로 매일 오전7시부터 오후6시까지 5왕복의 발동기선편이 있음(30전).

통영으로는 매일 오전8시30분, 9시, 오후4시발 기선편이 있음(특등 1원50전, 병(竝)등 1원).

정기자동차로 및 요금

역전 제등만(齊藤灣) 간 10전, 역전 비봉리(飛鳳里) 간 15전, 역전 장천리(將川里) 간 40전.

그 외 시내대절 편도 80전.

여관

마츠요시(松芳), 타치바나(橘), 후쿠오카야(福岡屋), 아사히(旭), 마츠바
(松葉), 친카이(鎭海), 하루노히(春の日, 요리점)

숙박료: 1박 2엔부터 6엔까지.

유람순서

역→진해신사→일본해해전기념탑→키요노우라(淸之浦)→치요가하
마(千代が濱)→사쿠라노바바(櫻の馬場)→요항부(要港部)→방위대→토쿠
마루칸논(德丸觀音)→하고로모노마츠(羽衣の松)→역

소요시간: 도보 약4시간. 인력거: 약2시간 반. 자동차: 약2시간.

비용: 인력거 1원50전, 자동차 5원.

명승지

사쿠라노바바(櫻の馬場)

벚꽃나무 만 여 그루가 수 백 미터 사이에 정연하게 심겨져 벚꽃이 만
발하였을 때는 마치 안개와 구름처럼 꽃 터널을 이루어 조선 내에서도
굴지의 벚꽃명소로 알려져 있다.

친카이칸논(鎭海觀音)

일명 토쿠마루칸논(德丸觀音)이라고도 하는데 오랜 유서 있는 역사를
지니고 있다. 경내는 조용하면서도 고즈넉한 공간에 녹림 가운데 중국풍
당우가 있어 풍정은 중국풍경을 방불케 한다.

진해신사

투구모양의 산 남쪽 중턱에 있는 아마테라스(天照)[43], 토요우케(豊受)[44] 양신을 모시는 곳으로 진해시민의 수호신으로 신사는 장엄하고 시내의 제등만(齊藤灣)을 한눈에 바라볼 수 있는 조망절경의 장소이다.

하고로모노마츠(羽衣の松)

시의 중앙을 관통하는 정시(征矢)천의 상류에 산세가 웅대하고 기암괴석에 둘러싸인 조용하고 고즈넉한 신비의 경치를 이룬 유명 계곡이다. 이곳의 형상이 마치 선녀가 춤을 추는 듯 하는 모습의 커다란 소나무가 있다. 이를 하고로모[45]마츠라 부른다.

키요노우라(淸之浦)

진해항 앞의 카부토야마(兜山)[46] 동쪽 기슭에 있는 대단히 전망이 좋고 푸른 소나무의 해변으로 남쪽 멀리를 바라보면 많은 섬들이 마치 바둑판의 돌처럼 각종 돛단배 사이를 잇는 듯 그림 같은 풍경이다. 여름에는 해수욕장으로 아이들이 즐기는 장소이기도 하다.

---

43 일본신화에 등장하는 주신(主神)으로 황조신(皇祖神). 일본서기, 고사기에 아마테라스는 태양신의 성격과 무녀의 성격을 동시에 지닌 존재로 묘사되어 있다.

44 고사기(古事記)에 등장하는 일본신화 상의 여신으로 식물, 곡물을 관장하는 신.

45 나무꾼과 선녀 이야기.

46 지금의 진해 제황산으로 일제강점기에 산모양이 투구를 닮았다고 하여 일본인들이 붙인 이름.

진해시가지

마산의 벚꽃

치요가하마(千代が濱)

제등만 앞의 치요가하마(千代が濱)는 멀리까지 바다가 얕고 청정한 조선굴지의 해수욕장으로 설비도 완벽하며 부근의 풍경도 훌륭하기 때문에 여름에는 피서객들로 붐빈다.

일본해해전기념탑

카부토야마 정상에 있는 높이 약36미터, 둘레 약27미터, 건평 100평, 철근콘크리트로 당시의 기함 '야마카사(山笠)'의 사령탑모양으로 건립한 것으로 대규모로 만들어졌다. 건립은 1929년 5월27일 준공 후 도로도 완성되고 자동차로 자유롭게 탑 아래까지 갈 수 있다. 탑 아래의 조망은 진해 전부를 한 눈에 조망할 수 있어 벚꽃이 만발한 때에는 각별한 장소로 벚꽃바다로 착각할 정도이다.

Ⅵ. 마산

마산은 진해만으로부터 만입한 하나의 만으로 서쪽 해안을 이루는데 무학산 아래 경사로 인해 신구의 두 시가지로 이루어져 있다. 공기가 청정하고 기후가 온화할 뿐만 아니라 풍광이 아름답기로 조선 제1의 건강지로 일컬어지며 여름에는 해수욕객들로 붐빈다. 1911년 이래 요새지역으로 개항폐쇄 후 마산의 무역은 매우 쇠퇴하여 출입물자의 대부분은 부산을 경유하게 되었고 최근에는 쌀 이출이 다소 있었을 뿐 일본의 저명 상업지와의 거래는 거의 없다. 그러나 근해어업만은 여전히 성황을 이루어 통영을 거쳐 이곳에 집하되어 철도편으로 조선과 만주 각지로 수송되어 어획고는 연액 14만 4천 여 원에 이른다.

또한 이곳에는 지리적으로 보아 공업은 별로이지만 수질과 기후가 양호하여 양조업에는 호조건으로 청주, 간장 등은 품질 면에서 자타 공히 조선 제일을 자랑한다. 하지만 자금관계상 판로확장이 되지 않아 더 활발하지 못한 점은 대단히 유감으로 최근 주조생산량은 1만2천석에 달한다.

교통

부산으로 항로 40해리, 통영까지 30해리, 진해까지는 겨우 8해리로 매일 발동기선편이 있다.

자동차요금: 마산 진주 간(약 64킬로) 2원10전(진주에서 합천, 사천, 삼천포, 통영 및 김천행 자동차가 있다).

마산 통영 간(약 68킬로) 3원.

마산 고성 간(약 44킬로) 2원.

마산시내 및 구마산 간 승합 1명 5전, 대절 1대 1원.

발동기선

마산 진해 간: 오전6시, 9시, 정오, 오후3시, 오후 5시발(소요시간 50분). 요금 30전.

마산 통영 간: 2왕복(소요시간 4시간). 요금 2등 1원50전, 3등 1원.

호구

인구: 25,708(일본인 5,559)

호수: 5,435(일본인 1,375)

관공서 그 외

마산부청, 창원군청, 중포병대대, 지방법원, 공립상업학교, 고등여학교, 금융조합, 조선식산은행지점.

명승지

마산공원

마산역으로부터 수 백 미터 거리의 사쿠라마치(櫻町) 언덕 위에 있다. 전면에 마산시내와 항구 전경이 펼쳐있고 원내는 벚나무를 심어 대신궁(大神宮)을 모시고 있다.

마산성터

구마산역으로부터 동쪽으로 약 5백 미터. 전방은 마산만의 푸른바다를 한 눈에 담고 배후에는 무학의 높은 봉우리가 자리 잡은 요해 견고한 언덕 위에 있다. '분로쿠노 야쿠'때 시마즈(島津)군에 의해 세워진 것이라 한다. 지금은 산 정상에 일본식 고성 석루가 남아 있을 뿐이다.

교외

진주성

성은 진주역에서 약 1킬로 남쪽 남강에 면하고 뒤로는 산을 업은 대단히 훌륭한 입지로 '분로쿠, 케이쵸노 야쿠' 때 가토(加藤), 고니시(小西), 모우리(毛利), 우키타(浮田) 등 여러 장군이 싸운 곳이다. 조망이 훌륭하고 일반 읍민들의 산책지로 역에서 승합자동차편이 있다.

성의 남쪽 끝에 있는 촉석루는 영남의 명승지로 예부터 구경 오는 이들이 많다.

지리산

지리산은 다른 의미에서 조선의 금강산에 버금가는 명산으로 해발 약 2천 미터의 울창한 노목으로 뒤덮인 완전한 처녀림을 이루고 있다. 그 넓이가 실로 5개 군에 걸쳐 지형의 변화가 왕성하고 역사적으로도 유명하여 여러 전설과 고찰 등도 있다. 실로 지리산은 조선에 유례가 없는 고즈넉하고 우아한 낙원으로 근래 외인들 사이에서도 회자되어 피서객들의 발길이 끊이지 않는 성황을 이루어 별장 등도 급증하여 일본의 카루이자와(輕井澤)[47]에 비견할 날이 그리 멀지 않다고 생각된다.

부산안내(끝)

---

47 일본 나가노(長野)현에 있는 관광지로 별장, 피서지 등으로 유명한 곳.

조선, 만주여행에 관해서는 아래에 상담해 주시면 수수료 없이 각종 편의를 도모해 드립니다.

조선총독부철도국

운수사무소(부산, 대전, 용산, 평양역 구내)

청진출장소

선만(鮮滿)안내소

동경: 동경마루(丸) 빌딩 1층

오사카: 오사카시 사카이스지(堺筋) 아즈치쵸(安土町)

시모노세키: 시모노세키역전

1932년 3월 (비매품)

조선총독부철도국

경성부 봉래정(蓬萊町) 3정목(丁目) 62-3

인쇄소: 조선인쇄주식회사

부산(1932년판)

釜山

大-邱　慶-州
馬-山　鎮-海

朝鮮總督府鐵道局

釜山案内

부산(1932년판)

注　意

要塞及要港地帶撮寫禁止

左の場所は要塞及要港地帶である關係上許可なくして寫眞撮影及描寫は出來ない。

釜山附近（海雲臺東萊を含む）

馬　山・鎭　海　附　近

釜山附近略圖

부산(1932년판)

釜山案內

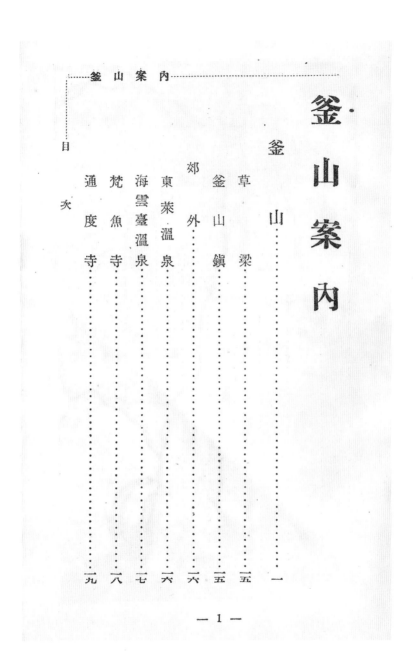

目次

間天泰山鑾
車室食車列通直有恣

橋棧絡運車船山鑾
（濟囵檢司要覽）

梵魚寺

東萊溫泉

부산(1932년판)

釜山案内

釜山及其郊外

内 遠い太古の昔から本邦内地と朝鮮との間に最早交通のあつたことは史實の證する處
で、其國際的關係の開かれたのは凡そ一千九百年前崇神天皇の朝、任那に日本府を置
いたのが其の始りである。爾來幾多の變革を經、四十三年八月日韓併合成るに及んで
釜山府となり今日に至つてゐる。

案　内

釜山港と船車連絡

朝鮮東南端の主要貿易港である釜山は煙波三十浬を隔てゝ壹岐對馬と相對し、朝鮮海峡を越へて百二十浬の彼方下關とこの間には朝夕二回の關釜連絡船が定期運航して鮮滿鐵道の直通と相俟ち歐亞大陸に通ずる大玄關たる樞要の地位を占め、北九州汽船會社の博多行毎日一往復の定期便も運航する事により内地との交通は一層至便となつた。

關釜連絡船の横付になる棧橋には船から數十歩で奉天行の急行直通列車が待つてゐる。

棧橋には旅客待合所・出札所・手荷物取扱所・貨幣交換所・電信取扱所・食堂・ビュ―ロー案内所等の設備が理想的に整つてゐる。棧橋から土産品を賣る店の竝んだ上屋を拔けると釜山本驛がある。

부산(1932년판)

驛舎は古典兩式折衷の煉瓦二階建で其一部はステーションホテルとなつてゐる。

釜 山 市 街

釜山に上陸して第一に印象するは市街の純然たる内地風なることであつて、此處は全く朝鮮の情趣は味へぬ程内地化してゐる。釜山府は草梁・釜山鎭を包擁する東西二里九町南北三里十五町面積二、一八方里、市街は灣の北東より西南に延長し、府の背面には太白山脈の餘勢である天馬・崴媚・九德・高遠見の諸峰が屏風の如く圍繞し、朔風を防ぎ氣候も温和で東京地方と變らない。

現在全人口十三萬餘内地人四萬四千餘人山腹から汀にかけて井然たる街衢を成し官衙公署大なる會社商店等軒を並べて、慶南道廳の此地に移轉と共に盆々殷賑を極めて居る。

— 3 —

　釜山港に於ける通商貿易は遠く四百七十餘年前對馬島守宗氏修交の誼を結び、日韓通商を約するに始まり、當時は別段見るべきものなく單に對馬との交易に過ぎなかつたが、明治九年貿易港として開港以來海陸諸般の施設漸進的に整備の域に進み、翌明治十年の貿易額は年額四十六萬圓を算するに至つた更に明治十三年には百萬圓臺に進み、同四十二年には五百萬圓臺となり、大正三年には一千萬圓臺に達した。爾來逐年順調に進展し同七年には一躍一億萬圓を突破するの盛況を見、其の後幾多の消長はあつたが、近年鮮滿產業の開發と鐵道及び內外航路の發展に伴ひ貿易額も著しく增加し、今や二億四千萬圓を突破するに至つた。輸移出品の主なる物は米・鮮鹽干魚・大豆・海苔・陶器等輸移入品としては葉莨・鹽・小麥粉・生果・綿織絲・肥料・機械・類・木材等で、殷々たる朝鮮內地產業の發展に伴ひ益々繁盛を呈すべき狀勢にある。

　尙市內には醸造業を始とし精米・製鹽・罐詰・蒲鉾・水產肥料・造船等の工場市內に

부산(1932년판)

相當發達し、近代的大規模の紡績、硬質陶器製造會社の如きは朝鮮に於ても有數の大工場こなつてゐる。

釜 山 の 市 場

富平町公設市場（一名日韓市場）

富平町二丁目に在つて釜山府の經營になつて居る。屋内外の設備整ひ内鮮の店舗四百餘に達し、販賣品は食糧品、日用雜貨等殆んご全部を網羅し市場入出場者一日實に二萬人、一日平均賣揚高約七千圓を算し盛況を極めて居る。

魚 市 場

南濱一丁目に在り、釜山水産會社の經營で近海よりの鮮魚は殆んご此處に水揚げせられ鮮内は勿論遠く長春・ハルビン・大連方面にも輸送せられて居る。一箇年の取引高二百萬圓餘に上り實に朝鮮第一の魚市場である。

案内

戸口 （昭和五年末現在）

	朝鮮人	内地人	外人	計
戸數	一八六二三	一〇三四七	一四一	二九'一〇一
人口	八五'六六五	四二'七二三	五三九	一三〇'二九七

官公衙其他

慶尚南道廳（中島町）　釜山府廳（本町）　釜山警察署（榮町）　釜山水上警察署（佐須町）　釜山稅關（高島町）　釜山郵便局（大倉町）　無線電信局（牧ノ島）　釜山測候所（寶水町）　釜山刑務所（大新町）　釜山地方法院（富民町）　水産試驗所（牧ノ島）　釜山憲兵分隊（大廳町）　支那領事館（草梁町）　物産陳列場（辨前）　釜山商工會議所（西町）　公會堂（辨前）　釜山公立商業學校（大新町、釜田里）　高等女學校（土城町）　中學校（草梁町）　普通學校（瀛州町、牧ノ島、凡一町、中島町）　小學校（八箇所）

朝鮮銀行支店（大廳町）　第一銀行支店（本町）　朝鮮殖產銀行支店（大倉町）　朝鮮貯蓄銀行支店（翼天町）　安田銀行支店（本町）　十八銀行支店（本町）　釜山商業銀行（本町）　朝鮮商業銀行支店（瀛州町）　慶南銀行（草梁町）　漢城銀行支店（本町）　釜山水產株式會社（南濱町）　釜山食糧品會社（南濱町）　釜山共同倉庫會社（榮町）　朝鮮水產輸出會社（本町）　朝鮮紡績會社（瓦一町）　日本硬質陶器會社（牧ノ島）　朝鮮酒類釀造會社（釜山鎭）　大阪商船會社支店（大倉町）　朝鮮汽船會社（大倉町）　朝鮮瓦斯電氣會社支店（富平町）　朝鮮郵船會社支店（棧橋町）　東洋拓殖會社支店（棧橋町）　移出牛檢疫所（近郊）　癩患者療養所（近郊）　牛疫血清所（近郊）

航路

釜山

大阪浦鹽線・大阪滿津線・大阪濟州島線・新義州大阪線・朝鮮上海線・釜山鬱陵島線・朝鮮西海岸線・釜山元山線・雄基關門線・釜山博多線・朝鮮長崎大連線・釜山濟州島線・釜山麗水木浦線・釜山統營線・釜山方魚津線・釜山浦項線

釜山 ……内案山釜

自動車

釜山

タクシー 一圓（龍頭山公園ヲ除ク）

市内　貸切料金

一時間以内	五圓
半日（五時間）以内	十五圓
一日（十時間）以内	三十圓

市外　乗合定期運轉

釜山驛前東萊溫泉間	片道一人	五十錢
同　海雲臺間	同	五十錢
同　松島間	同	三十錢
同　下端間	同	三十錢

電車 （釜山市内及東萊溫泉間）

一區五錢

府内は釜山驛前が境となり二區に別たれて居り、釜山驛前より東萊溫泉は五區である。

— 8 —

旅　館（全部茶代廢止）

釜山ステーションホテル（洋式）

宿泊料

欧式室料　一日　三圓五十錢以上

米式宿泊　一日　八圓五十錢以上

食事料

朝食　一圓五十錢　晝食　二圓　夕食　二圓五十錢

公會堂食堂　和洋食各一品料理を調進す。

大池旅館（辨天町）　鳴戸旅館（驛前）　岡本旅館（驛前）　荒井旅館（驛前）　松井旅館（埋立新町）　花屋旅館（驛前）

宿泊料

一泊二食　二圓より七圓まで

釜　山

旗亭

一泊一食　　一圓五十錢より五圓五十錢まで

晝食料　　　一圓より二圓五十錢まで

日本料理　觀潮閣　美都巴　花月　加茂川（以上南濱町）

西洋料理　ミカド（幸町）好養軒（本町）精養軒（大廳町）

遊廓

綠町（驛より約二十二町）

遊覽順序

市內　驛→大廳町→龍頭山→日韓市場→長手通→物產陳列館→驛

所要時間　徒步　約二時間　自動車　約一時間

費用　自動車　一臺　二圓五十錢　電車（驛市場間）五錢

名勝地

龍　頭　山　　市街の中央に聳ゆる一丘陵で、松樹鬱蒼と茂り府の公園地となつて居る。

春は緑の樹間に霞む櫻花の眺めが佳く丘の上に祀つてある龍頭山神社は延寶六年三

月（昭和六年より二百五十三年前）倭館を現在の釜山港に移されるや時の對馬領主

宗義眞が四尺四方の石造の小祠を建て、日韓通商船の安全をはかる爲金刀比羅大神

を奉祀した。後明和二年住吉大神・天満大神、慶應元年二月天照皇大神、明治十三

年八月八幡大神、同二十九年四月弘國大神、同三十二年四月素盞嗚大神・神功皇后

並に豊國大神を合祀し、始めは金刀比羅神社と稱へたが明治二十七年居留地神社と

改稱し、同三十二年大いに其の規模を擴張し、社殿の面目を一新すると共に龍頭山

神社と改稱、釜山の氏神社として又朝鮮最古の神社として、内鮮人の崇敬厚い御社

となつて居る。

境内から一望すると盆地の様な碧灣と絕影・赤崎の翠巒が目睫の間に迫つて晴朗の

日には南方遙かに墨繪のやうな對馬が見える。一丘の麓に在る府廳の邊は昔對馬の領主宗氏の館のあつた所で、今は全く其面影なく市內第一の殷賑を極むる町さなつて居る。

龍尾山　辨天町通の裏通南濱町は食糧品市場、魚市場其他海産物を取扱ふ商廈が多く此町の東端を龍尾山と云つてゐる。丘は小さいけれざも龍頭に對し龍尾と名付けたものであらう。丘上には武內宿彌・加藤淸正・朝日奈三郎義秀を祀る社が建てられ丘下には釜山沿海で漁撈した潑溂たる魚類の魚市場がある。

本山は府內發展上支障の點が多いので近く取拂はれる事になつて居る。

大正公園　市の西部土城町にあつて園內には各種の樹木を植え築山を設け兒童の遊園場であり府民散策の地でもある。こゝから港の西口を望むと絕影島が粧を凝して問はば答へんばかりに近くの雲間に聳え浮んで居る。

昭和公園　釜山鎭驛を距る西南約三町の處にあり、元大池忠助氏の所有地であつたが、同氏は之を府に寄附し現在は公園として府民遊園の地である。丘の上には大池氏の銅像及津江兵庫の碑が建つて居る。

津江兵庫は對馬の宗氏の家臣で寛文十一年東萊府使に遣はされ倭館移轉の議を交渉したが、府使が之れに應ぜなかつた爲使命の責任を感じて自殺した。府使も之の義烈に感ずる處があり、之の主張を容るゝに至つた。釜山今日の繁榮は實に氏に負ふ處が多く府民は之を德として明治四十二年十一月右の招魂碑を建てたのである。

水晶園　釜山鎭驛の西方二十町の水晶山腹にあり、上西氏が數萬の私財と多數の日子とを費して開設したもので、面積は實に十七萬坪、園中には兒童遊園あり、茶亭あり、ベビーゴルフ・テニスコート・野外劇場等の設備をなし、梅に、櫻に、紅

内案　松　山　釜

葉に四季の植樹を配し府民散策の地として開放して居る。交通も至便で釜山鎮驛前

より水晶園行專用乘合自動車（片道十錢）が絶えず往復して居る。

松　島

釜山市街の南方約十町岩南牛島の一部に灣入せる海岸を俗に松島と呼ん

でゐる。　灣内波靜かで白砂相連り潮水淺く夏季海水浴場として至極恰好の地であ

る。　灣口に一小牛島がある。　老松數萬株鬱蒼として嘈々の韻絶ゆることなく松島の

稱も因つて起れりと云ふ。

夏季は府營で休憩所脱衣所を設け毎日一時間毎に南濱より府の發動汽船を運航せし

め一般海水浴客の便宜を圖り陸路自動車の便もある。

自動車賃　乘合　三十錢　貸切　一圓

船賃　片道　三錢　往復　五錢

—14—

案内―――――
　　　　　　　　釜
　　山　　　　　　　　山

釜山鎮城址

釜山鎮驛を距る北方二町餘にある。文祿慶長の役小西行長が船を牛岩洞に繋ぎ本城を陷れ守將鄭撥を生擒にしたと云ふところ、後行長が之を日本式に改築したものであると傳へられて居る。今猶城砦を遺し當時を追懷するに充分である。

釜山鎭

往時は半島東南端の要鎭で西南一帶は山嶽の麓に東南は廣濶なる埋立地を間に釜山灣に臨んでゐる。現在釜山府の膨脹は北方に延びて其の一部をなし市内電車も此處から東萊まで延びてゐる。　驛附近には朝鮮紡績會社・各種釀造場・日榮ゴム・釜山織物等の工場簇出し、また此處の移出牛檢疫所を經由し內地に移出せらるゝ活牛は年四萬頭の多きに達してゐる。

草　梁

草梁は釜山府の一部で市街電車は驛前を經て更らに釜山鎭・東萊溫泉に走つてゐる。　昔釜山驛の無かつた頃は此處が京釜線の始發停車場であつたので現在でも鐵道工場・工務事務所・機關庫などが尚ほゝゝに置かれてある。

―15―

郊　外

絕影島　（牧の島）近年まで李王家の牧場があつたので牧の島と俗に云つてゐる。市街と指呼目睫の間にあつて渡船約十分で達する。周圍七里高きを古礪山と稱し海拔千幾百尺雲表に屹立してゐる。全島は殆んど傾斜地で人家は槪ね北方山麓に集團して市街地を成し漁船は本島を根據地として出漁してゐる。

東萊溫泉　朝鮮で溫泉場としては先づ東萊に指を屈する。東萊は釜山を距る東北約三里、其附近には海雲臺や梵魚寺・通度寺等の名所舊蹟もあつて湯治場の無聊を感ずる樣なことはない。交通は非常に便利で釜山驛から一時間每に乘合自動車があり又電車もある。昔は白鷺溫泉と稱して少數の鮮人入浴者のみであつたのが、近來內地人の相次で浴場旅舘を設くるものが簇出した結果洒灑な溫泉町を現出し四時浴客

絶へず、今では釜山を通過する旅客の必ず旅塵を洗ふ處こなつたのである。泉質は弱鹽類泉で無臭透明特に胃腸神經婦人病等に效能があるこ云はれてゐる。

旅　館

鳴戸・東萊館・蓬萊館・荒井等

交　通

宿泊料　一泊　二圓より七圓まで

自動車釜山驛間　賃金乘合片道一人　三十錢　貸切片道　三圓　所要時間　三十分
每日午前七時半より午後九時まで一時間每に釜山東萊の兩地より發する。

電　車釜山驛前より　五區（片道　二十五錢　往復　四十錢）　所要時間　四十五分

海雲臺溫泉

東萊邑から東二里の海濱に在る。東萊より自動車を驅れば車上雙の眼に映るものは嵯峨たる山々、白砂青松、岩に碎くる大波小波、はてしもなき青海原…

…海雲臺の眺望は素晴しくよい。夏季は海水浴場こして又キャンピング、ゴルフ

等の好適地である。豐富なる温泉の湧出によつて温泉プールを開設し、和洋式旅館
の新装と相待ち軈近避暑地を兼ねた温泉場として、家族伴れの保養客で賑つてゐ
る。

泉質は鹽類泉で多量のラヂウムを含有し神經衰弱・婦人病・消化器病・皮膚病等に
特效がある。

交通

自動車　釜山驛間
　　　　海雲臺間　賃金乗合片道一人　五十錢　貸切片道　四圓　所要時間　五十分
毎日金山驛より午前八時半・十時・十一時半・午後一時半・三時・四時半・六時の七囘定期發車する。

旅館　海雲閣・温泉館等
宿泊料　一泊　二圓より四圓七十錢迄

梵魚寺　東萊温泉の北二里金井山の中腹、鬱蒼たる緑の中に一大伽藍の甍を列ね
てゐるのが蔚山街道から目につく。これが梵魚寺なのである。　新羅の名僧元曉の開

基に係る南鮮三大名刹の一で堂宇寺房数十、僧侶が二百人も居るこ云ふ。境内は松樹鬱蒼こして幽邃の趣をなし全く別乾坤の感を起さしめる。釜山驛から蔚山行の自動車を利用せば僅か一時間で達し賃金も片道一人八十錢、貸切片道五圓で行ける。

通度寺　京釜線の勿禁驛からも釜山驛からも共に通度寺行の自動車がある。（自動車賃

勿禁驛より　乗合一圓四十錢、
驛より乗合一圓八十錢、貸切二十圓）　此乗合自動車は寺の大門口までで、そこから山門まで約十五町は徒歩か貸切自動車に頼らねばならない。寺は嶺南で海印寺こ對立する巨刹で其境域の廣大さは驚くばかり巍峩たる靈鷲山の麓、老樹蓊鬱たる間に殿堂三十五こ十二の寺庵が點在してゐる。其創建は千二百八十餘年前新羅善德王時代慈藏律師の創建に屬し其後屢火災に遭つて居るが今尙昔の規模を遺して觀るべきものが多く、佛の本宗こ謂つて有名な釋迦の舍利塔がある。

金海　龜浦から洛東江を渡つて對岸の仙巖里まで**發動汽船**を利用すればそこか

—19—

大邱

ら自動車で程なく金海邑に達する。往昔の駕洛國の首府で其當時は洛東江口の要津
であつたらしく、一説には任那日本府のあつた遺跡だこも云ふ。邑内盆城臺の地は
駕洛王の殿址で其郊外には始祖首露の陵墓また其北十町餘龜旨峰下には其王妃の陵
墓がある。邑の南一里の竹林里には文祿の役に黑田長政が駐陣した駕洛城の廢址が
ある。又ドルメン・貝塚等が附近に點在して居る。

交通

龜浦驛金海間　　自動車便　片道五十錢
　　　　　　　　船便　　　片道五十錢　（仙岩・金瀬間自動車賃ヲ含ム）

大邱

昔の大邱

往古新羅時代は達勾火縣と云つたが景德王の時今の大丘と改めたのである。爾來或

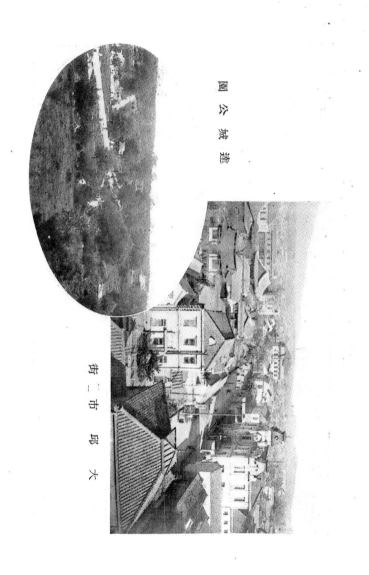

達城公園

大邱市二街

大邱の朝鮮市場

부산(1932년판)

は府吏を置き判官を置き李朝開國五百四年（明治二十八年）には郡守が置かれた。而して内地人が始めて此地に移住して來たのは明治二十六年頃で、日清戰役後漸次增加し次で日露の戰役起り京釜鐵道の速成工事に伴ひ來往者頓に激增して今日の殷賑の序を成したのである。其後明治三十八年始めて此地に理事廳を置き翌年大邱居留民團を設立し日韓併合なるに及び新政が施行されて現在の大邱府となつたのである。

今 の 大 邱

大 邱

大邱は慶尙北道廳の所在地で京城以南に於て釜山に亞ぐ大都市である。一島二十二郡の政治及產業の中樞地として又商工業の盛んなる點に於て西鮮の平壤と相對峙し市街の殷賑交通機關の整備等大都市として恥しからぬ設備を有してゐる。

附近は京釜鐵道の開通以來一層繁盛を來し、地方への道路も良く修築せられて北は

四十二里の忠州へ、東北は三十六里で安東へ、南は十二里で昌寧へ各乘合自動車が毎

日運轉し殊に國有鐵道東海中部線は浦項蔚山まで開通して沿道の農産物は勿論日本海

の魚類が豐富に搬入せられ、今日では此地の經濟圏は慶北全部及慶南の東牛部、悉く

其勢力下にありこ云ふも過言でない。

古來大邱附近は地味豐沃で穀類・莚蓆の産出を以て聞へ、内地人の移住者多きにつ

れ農産界は近來著しき發展を來し各所には果樹・煙草・莞草等を栽培する農園も簇出

し、殊に苹果に至つては名聲赫々たるもので内地は勿論遠く海外まで輸移出し好評を

博してゐる。又一般農家には副業こして養蠶の業が開け市内には朝鮮製絲・◇製絲・

片倉組製絲なごの大工場が盛んに煙突から煙を吐いて製絲をやつてゐる。

府内西門・東門の兩市場で開かれる毎月六回の開市は地方的の取引で米・大小豆・

魚類・海草・綿布・雜貨等を主こし其取引高西門市に於て毎月二十一萬六千圓内外、

東門市に於て八萬圓內外に及んでゐる。又毎年十二月に開市せられる藥令市は最も有名で藥材を主要取引物資とし、其取引高七十萬圓殆んど一箇月間を通じて開市せられ、本道內は勿論遠く全鮮各地より參集するものは幾萬に上り開市日には白衣を以て肩摩轂擊の殷盛を呈する。

大邱市場市日

西門市場　毎月陰曆二・七の日　東門市場　毎月陰曆四・九の日
藥令大市　毎年陰曆十二月（一箇月間）

戸口

	内地人	朝鮮人	其他	計
戸數	七,九六一	一七,三四九	二〇〇	二五,五一〇
人口	三一,四七二	七六,三五一	六三七	一〇八,四六〇

官公衙其他

慶尙北道廳（上町）　府廳（東雲町）　警察署（本町）　覆審法院（南龍岡町）　地方法院（南龍岡町）

案内

郵便局(上町)・步兵第八十聯隊・專賣支局・原蠶種製造所・穀物檢査所・商品陳列

所・師範學校・中學校・農學校・商業學校・普通學校・朝鮮銀行支店・朝鮮殖産銀行

支店・大邱銀行・金融組合・東洋拓殖支店・大邱商工會議所・公會堂・朝鮮民報社・

大邱日報社其他

交　通

人力車　片道　二十五錢

自動車　一時間　三圓
　　　　市內片道　一人五十錢・三人迄七十錢・六人迄一圓
　　　　停車場送迎　一臺五十錢
　　　　府營バス　市內六錢均一往復十錢

旗　亭

三笠(幸町)　明石(村上町)　清乃家(東本町)　菊萬(田町)　魚竹(東條町)　水戶
家(村上町)

西洋料理

公會堂食堂・樂天食堂・白鶴食堂

遊廓

　八重垣町（驛より八町）

旅館（茶代廢止）

　唯屋旅館（驛より二町）　花屋旅館（驛より二町）　三福旅館（驛より半町）　立花屋旅館（驛より四町）

　田中旅館（驛より三町）　ツタ屋旅館（驛より二町）

宿泊料　二圓より七圓まで

食事料　八十錢より三圓まで

名勝地

遊覧順序

　市内　驛↓商品陳列所↓元町↓達城公園↓西門市場↓市場町本町三丁目↓東門市場↓南城町↓驛

　所要時間　徒歩　四時間　自動車　一時間半　人力車　二時間半

大邱

大邱

達城公園（驛より西八町　人力車賃　五十錢　自動車賃　乘合三十錢貸切一圓　府營バス　片道六錢）

府內西方に在る盃狀の丘阜を利用した公園で新羅時代に於ける達弗城の遺跡である。蓋し達城の名ある所以であらう。園内には天照皇大神を奉祀せる大邱神社・望京樓・觀風樓等があつて市内を一眸に收むる眺望絶佳の地である。

賴慶館　府內上町にあつて大正十四年大正天皇御卽位記念さして慶尚北道居住朝鮮人の寄附設立に係るものである。

刀水園　園内清泉が湧き築山の彼方には詠歸亭ざ呼ぶ寂びた建物等があつて夏は釣魚、秋は觀月のため杖を曳く人が多い。

—26—

부산(1932년판)

大邱郊外

東　村　琴湖江に沿へる沃野一帶の總稱で內地農業經營者の部落である。果樹蔬菜を栽培し彼の大邱苹果は主に此地より產出する。又栗及花見の名所さして春秋大邱府民の行樂地こなり桃花流水別天地の觀がある。

桐華寺　驛の東北四里十七町（大邱より自動車二／時間片道貸切八圓）達城郡八公山の山腹にある。境內は老樹鬱蒼さして潺々たる溪流あり、奇岩怪石あり、幽邃神秘の景勝の地をなし、十数の堂宇は其間に隱見してゐる。寺は新羅文聖王の時代僧普照の開基にかゝり、朝鮮三十本山の一に算せられ規模大きく殿閣中の極樂殿は新羅朝時代の遺物さして考古學者に推賞されてゐる。

海印寺　慶南陝川郡伽倻面緇仁里にあり。大邱より西南十七里（自動車賃片道乘合一人／二圓五十二錢、

— 27 —

（貸切二十五圓）金泉より二十三里共に自動車を利用することが出來る。境域は伽倻山連峰に圍繞せらるゝ山水秀麗の地で殿閣堂塔また輪奐の美を極めてゐる。その創建は新羅哀莊王の二年（千百餘年前）僧順應により開基せられ、現在法燈を守る僧徒の數三百餘實に嶺南三大寺の一である。名高い大藏經の刊木は寂光殿の後に建てゝある大經閣に收められ其數八萬六千六百八十六枚に及び高麗高宗王の時に刋刻されたものと言傳へられてゐる。

慶　州

曾ては牛島統一の都城と誇つた慶州も今は「國破れて山河在り」この古都の寂寥さを一入感ぜしめてゐる。　慶州は西、大邱を距る十七里餘、北は迎日灣を距る七里餘、東西約二里南北約二里半の一大盆地に廣々こした沃野を抱き、伊川・南川・北川等の

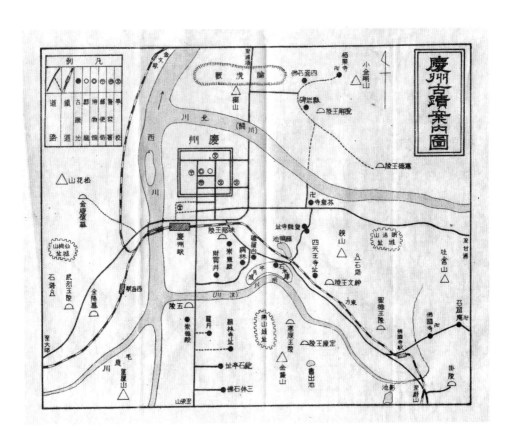

清らかな溪流がゆつたりと曲折し流れてゐる。 即ち此の山水を抱擁せる數方里が昔の王城の地域であつて足一度慶州に入れば流石に規模の壯大、風光の溫雅如何さま五十六代約一千年の新羅榮華の大都城だと合點せられる。

今の慶州市街は舊都城の西市巷で戸數僅かに三千人口一萬七千に過ぎないけれども所謂全盛時代の京坊はこの盆地一帶を占め全衢一千三百坊、民戸十七萬九千餘を收めてゐたと云はれてゐる。 新羅はこの地を中心として國を建て後漸く大きなり遂に唐の力をかりて新羅朝半島統一の覇業を成したもので今日の邑內には舊時の面影を止むる遺蹟が多く殘つてゐる。 若し慶州を訪ふならば先づ博物分館に至り數多の貴重なる參考品により新羅一千年史の豫備的智識を作り更に附近に散在する實地を廻りて彼此相對照し其の規模の大、文化の進度、構想技工の優秀なる點等に想像を及ぼすならば榮華の昔を髣髴と描き得て顏る興味を覺ゆるであらう。

現在新羅文明の事跡は斷片ながら城址・寺院・堂塔・佛像・陵墓等慶州を中心とし

て遠きは五・六里の外にまで散在してゐるが坦々たる道路を四方に通じ自動車を驅る

ことにより自由に何等の不便苦痛を感ずることなく探勝が出來る。

慶州を中心として其附近にあるもの

慶州博物分館　慶州博物分館は邑內の舊慶州府尹官舍の一部を其廳舍に充て最近總督

府博物分館ミなつたもので其れまでは慶州古蹟保存會の陳列館であつた。陳列品は

石器時代の遺物・辰韓、新羅、高麗各時代の土器瓦塼其他佛像・損石棺・石枕・覆

棺・府尹練兵服等で就中新羅王陵から發掘せる金冠・世界無比の稱ある奉德寺の鐘

等は驚嘆に值するものミして、考古學者に珍重せられてゐる。此の鐘は新羅三十三

代聖德王の爲第三十五代景德王が企圖し次王惠恭王の六年に多大の苦心の結果完成

したもので高さ一丈、口徑七尺五寸、口周二十三尺四寸、厚さ八吋、重量十二萬斤

と稱せられてゐる。此一鐘を觀たのみで新羅當時の文化の發達が如何に進んで居つたかを偲び得るであらう。

鷄　林　慶州邑の東南約半里月城の西にある僅ばかりの森林で、始林とも鷄林とも稱し昔からの神聖林とされてゐる。新羅第四世昔脱解王が或時この森林中に鷄鳴を聞き行つて見ると金色の小櫃が梢に懸り其下には白鷄が頻りに鳴いてゐる、不思議に思ひ其櫃を開いて見ると中から玉の樣な一人の男子が現はれたので王は非常に喜びこれを伴れ歸り、太子となし金閼智と命名した。これが後の金氏の祖でこれから此の林を鷄林と呼び國號も鷄林と改めたと云ふ。

月　城　月城は鷄林のすぐ南手から蚊川（南川）の右岸に沿ふて東南の方に蜒々數町高低參差として延びてゐる半月形の土城である。昔は石城であつた樣であるが今は僅に基礎石と思はるゝ石が少しづゝ殘つてゐるばかりで短く刈り込まれた芝草

慶

州

や松が美しく周囲を囲んでゐる。新羅第四世昔脱解王の居住した地であつたが次王
婆娑王十二年に之を築城し後累世の皇居となつた。今は昔氏の始祖脱解王を祀る崇
信殿と王が氷を貯へたりと云へる石氷庫が一隅にある。石氷庫は往時王城の食糧庫
であつたらしく内部は穹窿形に石を嵩み當時既にアーチ建築法が行はれてゐた事を
證してゐる。

孝　不　孝　橋　（母への孝は父への不孝となつた橋）

月城を横ぎつて蚊川の岸に出で、其まゝ川に沿ふて上ると、夥しい石材が川の水
を堰き止めて居る。これが七星橋の址で孝不孝橋ともいつた。

昔新羅の時代に一人の寡婦が居た。對岸の情夫を訪ふべく、何時も子供達の寝靜
まつた深夜に、そつと出掛けるのである。七人の子供等は、何のためかは知らない
が、母の深夜川を渡るの苦を知つた時、石を渡して橋を造つた。母は之を見て大い

――32――

に心に愧ぢ、夫れより不義の行を改めたといふ。母への孝は亡き父への不孝となつ

たといふので世人はこの橋を孝不孝橋といつた。又七人の子供等が造つたのである

から七星橋とも呼んだ。

子供のなき女、乳の出ぬ女は深夜この橋石に臥して祈れば、必ず「顯し」がある

といはれてゐる。又戀に惱む女が此石に立つて念ずれば、意中の想は必ず先方に通

ずるとも信じられてゐる。

案内

南山城趾　月城の南蚊川を隔てたる南山にある廣大な山城で今尚石壁を存し往々古

瓦を發見する。此城は明活山城及仙桃山城と共に新羅都城の三方に鼎立せし重要な

る城壁をなして居つたのである。

瞻星臺　月城の北道路の傍にある新羅第二十七世善德女王の時に築きたる天文觀

測臺にして方形の地覆石の上に花崗岩を以て圓筒形に築き上げ、上部に二重の井桁

釜山

慶州

を置き、中腹南方に方形の窓を設けてゐる。高さ二十九尺、下徑十七尺餘東洋最古

の天文臺として訪ふものをして驚嘆せしめてゐる。

案 雁鴨池　　月城の北四・五町ばかりの處に小さい池がある。　新羅の英主文武王の時

宮苑として作られたもので池を穿ち池中に島を作り、池周に築山を以て支那巫山十

二峰を模し島に通ずるに石橋を以てし花木を植え珍禽奇獸を放飼して遊宴の御園と

したと傳へられてゐるが今は池及周圍の丘二・三と石橋の基片のみを存してゐる。

雁鴨池の西沿地は即ち臨海殿址で新羅王が海外の貴賓を接見せし最も佳麗宏壯を極

めた殿宇があつたと傳へられてゐる。

皇龍寺趾　　雁鴨池の東三町田圃の中に今は礎石のみを殘してゐる。　新羅二十四世眞

興王の十四年に新宮を此地に建てんとせしが黄龍が此地に現はれたので王は之を異

とし寺院に改め皇龍寺と名付けたとある。　昔同寺には新羅三寶の一なる丈六の佛像

—34—

及九層塔があつたが悉く蒙古の兵火に罹つて燒失し、今は唯九層塔の門柱に半圓彫

さした金剛力士八體の内二體が博物館に陳列され、六體は地中に埋存され雄大な堂

宇の礎石・三尊佛の坐石等のみが殘つてゐる。其規模の如何に宏大優麗でありしか

は其出土瓦片によつても蓋し想像に難くない。

芬皇寺塔址　善德女王三年の築造で黑褐色の小石材を積み累ねた古塔が殘つてゐる。

一見磚築の如く下層の四面には仁王、四隅に石獅子の彫刻がある。東京雜誌に芬皇

寺の塔は新羅三寶の一なり。壬辰亂賊の爲にその半を毀されたりさあれば以前は可

成りの高塔であつたらしい。今下部の三層だけ存してゐる。

四面石佛　邑の東方小金剛山の西麓に大石の四面に佛像を刻みたるものがある。こ

れが堀佛寺の四面石佛であつて俗說に此の石佛の石粉を人知れず服用すれば姙娠す

この迷信がある。　石の高さ約十二尺背面の廣さ約九尺二寸彌陀三尊の立像藥師如來

釜山

の坐像陰陽刻があつて何れも傑作とされてゐる。

栢栗寺　四面石佛から二町小金剛山の小徑を攀ずれば其中腹にある。創基の年時は詳でないが大雄殿に安置せる銅造藥師如來の立像は高さ七尺餘相貌により新羅統一時代のものとせられてゐる。

瓢岩　小金剛山の南端にある大なる岩石で辰韓六村の一なる閼川楊山村の李氏の祖李謁平の出生地であるど稱してゐる。百餘年前に建てたる碑によれば此の岩は國都の方位上害あるを以て瓢を植えて覆ひ隱したるが故に瓢岩の稱ある所以と傳へられてゐる。

五陵　五陵は一に蛇陵と稱し、蚊川に架せる南川橋の西方松林中にあり、新羅の始祖朴赫居世及其妃以下三王の陵墓で境内廣く老松鬱茂して鮮苔濃かに陵を蔽ふてゐる。最南端の陵が始祖の陵墓で附近に始祖を祀る崇德殿がある。

―36―

鮑石亭　五陵の南二十町許り、街道を左に折れば一村落の傍らに所謂流觴曲水の宴遊場さして、大樹の下に鮑形を成した石造物が現存してゐる。五十五世景哀王が此處に妃さ共に置酒歡樂中、後百濟の甄萱に襲はれ、害死を遂げた新羅最後の哀史を語る遺蹟である。

西岳を中心として其附近にあるもの

金庾信墓　慶州驛から西へ、西川橋を渡り西北に向つて松花山麓の經路を上るさ約三町の所にある。周圍に十二支の像を彫刻した護石等があつて、比較的完全に昔からの樣式を備へてゐる。金庾信は武烈・文武二王を輔け百濟・高勾麗を亡ぼし新羅統一の業を成した功臣である。

武烈王陵　西岳驛の西南約三町道路の傍にある。王は新羅第二十九代半島統一の基を開いた中興の英主で在位僅か八年にして薨じた。陵墳は周圍約五十七間文武王元

부산(1932년판)

年の築造に係り、前側面の龜趺は周圍に六龍珠を捧ぐる狀を彫刻せるもので手法の精巧は唐式美術輸入の先驅と謳はれてゐる。

西岳書院　武烈王陵の北方僅かの距離にあり新羅の名臣金庾信、同中期の學者薛聰及末期の學者崔致遠の三賢士を祀つてゐる。附近には眞興・眞智・文聖・憲安の諸王陵・永敬寺址等がある。

佛國寺を中心として其附近にあるもの

掛　陵　佛國寺驛から約一里蔚山街道の北寄り松林中にあつて、古來新羅中興の英主第三十世文武王の陵と傳へられて居たが、最近文武王の陵墓であることが確證された。陵墓は優秀なる十二支の神像の陽刻せる護石を以て繞らし、前面數十間の間には文武の石人形及石獸石華表を列置し其樣式の完備結構雄壯なるは四面の幽邃神秘なこと共に新羅陵墓の模範とも云はれてゐる。殊に文武石人形石獸等の手法

龍 頭 山 公 園

부산(1932년판)

龕窟石

の精緻彫刻の妙は唐代藝術の特質を帶び新羅遺物の白眉こして嘆賞に價ひする。

佛國寺驛掛陵間自動車料金　一人　往復　四十錢

最低四人分　一圓六十錢

佛國寺　佛國寺驛から三十三町吐含山の中腹にある。新羅十九世訥祇廳立干の時今を距る千五百餘年前僧我道によつて初めて開刱せられ、後我道去り廢頽したが、越へて第二十三代法興王の十四年本寺を再建し次王眞興王及第三十世文武王之を重創し、第三十五世景德王の時に國宰金大城に依つて更に重刱兹に初めて結構完成せられたこ云はれてゐる。卽ち石造物、佛像なこの遺物に、よく新羅時代の佛を留め殊に大雄殿の前面に現存せる二基の石塔は一を多寶塔（石造高二十尺）他を釋迦塔（石造高二十七尺）こ云ひ、千有餘年の風雨に曝露されて今尙儼然こ左右に屹立し前門の靑雲、白雲の橋址は半ば頽廢してはゐるが其壯嚴の構造は七寶蓮華の兩橋こ

案内　山

共に新羅時代の代表的傑作と稱せられてゐる。

佛國寺驛佛國寺間自動車　片道　乘合　一人　四十錢

石窟庵　佛國寺より急坂二十七町を登り吐呑山の頂上を越へれば、間もなく石窟庵に達する。其の頂きからは汪洋たる日本海が望める。俗傳によれば庵は石佛寺と稱し新羅三十五世景德王十年の建立で、山腹に穴を穿ち內部を穹籠狀に石を疊み入口の左右に四天王・仁王の像を內部の周壁には十一面觀世音・十六弟子梵天釋など三十六體を半肉彫に刻み中央蓮臺の上には高さ一丈一尺の釋迦座像を安置してゐる。此等の佛像は皆當年の製作に係り、其彫刻の精練優秀なることは驚くばかり新羅佛像遺物中有數のものとして重寶がられてゐる。

交通

古蹟遊覽案内

京城方面から　京釜線大邱驛で東海中部線に乗換へ約二時間で達する。又大邱から乗合自動車の便もある。

汽車賃　大邱慶州間　（片道　大人一人）
　　二等　一圓九十四錢　　三等　一圓七錢
自動車賃　大邱慶州間　（乗合一人）　一圓十五錢

釜山・內地方面から　釜山から汽車で大邱に下車、大邱から前記交通機關を利用する外釜山から東萊溫泉に旅塵を洗ひ自動車を驅つて途中梵魚寺・通度寺等の名刹を探勝、蔚山に出で汽車で慶州に行く途もある。

釜山東萊溫泉間
　電車　五區（二區　五錢）　片道二十五錢　往復　四十錢
　自動車　（乗合　片道　一人）　三十錢

東萊溫泉蔚山間
　自動車　（乗合　片道　一人）　二圓五十

慶　州

－41－

부산(1932년판)

慶　州

汽車自動車連絡運輸

釜山蔚山間の自動車（蔚山自動車組合）と當局線の主なる關係驛との間に連帶乘車劵を發賣して居る、本連帶に依る時は自動車賃に於て左の通り割安になつてゐて釜山・大邱間を含む乘車劵を以て蔚山・慶州方面を廻る希望の方は釜山驛又は大邱驛に申出れば本自動車賃を支拂つて希望通り廻遊する乘車劵に變更する事が出來る。

自動車賃　　（乘合　片道　一人）　　　　一圓九十錢

　　　　　　十人以上の團體の場合
　　　　　　（乘合　片道　一人當）　　　一圓八十錢

蔚山慶州間

汽車賃　　（片道　大人　一人）
　　　　　二等　　一圓十八錢　　三等　　六十六錢

自動車賃　（乘合　片道　一人）　　　　　一圓

遊覽順序

慶州の古蹟は慶州邑内を中心こして遠きは五六里の外にまでも散在してゐるが非

常に道路もよく遊覧自動車もあるから比較的容易に遊覧が出來る。然し全部見逃さない樣に遊覧することは時間も要するから、此處には普通主要な所のみを見物するに止めやう。

慶州地方遊覧順路

慶州驛↓(六町) 博物分館↓(二十五町) 瓢岩↓(二町) 四面石佛↓(十四町) 芬皇寺↓(七町) 雁

鴨池↓(四町) 石氷庫↓(三町) 瞻星臺↓(三町) 鷄林↓(十町) 五陵↓(十八町) 鮑石亭↓(一里二

十五町) 武烈王陵↓(二十五町) 驛歸著

所要時間 （各地見物時間を含む）

徒歩　六時間四十五分

自動車　三時間

費用

博物分館　観覧料　一人　五錢

— 43 —

慶　州

遊覽自動車賃

慶州中央部案内	四人迄	一臺	二圓五十錢　以上一人を増す毎に五十錢増
武烈王陵廻り	四人迄	一臺	一圓二十錢　以上一人を増す毎に二十錢増
栢栗寺下四面石佛廻り			
慶州驛邑内間	乗合	一人	十　錢
慶州・蔚山間	乗合	一人	一　圓　（旅館行の場合に限る）

佛國寺附近遊覽順路

慶州驛……佛國寺驛↓（三十三町）　佛國寺↓（二十七町）　石窟庵↓（二十七町）　佛國寺↓（三十三町）
佛國寺驛↓（三十四町）　掛陵↓（三十四町）佛國寺驛……慶州驛

所要時間　　各地見物時間を含む

徒　　步　　五時間四十五分

自動車　　三時間四十五分　（一部區間自動車による場合）

費　用

自動車賃

佛國寺驛佛國寺間　乗合　片道　一人　三十錢

— 44 —

佛國寺

慶州

旅館と料金

慶州（茶代廢止）

内地式　柴田旅館・朝日旅館・慶州旅館・春日旅館

朝鮮式　安東旅館・慶東旅館・大邱旅館・月城旅館

宿泊料　内地式　二圓五十錢以上四圓五十錢迄

朝鮮式　八十錢以上一圓五十錢迄

汽車賃

慶州驛佛國寺驛間　片道一人　二等　三十四錢　三等　十九錢

佛國寺驛慶州間　四人迄　一臺　二圓五十錢　以上一人を增す毎に五十錢增

佛國寺驛蔚山間　乘合　片道一人　八十錢

佛國寺驛掛陵間　四人迄　一臺　一圓二十錢　以上一人を增す毎に二十錢增

— 45 —

鎮海

内地式　佛國寺ホテル　（鐵道局委任經營）

宿泊料　一圓五十錢以上八圓迄

佛國寺ホテルは佛國寺の境内にある鐵道局の指定委任經營の瀟洒な旅館で眺望絶佳の位置を占めてゐる。慶州を訪れ當ホテルに一泊し、早曉石窟庵に登り拂曉の日本海を眺望し、神秘的雄大の景を味はるゝことをお奬めする。

鎮　海

明治三十五年韓國政府が馬山を開港してから、露國は鎮海の天然要塞たるに着目し此處に軍港設備を施し爾來露國東洋艦隊の根據地として居つたが日露戰役起るや我海軍はこれを占領して根據地さなし彼の日本海戰の大捷以來一躍世間に知られ以來海軍の要港さして今日に及んでゐる。　市街は三方蜒々長蛇の如き諸峰を以て圍繞せられ、

— 46 —

前方は鎭海灣の紺碧を控へた天然の景勝要害の地で征矢川を中央に挾んで北より東南に向つて展開したる旭日型の區劃井然たる都市をなしてゐる。近來種々の事情より衰微を來たして居たが、鐵道の開通によつて海陸交通の樞軸となり市況に漸く活氣を呈して來てゐる。

戸　口

戸　數　　一、四三七　　人　口　　六、四三

官公衙其他

鎭海要港部・憲兵分隊・警察署・面事務所・鎭海防備隊・鎭海灣要塞司令部・高等女學校・鎭海公立工業補修學校・朝鮮總督府水產試驗場・鎭海淡水養魚場・遞信局海員養成所・郵便局・鎭海稅關出張所・鎭海第一金融組合・釜山商業銀行支店・水產會社

鎭　海

釜산(1932년판)

交通

定期航路

自行岩灣（鎮海港）

釜山行　午前十時午後七時二回出航〔二等　一圓五十錢　三等　一圓〕

統營行　午前六時出帆〔二等　一圓五十錢　三等　一圓〕

木浦行　午後四時三十分出航馬山統營麗水を經て木浦行〔二等　九圓八十錢　三等　六圓五十錢〕

自齋藤灣

馬山に毎日午前七時より午後六時迄五往復の發動汽船の便あり。（三十錢）
統營には毎日午前八時三十分、九時、午後四時發の汽船便あり。

定期自動車路及料金

特等　一圓五十錢　並等　一圓

—48—

名　勝　地

驛前間
齊藤灣間　一〇錢

驛前間
飛鳳里間　一五錢

驛前間
將川里間　四〇錢

其の他市內貸切　片道　八〇錢

旅館
松芳・橘・福岡屋・岡野・旭・松葉・鎮海・春の日（料理店）

宿泊料　一泊　二・〇〇より　六・〇〇まで
　　　　　　　円　　　　　　　　円

遊覽順序
驛↓鎮海神社↓日本海々戰記念塔↓清之浦↓千代ケ濱↓櫻の馬場↓要港部↓防備隊↓德丸觀音↓羽衣の松↓驛

所要時間　徒歩　約四時間　人力車　約二時間半　自動車　約二時間

費用　人力車　一圓五十錢　自動車　五圓

부산(1932년판)

鎭　海

櫻の馬場　櫻樹萬餘十數町の間に整然として併植せられ櫻花爛漫たる時は恰も霞の如く、雲の如く花のトンネルを現出し鮮内屈指の櫻の名所とせられてゐる。

鎭海觀音　一名德丸觀音とも稱し古き由緒ある歷史を有する。　境內幽邃土地高燥にして綠林中に支那風の堂宇を存する風情は支那風景に髣髴して居る。

鎭海神社　兜山の南腹にある天照、豐受の二大神を祀れる鎭海市民の守護神であつて、社宇壯嚴而も市街齊藤灣を一眸に收むる眺望絕佳の地である。

羽衣の松　市の中央を貫流する征矢川の上流に山容雄大にして奇岩怪石に富み靜寂神秘の境を爲す有明溪がある。　此處に形狀恰も仙女の舞を舞ふに似た一巨松がある。　之を名付けて羽衣の松と云つて居る。

淸の浦　鎭海港頭兜山の東麓にある眺望頗る佳なる靑松の海濱であつて、南方遙かに眼を放てば數多の島嶼は盤上の碁石の如く、眞帆片帆の其の間を縫ふ風情は眞

街市海嶼

부산(1932년판)

慶 ` 9 日 島

　　　　　　　　　鎭　　海

に繪中にあるを思はしめる。夏期は海水浴場として河童連の喜ぶ處である。

千代ケ濱　齊藤灣頭千代ケ濱は遠淺で海水の淸澄なる南鮮屈指の海水浴場として之
が設備は遺憾なく完整せられ、附近の風景も捨難いものがあるので夏期は避暑客を
以て賑つて居る。

日本海々戰記念塔　兜山上にあり高さ百二十尺、徑九十尺、建坪百坪、鐵筋コンクリー
トにて當時の旗艦「三笠」の司令塔を型どり建立されたもので實に大規模に出來て
居る。建立、昭和四年五月二十七日工事竣工後は道路も完成し、自動車に依り自由
に塔下に達する事が出來る。
本塔下よりの眺望は鎭海全部を一眸に集め得て櫻花滿開の時は又格別で花の海かと
まがふばかりである。

부산(1932년판)

馬山

馬山港は鎮海灣から灣入した一灣の西岸で舞鶴山下の傾斜面に據て新舊の二市街を作り、空氣の清淨、氣候の溫和竝に風光の明媚さを以て朝鮮中第一の健康地ご稱へられ夏季は海水浴客を以て賑つてゐる。

明治四十四年以來要塞地帶ごして開港閉鎖後の馬山貿易は頗る衰退して出入物資の大部分は釜山を經由するこゝなり最近は米の移出多少あるのみにて内地著名商業地この取引は殆んごない。然し近海漁業のみは依然盛況を呈し統營を經て此地に集り更に鐵道便により鮮滿の各地に輸送せられ漁獲高年額十四萬四千餘圓に上つてゐる。

尚此地は地理的關係上工業ごしては見るべきものがないが水質ご氣候の良好なるが爲に釀造業には最も適應し清酒醬油の如きは品質の優良を以て自他共に全鮮第一を誇

つてゐるが資金の關係上販路の擴張出來ず振はざる事は甚だ遺憾で最近の酒造高は一萬二千石に達してゐる。

馬　山

交　通

釜山に航路四十浬、統營に三十浬、鎭海とは僅に八浬毎日發動汽船の便がある

自動車料金

馬山晋州間(十六里)二圓十錢　(晋州より陜川・泗川・三千浦・統營及金泉行自動車がある。)

馬山・統營間(十七里)三圓　馬山固城間(十一里)三圓

馬山市中及舊馬山間乘合　一人　五錢　貸切一臺一圓

發動汽船

馬山・鎭海間　午前六時・九時・正午・午後三時・午後五時發

(所要時間五十分)　賃金　三十錢

부산(1932년판)

馬　山

馬山・統營間　　二往復（所要時間四時間）　賃金 三等 二圓五十錢／三等 一圓

戶　口

人　口　　二五、七〇八　　（內地人　五、五五九）

戶　數　　五、四三五　　（內地人　一、三七五）

官公衙其他

馬山府廳・昌原郡廳・重砲兵大隊・地方法院・公立商業學校・高等女學校・金融組合・朝鮮殖產銀行支店

名　勝　地

馬山公園　　馬山驛より數町櫻町の丘上に在る。前に馬山市街と港內の至景を望み園

内には櫻樹を植へ大神宮を祀つてある。

馬山城址　舊馬山驛より東方五町、前方は馬山灣の青海を一眸に收め背後は舞鶴の高峰に據る要害堅固の丘上にある。文祿の役島津軍の築きし處と云ふ。今は唯山頂に大和式古城址石壘の殘存するに過ぎない。

郊　外

釜山 ──┌ 山 案 内
　　　　└ 郊 外

晉州城　城は晉州驛より約十町南江に臨み北山を負ふ、顧る要害の地で文錄、慶長の役には加藤・小西・毛利・浮田の諸將が戰を交へた處である。眺望頗るよく、一般邑民散策の地さなり驛より乘合自動車の便がある。城の南端にある矗石樓は嶺南の絶勝地さして古來遊ぶ者が多い。

智異山　智異山は別の意味に於て朝鮮では金剛山さ併稱すべき名山で、海拔六千

六百尺鬱密たる老樹を以て掩はれた全くの處女林をなしてゐる。廣袤實に五郡に亘り地形の變化に富み、歷史的にも著名で幾多の傳說、古刹等もある。實に智異山は朝鮮案内類例なき幽勝閑雅の樂園で、近時外人間に膾炙せられ避暑客踵を次ぐの盛況を呈し別莊等も激增して內地輕井澤と比肩するの日は決して遠くはあるまいと思はれる。

釜山案内（終）

朝鮮・滿洲の旅行に關しては左記に御相談下されば無手數料で各種の御便宜を圖ります。

朝鮮總督府鐵道局

運　輸　事　務　所
　　釜山・大田・龍山・平壤驛構內

清　津　出　張　所

鮮　滿　案　內　所
　　東京　東京丸ビル一階
　　大阪　大阪市堺筋安土町
　　下關　下關驛前

부산(1932년판)

昭和七年三月　【非賣品】

朝鮮總督府鐵道局

京城府蓬萊町三丁目六二・三

印刷所　朝鮮印刷株式會社

부산안내(1936년판)

부산관광협회

부산관광의 길잡이

부산관광협회

소화11년(1936) 12월 개정 기차시간표   ●표시는 급행

청도행	오전 5:30	울산에서	오전(여름) 7:17 (겨울) 8:08
경주행	동 5:50	봉천에서	오전 9:10
경성행	●동 6:50	경주에서	동 10:20
봉천행	●동 7:30	진주에서	동 10:30
경주행	동 7:50	경성에서	●동 10:50

부산(1936년판)

봉천행	동	8:15	신경에서	●동		11:05
진주행	동	9:15	청도에서	오후		0:53
해운대행	동	11:20	해운대에서	동		1:13
봉천행	동	11:40	대전에서	동		5:29
경주행	오후	1:30	경주에서	동		4:20
대전행	동	2:30	김천에서	동		4:45
해운대행	동	3:22	해운대에서	동		5:49
진주행	동	4:55	봉천에서	동		7:40
대구행	동	5:20	경주에서	동		8:00
신경행	●동	6:55	진주에서	동		9:25
경성행	●동	7:35	봉천에서	동		10:00
경주행	동	7:42	봉천에서	●동		10:40
봉천행	동	9:05	경성에서	●동		11:00

연락선　부산발　　오전 11시45분　오후 11시30분

　　　　　부산착　　오전 6시　　　오후 6시

머리말

　반도 제일의 상항(商港)으로 개항 60년. 상업무역상 항상 그 왕좌를 차지하여 타의 추종을 불허하는 위용.

　반도의 바깥현관, 소위 동아의 관문으로서 육로로는 일본, 만주, 중국(日滿支), 바닷길로는 남중국, 남양으로부터 멀리는 호주, 인도, 북미로 약진의 일로를 더듬어나가는 그 용자(勇姿). 이는 항구 부산의 어제의 모습이지만 오늘날의 부산은 어떠한가. 일본과 만주의 경제공작 진척에 따라 군사상, 경제상 그 사명의 한층 중대함을 더한 부산은 시시각각 그 면모를 일신하여 부산부는 확장되었고 인구 또한 20만을 넘어 구역에, 항만에 정말로 획기적인 비약을 보이고 있다. 멀리 장래를 내다볼 줄 아는 사람은 과거로부터 현재에 이르는 부산은 상업무역도시, 현재로부터 미래로의 부산은 생산도시로 약진하지 않으면 안 된다. 즉 공업도시 부산의 건설이야말로 내일의 목표이다. 요즘 특히 이 일대전기가 착착 진행되고 있다.

이렇게 발전해가는 부산의 모습이야말로 반도산업융성의 상징임과 동시에 우리 국운발전의 상징이다. 오늘날 부산의 관광은 조선의 내일을 가르쳐 줌과 동시에 일본의 내일을 나타내고 있다. 이런 의미에서 내지로부터 부산을 관광하고 조선반도로의 기업지침을 탐구할 수 있다.

조선, 만주, 중국으로부터는 부산을 시찰하여 일본관광의 약진에 대한 예비지식을 획득할 수 있다. 부산은 반드시 통과하지 않으면 안 되는 동아의 현관이다.

내지로부터 유럽, 아시아대륙으로 또한 만주, 중국으로부터 혹은 저 멀리 유럽으로부터 약진의 일본으로. 순로(順路)는 조선이다. 바깥현관은 부산이다. 부산을 시찰하고 부산을 관광한다는 것은 그러한 관광의 일부로서 뺄 수 없다고 말하지 아니할 수 없다.

1936년 12월 부산관광협회

부산안내 목차

부산대관

관광안내

광고

철도국지정

역구내 제일잔교

기차도시락 및 조선 선물

부산잔교식당(釜山棧橋食堂)

광고

단체 도시락은 꼭 우리가게로

부산역전

철도국지정 오카모토여관(岡本旅舘)

부산역구내 도시락판매점

전화504번

부산관광협회 회칙

제1조 본회는 부산관광협회라 칭한다.

제2조 본회의 사무소는 부산부청내에 둔다.

제3조 본회는 내외 관광객의 유치 및 관광시설의 개선충실과 연락통
　　　 제를 기하는 것을 그 목적으로 한다.

제4조 전조의 목적을 달성하기 위해 다음의 사업을 실시한다.

　　　 1, 관광객의 유치선전에 관한 사항

　　　 1. 관광객의 안내접대에 관한 사항

　　　 1. 관광시설의 개선충실에 관한 사항

　　　 1. 관광안내소에 관한 사항

　　　 1. 관광과 관계있는 제 영업의 조장개선(助長改善)에 관한 사항

　　　 1. 관광사무조사에 관한 사항

제5조 본회의 회원을 나누어 다음의 4종류로 한다.

　　　 1. 명예회원 : 학식경험이 있는 자 혹은 본회의 사업에 공로가 있
　　　 는 자로 이사회의 결의에 의해 추천된 자

　　　 1. 특별회원 : 회비연액 60원 이상을 거출한 자

　　　 1. 정회원 : 회비연액 30원 이상을 거출한 자

　　　 1. 찬조회원 : 회비연액 12원 이상을 거출한 자
　　　 회비는 매년 4월에 납입하는 것으로 한다.

제6조 회원으로서 본회의 체면을 훼손하거나 본회의 취지에 위배하
　　　 거나 혹은 회비를 체납한 자가 있을 때는 이사회의 결의에 의해
　　　 제명할 수 있다.

제7조 납입한 회비는 어떠한 이유에도 환부하지 않는다.

제8조 본회에 다음의 역원을 둔다.

　　회장　　1명

　　부회장　1명

　　상무이사　2명

　　이사　　약간 명

　　감사　　2명

　　회장은 부산부윤을 추대하고 부회장, 상무이사, 이사 및 감사는

　　회장이 위촉한다.

　　회장이 필요하다고 인정할 때는 이사회의 자문을 얻어 고문 약간

　　명을 둘 수 있다.

제9조 부회장, 상무이사, 이사 및 감사의 임기는 2년으로 한다.

제10조 회장은 본회를 대표하고 회무를 총정리 한다.

　　부회장은 회장을 보좌하고 회장사고가 있을 경우에는 이를 대

　　리한다.

　　상무이사는 회장의 명을 받아 회무를 처리한다.

　　감사는 회계사무를 감사한다.

제11조 이사회는 중요사항을 심의 한다.

　　이사회는 회장이 이를 소집하는 것으로 한다.

　　이사회의 결의는 출석자의 과반수로 이를 정하고 가부동수일

　　경우는 회장이 결정하는 바에 따른다.

제12조 역원은 명예직으로 한다. 단, 필요할 경우 이사회의 결의에 의

　　해 수당을 지급할 수 있다.

제13조 총회는 정기총회와 임시총회로 하고 회장이 이를 소집한다.

정기총회는 매년 4월에, 임시총회는 수시로 필요에 따라 이를 개최한다.

총회의 결의는 출석자의 과반수로 이를 정하고 가부동수일 경우는 회장이 결정하는 바에 따른다.

제14조 본회의 경비는 회비, 보조금, 기부금 및 그 외의 수입으로 이를 충당한다.

제15조 본회의 회계연도는 매년 4월1일에 시작하여 이듬해 3월31일에 종료한다.

제16조 본회회칙은 총회의 결의에 의하지 아니하면 변경할 수 없다.

부산대관

1. 연혁

부산은 우리나라 대륙발전사의 시점에서 보아 아주 오래전부터 교류가 있었던 지역으로 이미 약 2천 년 전 지금의 김해읍을 중심으로 한 임나금관국(任那金官國)의 흥망의 땅으로 이와 관련하여 신공황후(神功皇后)의 신라정벌의 사적도 가까이 있고 또한 그 후 근세에 이르러 분로쿠케이쵸노야쿠(文祿慶長の役)[1]의 시종을 점한 중요지점의 고적 등 일본과의 교류 상 깊은 관련이 있는 곳이다. 이를 사실(史實)에 비춰 보면 상고임나의 것은 일본서기에 실려 있고 또한 조약에 의해 일본인들의 거주가 처음으로 인정된 것은 지금으로부터 약 490년 전 고하나조노텐노(後花園天

---

1 임진왜란, 정유재란을 일컬음.

皇)[2] 때(이조4대 세종왕) 嘉吉3년[3] 4월에 대마도 영주 소 사다모리(宗貞盛)와 이조 간에 수교정약(修交訂約)을 한 소위 가길(嘉吉)조약에 의해 부산이 3포 개항의 하나로 새롭게 교역을 허가 받은 때부터이지만, 그 후 삼포의 난[4], 다음으로 분로쿠케이쵸노야쿠 등으로 여러 번 수호의 단절을 가져왔을 뿐 아니라 왜관(거류지) 같은 것도 지금의 부산진에서 고관으로 다시 초량(현재의 부산)으로 세 번 옮기는 등 도쿠가와막부(德川幕府)의 쇄국정책이 반영되어 해외로의 발전력은 저해되어 왔다. 따라서 부산도 자연스럽게 그 영향을 받아 옛날에 비해 오히려 쇠퇴하였다.

명치9년(1876)의 일한수호조규의 체결은 부산갱생의 일신이 되어 개항을 기한지 오늘로 60년, 거류민의 보호 및 통상사무를 관장한 관청은 처음에 관리청으로 칭하였고 13년(1880)에는 영사관이 되었고 명치39년(1906) 경성에 통감부가 설치되자 이사청(理事廳)이라 불렸고 43년(1910) 일한병합과 동시에 부산부가 되어 부청이 설치되자 대정3년(1914) 부제(府制)의 시행에 따라 종래 내지인만의 자치제에 의해 각종 공공사업을 실시하고 있었던 부산거류민단의 사무를 부에서 계승하여 오늘날 발전의 기초를 이루었다. 대정14년(1925) 4월에는 도청이 진주로부터 이전하여 명실상부 본도[5] 정치경제의 중심지가 되어 인구20만 2천명을 거느린 반도 제1의 무역항, 동아의 관문 국제교통로의 요충에 선 상공도시를 만

---

2 1428-1464년 재위 일본천황.

3 1443년.

4 1510년 부산포와 제포(薺浦, 지금의 진해 웅천), 염포(鹽浦, 지금의 울산근처)에서 일어났던 삼포왜란.

5 경상남도.

들어 가고 있다.

2. 위치 및 지세와 기후

부산부는 조선반도의 동남단에 위치하여 경상남도에 속하는데 동경
129도 02, 북위 35도 06으로 교토, 오츠(大津)부근과 거의 위도를 같이 하
고 시모노세키와의 거리 123해리(浬) 대마도와는 불과 30해리에 위치해
있다. 동서 약 2리(里)⁶ 2정(町)⁷, 남북 약 4리 4정, 면적 5,443평방리, 거주
가능면적 2,690평방리로 서북쪽의 산을 등에 업고 동남해를 바라보며
만내(灣內)의 중앙전면에 절영도(絕影島)가 전개되어 양항을 형성하고
있다.

이처럼 북쪽을 막아 삭풍을 차단하고 있을 뿐만 아니라 동쪽의 양기
를 받아 바다는 한난(寒暖) 두 흐름의 조화를 이루어 조선에서 가장 온난
한 곳으로 알려져 있다. 소화11년(1936) 평균온도는 13도 8이었고 내지
중부지방과 거의 차이가 없으며 우량도 예년에 1천 2,3백 미리를 오르내
려 대체적으로 산요(山陽)지방⁸과 유사하다. 하지만 6월부터 8월에 걸친
우기에는 내지보다 비가 많이 내리고 10월부터 3월에 걸친 건기에는 연
일 쾌청하여 내지의 츄고쿠(中國), 시코쿠(四國)지방보다도 습도가 적어
실로 살기 좋은 장소이다.

6 1리는 3,927.3미터.
7 1정은 109.09미터.
8 일본본도의 중부지방.

3. 호구

부산은 내지와 일위대수(一葦帶水)로 옛 부터 교통의 요충지였기 때문에 내지인의 이주는 3천년 태고부터라고 하지만 정식으로 조약을 맺어 왜관(거류지)을 설치한 것은 가길(嘉吉)조약이후이다. 하지만 아시카가(足利)[9], 오다(織田)[10], 토요토미(豊臣) 등 우리나라 전국시대로부터 도쿠가와 막부의 봉건제도 확립과 쇄국정책으로 부산포 왜관은 쇠퇴하였는데 명치9년(1876) 개항 당시는 불과 812명의 내지인이 거주하고 있었다 한다. 그 후 15년(1882) 경에는 300호에 인구 1,500명이었고 일청, 일로 양 전쟁, 일한병합을 거치는 한편 상공업의 발달과 무역의 진흥에 따라 부제(府制)시행이래 조선인들이 지방농촌으로부터 도회지에 엄청나게 집중하여 최근 10년에는 매년 평균7천명을 증가하여 이윽고 올해(1936) 4월 부역(府域)확장으로 인해 인구는 20만 2천명이 되었다. 따라서 내지인 5만 8천명에 대해 조선인 14만 3천 6백 명이 어우러져 있다. 하지만 그 대다수가 노동자로 부산에는 풍부한 노동력을 보유하고 있다.

4. 무역

부상항의 통상무역은 왜관이 시작이었다. '하치만다이보사츠의 후나지루시(八幡大菩薩の船印)'[11]를 달고 행한 완력무역(腕力貿易)이 고려의 쇠퇴를 앞당기고 조선의 발흥을 촉구하여 이조 4대 세종왕과 소 사다모리(宗貞盛) 간에 가길(嘉吉)조약으로 수호의 약속을 맺어 염포, 제포, 부산포

---

9   1336년-1573년에 걸친 일본무사정권 무로마치막부(室町幕府)의 장군가.
10 일본 전국시대의 무장 오다 노부나가(織田信長, 1534-1582).
11 16세기 경 왜구들이 배에 '八幡大菩薩'라고 쓴 깃발을 달았다고 한다.

3포에 내항하는 세견선(歲遣船)을 문인(文引)으로 증명하게 하여 드디어 본격적으로 통상무역의 시대를 맞이하게 되었지만 그리 괄목할 만한 것이 아닌 단순히 대마도와의 교역에 지나지 않았다. 대마도의 일개 도주가 호화로운 생활자료를 얻는 것에 지나지 않았다. 한참을 지나 명치9년(1876) 무역항으로서 원산, 제물포(인천)에 앞서 개항한 근대부산이 탄생하게 되었고 다시 육해 제반설비의 시설이 점진적으로 정비되어 왔지만 그 간에도 풍우한서(風雨寒暑)의 장해가 있었고 우여곡절이 있었음은 어쩔 수 없었다 하겠다.

그 개략을 이야기 하자면 개항 다음 해인 1877년에는 겨우 46만원에 지나지 않았고, 명치17년(1884) 부산해관(釜山海關)개청 직후에도 60만원에 그쳤고 이어서 1885년 일본우선회사(日本郵船會社)의 일한 항로개시, 1890년 오사카상선회사(大阪商船會社)의 부산-오사카선의 운항 등에 의해 한동안 내지와 외국 간의 연락이 밀접하게 되었다. 일청, 일로 양 전쟁의 자극으로부터 해륙 제반시설이 정비되어 무역상태도 점차 발달하여 명치43년(1910) 일한병합 때에는 1천5백 만 원에 이르렀다. 대정7년(1918)에는 1억 원대에 달하였고 다음 해에는 1억 5천만 원으로 급격한 발전을 이루어 실로 250배의 격증을 보였지만 그 후 유럽대전의 종식으로 인한 경제계 대변동의 여파를 받아 한 때 수 천 만원의 감소를 보았다. 하지만 그 후 관세제도의 개정, 대 내지경제관계의 접근, 특히 만주국성립에 의한 선만(鮮滿)산업의 개발, 연안무역의 활동 등에 따라 최근 각종 공업의 발흥도 있어 그 제품이 멀리 해외로 진출 하게 되었다. 이 때문에 오사카상선남양항로의 기항을 유치하고 다음으로 호주항로, 캘커타, 뉴욕항로와 인도, 북미로 뻗어 오늘날 한반도 대표의 상공산업도시, 국제 항만도시로서 빛나는 내일을 약속하기에 이르렀다. 따라서 무역액도 작년 1936년에는 3억2천 만 원이었고 올해는 4억 원을 돌파하는 상황에서 정말로 눈부신 약진을 이루어 그 무역상대는 세계 각국으로 이어지고 있다.

또한 동아의 관문 부산항은 최근의 세계정세에 의해 중요 국방선상의 요점이 되어 한층 교통운수의 연락을 충실히 하여 국방 부산항의 새로운 면모로도 개척할 필요성을 요구받고 있기 때문에 작금 부산진 축항 제2기 매축을 계획 중으로 원 서면의 공장지대화 및 아카사키반도(赤崎半島)[12]의 임해산업지역으로부터 더 나아가 교외 동래, 해운대온천지역의 관광시설 정비와 이를 원호하는 풍부무한의 공업용수 낙동강에 의한 공급계획의 실현 등 내일의 부산의 전도와 무역의 장래는 양양한 희망의 빛이 눈부신 미래를 약속받고 있다.

5. 금융

이 비약적인 무역을 보호하고 무역의 근원이 되는 상공업 등 제 산업을 배양하는 부산의 금융기관 중 주된 것은 은행 8사, 금융조합 6사, 무진회사(無盡會社)[13]1사, 신탁회사 1사로 각 산업경제의 발전에 커다란 역할을 다하고 있다. 그 중 은행 및 금융조합의 1936년도 말 예금 잔액은 3천4백16만 여원, 대출 총액은 4천1백33만 여원이고 수표교환고는 3억7천8백5만 여원에 상당하는 금액을 나타내고 있다. 1876년 개항 당초에

---

12 지금의 우암동 일대.
13 일종의 '계'의 형태를 취하는 금융회사로 일정 구좌 수와 급부금액을 정해놓고 정기적으로 계금을 납부 받아 추첨으로 순위를 정해 순번에 따라 급부하는 방식.

는 금융기관이 설치되지 않아 대단히 불편하였는데 1878년 6월 제일은행지점이 개설되어 해관세 취급업무를 시작하였고 일반은행사무도 취급하기 시작한 이래 오늘날까지 60년이 지나 작금의 상태에 이르게 된 점 감개무량하다.

6. 산업

지세의 관계상 농업, 임업, 목축과 같은 원시산업에 대해서는 크게 기대할 수 없지만 교통운수의 편리함, 원료와 연료 집산의 장점, 동력, 용수, 노동력이 풍부하고 저렴한 공급 등 공업지로서의 요소는 충분히 준비되어 있기 때문에 생산 또는 가공공업은 해를 거듭함에 따라 발달하게 되어 방직, 요업(窯業), 양조, 정곡(精穀), 제염(製鹽), 제재, 철공, 조선, 고무, 통조림 등을 주요한 것으로 하여 연 생산액 약 5천만 원에 이르러 전도점증의 징조를 안고 이와 같이 공장공업이 융성해 지는 한편으로 가내공업 조장의 필요성을 인정하여 간이 가내수공업(授産場)장을 마련하고 또한 직업학교를 설치하여 이를 지도하는 일에 노력하고 있다.

또한 수산업에 이르러서는 한난(寒暖) 양 조류의 교차에 따라 수산동식물의 분포가 풍부한데다 구역도 제법 광범위하여 북쪽으로는 강원도로부터 남쪽의 전라남도 연안과 그 부근의 다도해 중 여러 섬으로부터 어획물이 집산되어 1936년도 경상남도의 어획고는 1천3백만 원 이상에 달하였고 또한 멸치, 건어물 그 외의 수산제조물은 6백만 원 이상에 달하고 있다. 이에 따라 근래 수산에 관한 제반 설비가 정비되고 어선, 어구의 개량, 어민의 보호장려와 맞물려 장족의 진전에 이르렀다. 즉, 1926년 5월에 총독부 수산시험장, 1932년에 경상남도 수산시험장이 설치되어 조선의 수산 시험, 조사, 분석 등을 실시하고 그 외 수산제품검사소를 위시하여 조성기관으로써 경남수산회, 어업자 공동을 위한 부산어업조합, 산업조합 등을 설치하였다. 나아가 어획물 및 제품의 판매기관으로 부산부 중앙도매시장 및 해산상조합(海産商組合)이 경영하는 멸치시장 등을 설치하고 지역의 이점을 살려 관민협력으로 매년 통계를 갈아치울 정도로 진전을 나타내 조선수산업의 중추로 자리매김 되었다.

7. 교육

종래 조선에서는 내지인과 조선인의 교육은 그 계통을 달리 하고 있었으나 1922년 2월 교육령이 발포됨에 따라 이를 통일하기에 이르렀다. 즉, 보통교육에서는 국어를 상용하는 자(주로 내지인)와 국어를 상용하지 않는 자(주로 조선인)로 나누어 전자는 내지와 동일하게 소학교로 후자는 보통학교로 입학하게 하였으나 특별한 사정이 있을 경우는 상호 입학을 인정하게 하였다. 또한 실업교육, 전문교육, 대학교육 및 사범교육은 내선인공학(內鮮人共學)을 원칙으로 하였다.

부산의 내지인 아동교육은 1877년 거류지회의소의 한 방을 교실로 하여 수제(修齊)학교를 창립하였는데 그 후 몇 번인가 교사를 옮기는 과정을 거쳐 1902년 10월 드디어 지금의 대청정(大廳町) 제1소학교 장소로 그 전신인 큰 교사를 신축하여 교육기관의 체제가 마련되었고 그 후 내지인 증가에 따라 점차 학교를 증설하여 현재는 부내의 교육기관은 도립관련 중등정도의 학교 5개교, 부립 고등여학교 1개교, 공립소학교 9개교, 공립유치원 1개교, 사립은 중등, 초등 합하여 7개교, 유치원과 학술강습회를 포함하여 31개교가 되어 내지인의 교육은 이상과 같은 상태이다. 그 외에 사회교육시설로서는 도서관 및 청년훈련소⑶가 있고 또한 청년단 및 연합청년단이 있어 그 방면의 교육에 노력하고 있다.

조선인교육은 사립학교 혹은 내지의 테라코야(寺子屋)[14]형태의 서당이 유일한 기관이었는데 1911년 8월에 조선교육령의 발포 및 1926년 2월의 개정 조선교육령에 의해 학제전반의 일대혁신이 이루어져 지금은 초등학교처럼 전 조선에 1면 1개교를 실현하였고 부내에도 부립관련 공립보통학교 7개교, 도립의 중등학교 중 여자고등보통학교⑴와 상업학교⑴가 설치되어 있다.

8. 보건위생

상수도는 그 연혁이 상당히 오래되어 1880년에 이미 수도설비를 갖추었는데 그 후 부산의 비약적인 발전에 따라 개선에 개선을 더함과 동시에 수원도 고원견(高遠見)[15], 성지곡, 법기리(法基里)[16] 등에 총 공사비 2백5십만 원을 투자하여 완성하고 급수상의 불안 없이 위생시설개선에 진일보하기 위해 급수보급에 노력하고 있다.

하수는 지형이 자연경사여서 우수, 오수 소통에 편리하기 때문에 오히려 불완전하였는데 이도 개수를 계획하여 이미 제1기 공사를 마치고 현재 제2기 공사에 착수하려고 한다.

그 외 오물청소, 화장장, 묘지, 도살장 등도 점차 개선되어 신진도시의

---

14 에도시대 민간교육시설의 하나로 도시부의 농공상 신분의 자제들을 모아 주로 읽기, 쓰기, 산술 등을 사원에서 가르쳤다.

15 지금의 동아대학교 구덕캠퍼스 옆의 대신공원 내 저수지.

16 경남 양산시 동 법기리.

면모를 갖추고 있다.

각종 의료보호시설은 인구팽창에 순응하여 발달하고 있지만 부립 병원은 1877년에 창립한 관립 제생의원으로 출발한 이래 몇번의 변천을 거쳐 보건기관으로써의 사명을 다하여 왔는데 올해 6월경에 신축하여 대부산으로서도 부끄럽지 않게 되었다. 게다가 사립 각과 병원도 각기 설비를 점차 정비하여 보건위생의 임무에 매진하고 있다.

9. 사회사업

사회일반의 생활안정과 복리증진을 기도한 여러 시설을 설치하고 있는데 주요한 것으로는 직업소개소와 그에 부수하는 공동숙박소와 공동식당, 거기에다 2개소의 공익전당포, 4개소 1백 수호의 부영 주택부터 공회당의 관리, 나아가 호우멘(方面)위원제도[17]를 실시하거나 구제시설로 구호소를 설치하고 적극적으로는 수산(授産)[18]지구의 설정 등을 계획하고 있다. 한편 민간에서도 보성회(輔成會), 공생원(共生園), 근로학원(勤勞學園) 등이 있어 협력하고 있다.

그 외에 부평정(富平町) 공설시장(속칭 日韓시장)을 위시하여 8개소의 공설시장을 설치하여 부민들의 부엌사정의 편익을 도모하고 있는데 부민의 이해와 시장상인의 노력에 의해 다른 곳에서는 볼 수 없는 성황을 이루고 있다.

---

17 저소득층의 구제 등 각 지역의 사회복지사업 활동을 목적으로 하는 명예직 위원회 제도로 지역의 유력자를 주로 임명한다.

18 실업자나 생계가 곤란한 자들에게 일거리를 제공하여 자립의 계기를 마련해 주기 위한 시설.

10. 항만시설

부산항은 1876년 개항하게 되는데 단지 반도무역상 중요 항에 그치지 않고 군사, 경제, 운수교통 등 여러 면에서 중대한 사명을 띠고 있는 곳이다.

예부터 천연의 양항이었기 때문에 오랫동안 자연 그대로 상항(商港)으로서 손색이 없어 인공적 시설을 설치하지 않고 이용하여 왔지만 일러전후의 정세는 도저히 무역의 진전에 따르지 못하게 되었으므로 이후 수차에 걸쳐 약 3천여만 원을 투입하여 현재의 시설을 갖추었다. 나아가 올해부터 대항만 수축계획이 진행되어 부산진방면의 축항공사를 착수하게 되어 전혀 면모를 일신하게 되었는데 현재 항만의 대요를 일람하면, 항내면적이 본항 2백5십5만평, 남항 28만4천 평으로 안벽(岸壁)하역 총 톤수는 2백만 톤, 잔교에는 3천 톤 이상 2만 톤 정도의 배가 10척 동시에 접안할 수 있고 또한 항내에는 3천 톤 이상의 배가 16척 동시에 정박할 수 있다.

이상으로 대략 부산부의 설명해 왔는데 지금부터는 실지의 관광장소를 안내하겠다.

관광안내

1. 부내 1시간 코스(잔교–중앙도매시장–부산대교–용두산공원, 부산역)

지금부터 부산시내 안내를 시작한다.

잔교일대 및 시내 해안을 따른 평지는 전부 매립지로 잔교는 1905년부터 5개년 계속사업으로 통감부가 1백4십8만8천 원을 들여 부산세관 공사라는 이름으로 해면의 매축, 제1잔교의 축조, 세관창고 및 옥상의 건축 등 해륙연락 설비를 실시하였다. 이에 따라 당시 거류민단에서 1백 7만 여원을 투입하여 부산, 초량 양 시가를 연결하는 해면 3만5백9십 평을 매립함과 동시에 영선산(營繕山)[19]과 영사관산(領事館山)[20]이 있던 곳 4 만6천6백9십1 평을 얻게 되었다.

여기에 지금의 부산역도 건축되어 1908년 4월부터 영업을 개시한 이 래 유럽과 아시아의 현관으로서 중요한 지위를점하게 되었다. 또한 특급 '노조미(のぞみ)' '히카리(ひかり)'는 아침, 저녁 연락선과 접속하여 이 잔교 로부터 발착하였다. 부산역 좌측의 붉은 벽돌건물의 첨탑은 세관이다.

또한 부산역에 이어 철도회관, 공회당이 있고 더 북쪽으로 경상남도산 업장려관이 있고 역 광장 앞쪽으로 복병산에 2기의 안테나가 보이는 곳 은 방송국이다.

대교통(大橋通)을 지나 중앙도매시장으로 간다. 이 도로는 1932년부터 1934년까지 3백6십만 원을 들여 실시한 소위 간선도로공사의 일부로 전 면의 마키노시마(牧ノ島)[21]를 잇는 도진교(渡津橋)로 통하는 큰 도로이다. 중앙도매시장은 2천2백 여평으로 매일 아침 일찍부터 선어와 청과 등의 경매가 열리고 있다. 선어는 1년에 어획고 약 2백6십만 원으로 선도가 높고 종류가 많아 상당히 좋다. 청과물은 1년에 약 1백만 원에 이르는데

19 해발 약9미터의 산으로 지금의 중앙동 부근에 있었는데, 착평(鑿平)공사로 평지화 된 곳.
20 당시 영국이 조차하고 있던 해발 약36미터의 산을 영국영사관산이라 불렀다.
21 지금의 영도.

이는 내지방면으로부터 이입된 것이 다수를 이룬다.

부산명물 아니 조선명물인 부산대교이다. 70만4천8백 원의 거액을 투입한 도진교로 전장 214.63미터, 폭 18미터로 이대로는 50톤 이하의 기선 밖에 다리 밑을 통과할 수 없기 때문에 남쪽의 한 횡목 31.30미터를 도상교(跳上橋)로 하여 매일 아침 6시부터 저녁 7시까지 7회, 1회당 15분간 공중으로 들어올린다. 이렇게 하여 1천 톤 기선이 항행할 수 있게 되었다.

이제부터 부청(시청) 앞을 거쳐 장수통(長手通)[22]으로 나가 용두산공원에 올라 용두산신사를 참배한다. 부 청사가 있는 장소에는 용미산(龍尾山)이 있었는데 대교가교를 위해 깎아내고 그 암반 위에 지금의 청사를 건축하였다. 이 용미산 산록이 1905년까지 부산의 무역항으로 불과 7천 평의 항내면적으로 외항에 정박 중인 본선으로부터 거룻배로 화물을 옮겼을 때를 생각해 보면 격세지감을 느낀다. 또한 여기에 모셔져 있던 용미산신사는 지금의 용두산상으로 봉천(奉遷)되었고 그곳에는 지금 보듯이 기념비가 서 있다. 장수통 부근의 지명은 변천정(辨天町)이라 하는데 장수통이라 한 것은 왜관시대의 '나와테(畷)'通의 와음(訛音)으로 변천정이라는 지명의 유래는 도쿠가와(德川)시대의 왜관 때에 거류지내에는 당시의 조약에 의해 여성의 출입이 금지되어 있기 때문에 사람들의 기세가 거칠어진다고 하여 풍류를 아는 관료의 주선으로 약 2백5십년 전 미야지마신사(宮島神祀)를 봉사한 것에 유래한다고 한다.[23]

22 지금의 광복로.

23 일본 히로시마에 있는 이츠쿠시마(嚴島)신사의 별칭으로 이곳의 제신은 女神三神이 모셔져 있는데 그 중 한 여신인 '이치키시마히메노미코토(市杵島姫命)'는 일본

국폐소사(國幣小社)²⁴ 용두산신사. 제신은 천조대신(天照大神), 국혼대신(國魂大神), 대물주신(大物主神, 金刀比羅大神), 표통남명(表筒男命うわつつのおのみこと), 중통남명(中筒男命なかつつのおのみこと), 저통남명(底筒男命そこつつのおのみこと)²⁵이고 연보(延寶)6년(1678) 3월 왜관을 현재의 부산항으로 옮길 때 대마도주 소 요시자네(宗義眞)가 용두산상에 方四尺²⁶의 석조 소사(小祀)를 세워 일한통상의 해상안전을 도모하기 위해 코토히라(金刀比羅, 大神)을 제사지낸 것으로 시작하여 조선최고의 신사이며 그 시초는 콘피라(金比羅)신사라 칭하고 1894년 거류지산사로 개칭하여 1899년 그 규모를 확장하여 사전(社殿)의 면모를 일신함과 동시에 용두산신사라 개칭하여 오늘에 이르렀는데 선만(鮮滿)관문의 수호신으로써 20만 부민의 신앙대상으로 되었다.

이 용두산은 1916년부터 부산부가 공원으로 조성하여 열심히 설비를 정비하였으나 산을 뒤덮은 소나무가 해가 갈수록 고사하였기에 벗나무 등을 식수하였다. 봄에는 울창한 신록에 덧씌워진 벚꽃이 화려하고 날씨 좋은 날에는 남쪽 멀리 수묵화처럼 대마도를 조망할 수 있다. 앞쪽의 절영도는 거대한 축산과 같고 암남반도와 적기(赤崎)반도에 둘러싸인 항내는 표주박형태의 연못과 비슷하다. 나아가 주위를 둘러싼 산들은 서쪽으로 천마(天馬), 아미(峨嵋), 구덕, 고원견(高遠見)으로 이어져 하나의 산맥

의 민간신앙에 유래하는 '벤자이텐(辨才天)'이다. 따라서 남자만 살고 있는 삭막한 이곳에 여신에 봉사함으로써 거친 기세를 다스리려고 하였다는 의미이다.

24 국가 혹은 지방정부로부터 제사비용을 보조받는 신사 중 격이 가장 낮은 신사.

25 表筒男命, 中筒男命, 底筒男命의 3신을 스미요시(住吉)삼신이라 한다.

26 약 1미터20 크기.

을 이루어 북쪽으로 전개되고 분파는 복병산에 멎어 용두산과 서로 마주하여 한 쌍을 이루고 녹수 울창한 산으로 둘러싸 부산부 전부가 하나의 커다란 공원경관을 이루고 있다.

또한 용두산공원은 사방에 출입구가 있지만 지금부터 부평정(富平町) 공설소매시장으로 가기 위해 서쪽출구의 서정(西町)방면으로 내려간다. 이 방면은 왜관 당시 주요상점가였으며 또한 당시의 관사였던 건축물도 일부 남아 있다. 서정과 부평정 경계에 있는 토수통(土手通)이 관내(舘內)와 관외(舘外)의 경계이며 1905년경까지는 커다란 소나무 가로수들이 서 있어 옛 모습을 남기고 있었다. 그리고 지금의 부평정은 관외 '사스도하라(佐須土原)'인데 이는 '분로쿠노야쿠(文祿の役)'[27] 때에 대마도의 사스(佐須)씨의 진영이었던 연유로 '사스토노하라(佐須黨ノ原)'로 칭했다고 한다.

부평정공설시장(속칭 日韓시장)은 이 사스도하라 일각의 광장에 자연스럽게 형성된 것을 1910년 6월에 일한시장(日韓市場)이라는 명칭으로 일반시장으로서 개인이 개설한 것을 1915년 9월에 부영(府營)으로 이행하여 현재 시장용지는 약 1천3백 평, 건평은 5백21평, 점포 약 5백, 평당 사용료는 옥내가 월 2원80전부터 3원40전, 옥외가 월 1원90전부터 2원40전이다. 또한 일일요금도 정해져 있는데 평당 7전부터 13전까지로 되어 있다. 보다시피 식료품, 일용잡화의 거의 대부분을 망라하여 가격은 일반시가보다 1할 내지 1할5부정도 싸기 때문에 일반 부민들의 이용이 빈번하여 하루 2만 명에 달하고 매상액도 1일 평균 8천원에 이르고 있다.

27 임진왜란.

송도(松島)는 시내 남쪽으로 약 1.1킬로 암남반도의 일부인 해안은 백사장이 전개되고 수심이 깊지 않아 해수욕장으로는 최적의 장소. 해안 가까이에는 노송이 울창한 작은 섬도 있어 일본3경의 하나인 '마츠시마(松島)'[28]와 경치가 비슷하여 이곳을 송도라 칭하였다. 제반설비도 잘 정비되어 있고 여관, 요정도 건축되어 풍광의 미를 살려 주간은 물론 야경 조망 또한 뛰어나다.

소화공원(김和公園)은 고관(古舘)에 자리하고 있는데 1609년부터 1672년에 이관협약에 따라 지금의 용두산 기슭으로 거류지가 이관할 때까지 왜관이 있었던 두모포이다. 공원 내에는 그 이관에 공로가 있었던 쯔에효고(津江兵庫)[29]의 초혼비(招魂碑)가 세워져 있는데 그의 덕을 길이 기념하기 위함이다.

부산성터는 예전 삼포개항당시의 장소로 부산진에 해당한다. '분로쿠케이쵸노야쿠'때 코니시유키나가(小西行長)의 배를 적기반도 우암동에 대고 4월13일 미명에 즉시 본성을 공략하였기 때문에 후세에 잘못 알려져 코니시성터(小西城址) 등으로 불렸지만 이는 1593년 2월에 모리테루모토(毛利輝元)[30]와 그의 아들 히데모토(秀元) 부자가 풍신수길(豊臣秀吉)의 명에 의해 일본군의 근거지로써 축성한 것이다. 소위 남선(南鮮) 17주둔지 중 총 본성으로 풍신수길 도해 때 그 거성으로 삼으려고 모리씨가 심혈을 기울여 만든 것이다. 따라서 폐허잔루 속에서도 여전히 한 층 더 장

---

28 미야기(宮城)현의 마츠시마.

29 쯔에노효고노스케(津江兵庫助). 대마도의 무사로 1671년 정사로 조선에 건너와 왜관이전 교섭 중 60세로 부산에서 병사.

30 모리 테루모토. 토요토미 히데요시(豊臣秀吉)의 5대 중신(重臣) 중 한 명으로 양자로 입양한 아들 히데모토(秀元)와 임진왜란에 참가.

엄함을 느끼게 해 준다.

여관숙박요금
부산부내: 2원부터 7원
동래온천: 3원부터 7원
해운대온천: 2원50전부터 8원

2. 부산근교

외항낚시

항구도시 부산은 역사도시이며 또한 상공무역 항구임과 동시에 "생선의 부산, 낚시의 부산"으로서도 유명하다. 푸른 바다에 띄운 순풍에 돛단배, 부르면 닿을 듯 묵화 같은 대마도, 나니는 갈매기에게 물때를 물어보고 낚싯대를 드리우는 낚시질 삼매경의 묘미. 태공들의 향락장 부산으로부터 4,50분 가면 다도해, 절영도 부근, 혹은 해운대 연안에서 하루 동안 청유를 즐길 수 있다.

해운대온천과 골프링크

배가 힘든 분들에게는 골프장. 수영강 푸른 물이 흐르는 소나무 숲에서 푸른 잔디를 밟으며 흰 공을 날리는 쾌락도 골퍼들의 독특한 경지. 풍광명미한 해변의 링크와 새로 지은 현대식 클럽하우스에서 여러분들의 멋있는 실력을 펼쳐 주시기 바란다. 부산에서 약 30분 거리에 있다.

여기서 약 10분 정도의 거리에 해운대 온천이 있다. 이곳은 약 천 년 전 신라시대 유명한 유학자 최치원이 열렬히 사랑했던 곳으로 그 호를 따서 해운대라 불린다. 지금도 하루 동안 일가 단란하게 보낼 수 있는 보양지로 여관설비도 잘 정비되어 있고 자동차, 철도편도 있다.

동래온천은 부산에서 북쪽으로 약14킬로 떨어진 곳으로 지동차로 25분, 전차로 40분 거리에 있다. 바다의 해운대에 대해 산의 온천으로 배후에는 명승 금정산이 있는데 동래의 금강이라는 별명이 붙여져 있고 정상에는 태고로부터의 산성 터와 석문이 남아 있는데 그 조망이 장려하여 조선팔경의 하나이다. 온천은 너무나도 유명하다. 온천 동네로서의 정서가 풍요로운 관광지, 해어[31]의 꽃은 사계절 부단히 눈부시게 피어 자랑스럽다. 또한 기생의 치마에 조선의 풍정을 담아 가볍게 잔을 기울이며 노래를 흥얼거리며 온유함을 찾는 것도 하나의 즐거움. 끝없이 샘솟는 온천에서 여독과 여수를 푸는 것도 커다란 이득이라 생각한다.

동래온천장에서 약 8킬로 떨어진 곳의 산속에 있는 큰 사찰 불사(佛寺) 통도사, 법사(法寺) 해인사와 더불어 선사(禪寺) 범어사는 경남의 3대 사찰의 하나로 조선사찰의 표본을 이루고 있다. 약 1천2백 년 전 신라 덕흥왕 때 창건하였는데 전하는 바에 의하면 "왕의 꿈에 신이 나타나 말하길 나라의 남쪽에 한 산이 있는데 금정(金井)이라 한다. 그 꼭대기에 암석이 있는데 높이가 50척이고 암석 위에는 우물이 있어 금빛 물이 끊임없이 넘쳐흐르고 금어(金魚)가 그 안에서 헤엄치며 5색의 향운(香雲) 위를 가린다. 이는 바로 범천어(梵天魚)이니라 운운". 그래서 범어사라 칭하고 있는데 말법탁세(末法濁世)의 우울함일까 지금은 황금수도 금어도 보이지

---

31 解語. 기생을 의미.

않는다. 한 눈으로 멀리 끝닿는 곳까지 펼쳐져 조망이 대단히 좋고 그 옛날에는 한층 더 규모가 광대하였겠지만 분로쿠노야쿠 때 전쟁의 참화로 나중에 재건되었기 때문에 옛 모습에 비길 바는 못 되지만 역시나 훌륭하다.

3. 김해, 울산, 경주

김해는 부산으로부터 약 30킬로 낙동강변의 한 도시. 옛날 가락국의 수도로 시조 김수로가 성벽을 쌓고 서역에서 석선(石船)을 타고 온 허씨를 왕비로 삼아 이곳에 나라를 세운 후 금관국으로 개칭한 곳이다. 우리나라 국사 일본서기에 임방국(任邦國)[32]이라 하는 것이 이곳이다. 당시 발흥한 신라에 병합되지 않으려고 우리나라에 원군을 청해 시오노리츠히코(塩乘津彦)[33]를 칙사로 보내 이를 진정시킨 이후 신라에 대항하기 위해 일본군이 항상 주둔해 있었다고 한다. 이것이 임나일본부이고 김수로왕은 시오노리츠히코 그 사람이라고도 전해지고 있다. 또한 분로쿠노야쿠 때에 읍 남쪽 4킬로 떨어진 곳 가락 죽림리에는 쿠로다 나가마사(黑田長政)[34]가 축조한 일본성터가 지금도 남아있다.

수로왕릉은 읍의 서쪽에 위치하며 왕비의 능은 북쪽으로 약1킬로 떨어진 수로왕 발상지로 일컬어지는 구지봉 기슭에 있는데 서로 마주하며 서로 말을 거는 형태를 취하고 있기 때문에 민간습속에 그 사이에 집을

---

32 임나(任那)의 오자로 보인다.
33 일본서기에 일본 고대 천황의 자손으로 미마나(任那)에 파견된 무장이라 일컬어진다.
34 쿠로다 나가마사(黑田長政). 임진왜란 때의 일본군 장수.

세우면 장해가 생기고 집이 망한다고 하는데 왠지 마음이 끌린다.

울산은 부산 북쪽으로 약 64킬로 경남의 동북단에 있어 경북과 경계를 접하고 있는 인구 1만6천 남선 동부의 도읍이다. 분로쿠노야쿠 때 카토키요마사(加藤淸正)의 농성으로 유명한 곳, 그 고전의 성터는 지금 학성공원(鶴城公園)으로 이곳에서 피아 양군의 용사가 서로 국난에 숨을 거두어 공경해야 할 성지로 나무들과 꽃들이 그 아름다움을 다투며 그 공을 치하하고 있다. 한편 더 북쪽으로 가면 경주. 역사적으로나 경관으로도 신라의 고도로 들어간다. 천 년 영화의 당방(當房)도 옛 꿈이 되고 남는 것은 단지 능묘, 초석풍우(礎石風雨) 나아가 천년 모든 것은 역사의 뒤안길로, 이야기로 또는 시로 찾아오는 이들에게 들려주는 대로 보여주는 대로 단지 보기만 해도 왠지 돌 하나 나무 하나에도 깊은 감흥을 불러일으킬 것이다.

부산관광협회와 회원

부산관광협회는 관민 협력하여 설립한 회원조직으로 공익단체이며임, 역원으로 회장에는 부산부윤을, 부회장에는 부산상공회의소 회부(會副)를 추대하고 감사, 이사 등 부산부 내외의 유지들의 협력을 얻고 회원으로는 유력하며 신용이 있는 분들을 망라하고 있다.

소화12년(丁丑) 축제일(祝祭日) 및 칠요표(七曜表)
서력(西曆) 1937   황기(皇紀) 2597
연중행사

2월 3일	절분(節分)
2월 11일	음력원단(陰曆元旦)
3월 10일	육군기념일
4월 30일	야스쿠니신사대제(靖國神社大祭)
5월 27일	해군기념일
사방배(四方拜)[35]	1월 1일
원시제(元始祭)[36]	1월 3일
신년연회	1월 5일
기원절(紀元節)[37]	2월 11일
지구절(地久節)[38]	3월 6일
춘계황령제(春季皇靈祭)[39]	3월 21일
신무천황제(神武天皇祭)[40]	4월 3일
천장절(天長節)	4월 29일
추계황령제(秋季皇靈祭)	9월 23일
신상제(神嘗祭)[41]	10월 17일

35 매년 정월 초하루(元日)에 궁중에서 천황이 천지사방 신기(神祇)에게 의례를 행하는 행사로 천황가와 관련된 행사이다.

36 궁중제사의 하나로 천황이 직접 주제하는 의례.

37 고서기(古事記), 일본서기(日本書紀)에 일본의 초대천황으로 일컬어지는 신무천황(神武天皇)의 즉위일로 정한 축일의례.

38 천황의 탄생일을 기념하는 천장절(天長절)에 대해 황후의 탄생일을 기념하는 날.

39 역대 천황, 황후 등 천황가의 조상을 기리는 궁중제사. 매년 춘분의 날에는 춘계황령제를 추분의 날에는 추계황령제를 지낸다.

40 신무천황제사일로 궁중제사의 하나이다.

41 오곡풍양(伍穀豊穰)의 감사제로 궁중 및 이세신궁(伊勢神宮)에서 의례가 행해진다.

명치절(明治節)[42]	11월 3일
신상제(新嘗祭)[43]	11월 23일
대정천황제(大正天皇祭)[44]	12월 25일

기타

6월 21일	입매(入梅)[45]
7월 20일	토용(土用)[46]
8월 8일	입추(立秋)
9월 1일	이백십일(二百十日)[47]
12월 22일	동지(冬至)

(광고)

1937년 가을준공 여러분의

물건사기 좋은 백화점으로 미나카이(三中井)는 가격, 품질에 부단한 노력을 계속하여 그 진지한 영업방침은 각별한 신뢰와 애호를 얻고 있습니다.

---

42 1927년부터 1947년까지 명치천황의 탄생일인 11월3일에 제정된 축일.

43 천황이 새로운 오곡을 천지신기(天神地祇)에 바치고 천황 스스로가 이를 식음하며 그 해의 수확을 감사드리는 궁중제사.

44 1926년 12월25일 대정천황 서거일. 천황이 직접 의식을 행하는 궁중제사.

45 장마절기.

46 오행(伍行)에 유래하는 절기로 이 때에는 우리의 여름 복 나기 때 영양탕을 먹듯이 입추 직전 장어를 먹는 관습이 오늘날에도 이어지고 있다.

47 입춘을 기점으로 하여 2백10일째에 해당하는 절기.

화복(和服), 양복, 잡화, 가정용품, 선물 등등 발랄한 상품이 전관에 충실.

쇼핑은...

여러분의 미나카이로...

(상표) 부산 미나카이

대표전화 2900번

부산광광협회회원(신용 있는 가게) (순 부동)

여관

부산여관조합

부산철도회관 영정(榮町) / 하나야(花屋)호텔 대창정(大倉町4)

나루토(鳴戶)여관 대창정4(大倉町4) / 오카모토(岡本)여관 대창정4(大倉町4)

아라이(荒井)여관 영정1(榮町1) / 부산호텔 변천정(辨天町)

송도호텔 송도 / 미나토(港)호텔 대창정3(大倉町3)

해운대온천호텔 해운대온천장 / 송도각(松濤閣) 해운대온천

나루토(鳴戶)여관 동래온천장 / 아라이(荒井)여관 동래온천장

봉래관(蓬萊舘) 동래온천장 / 동래관(東萊舘) 동래온천장

시즈노아(靜乃家) 동래온천장 / 내성관(萊城舘) 동래온천장

온천호텔(풀) 동래온천장 / 온천관(溫泉舘) 동래온천장

와키(ゎき)여관 동래온천장

화양요리(和洋料理)

부산철도회관 영정(榮町) / 코요켄(好養軒) 본정(本町)

미카도(ミカド) 행정(幸町) / 잔교(棧橋)식당 잔교(棧橋)

토산물(土産物)

잔교(棧橋)식당 잔교(棧橋) / 모리토모(森友)상점 동래

사사야(ささ屋)상점 동래

권번(券番)[48]

부산권번조합 남빈정(南濱町) / 동래권번조합 동래

동래예기권번 / 동래

택시

부산자동차조합

울산자동차조합 역전 / 해운대택시 역전

울산자동차부 동래 / 이케나가(池永)자동차부 동래

나베야마(鍋山)자동차부 동래 / 서부자동차부 동래

48 일본식의 기생조합으로 기생영업을 관리, 통제하였다.

양산자동차부 동래

사진
남선사진관 부평정 / 오카모토(岡本)사진관 동래

문구인쇄
미야케(三宅)문구점 역전 / 카쿠(賀來)문구점 본정3
카와이(川井)인쇄소 부평정2

화복(和服)백화(百貨)
야마모토(山本)화복점 행정(幸町) / 미나카이(三中井)백화점 변천정

약국
다이코쿠난카이도(大黑南海堂) 변천정

주류
혼카노(本嘉納)상점 본정3

기름
타테이시(立石)상점 본정1

운수
주식회사 사와야마(澤山)형제상회 / 주식회사 부산상선구미(組)

규슈우선(九州郵船)주식회사 / 조선운송주식회사 부산지점

주식회사 아사히구미(朝日組) 부산지점 / 조선기선(汽船)주식회사

그 외

고지마(五嶋)상점 본정 / 부산곡물상(穀物商)조합

조선가스(瓦斯)전기주식회사 / 일본경질도기(硬質陶器)주식회사

부산수산주식회사 / 일본수산주식회사 조선영업소

부산해산상(海産商)조합 / 부산청과주식회사

부산만선교통사(滿鮮交通社)

(광고)

라듐광천 송도호텔 전화2072번

해운대명물
하마구리시루코(蛤志る古)[49]

49 대합모양을 한 고형 죽의 일종으로 뜨거운 물을 부어 먹는다.

부산(1936년판)

(광고)

종별	화류가				유곽				요정		카페
	예기		기생								
지명	부산 남빈정	동래 온천장	부산 영주정 (瀛洲町)[50]	동래 읍내	부산 녹정(錄町)		부산 영선정 (瀛仙町) 영도		부산	동래 온천장	부산
점포수					34		12		24	15	26
예기수	113	50	43	58	예창 기수	263	69			여관 겸업	여급수 300
화대 처음 1시간	2.40	2.10	1.50	1.20	예기 1.00	창기 .70	예기 1.00	창기 .70			
다음시간	1.20	.80	1.00	.80							
약속화 (約束花)[51]	4시간 6.00	3시간 5.00	없음	없음	7.00	6.00	7.00	6.00			
비고	5本分 舞妓[52] 반액				仕切花代[53]		仕切花代				

50 바다 영자인 '瀛'의 오기로 보인다.

51 예기를 요정의 연회장 등으로 불러내 이용하는 요금으로 보인다.

52 가무음곡을 주로 하는 예기.

53 장시간 이용의 경우 할인요금.

54 영도.

◇ 부산의 선물품에 대해

◎ 선물검사는 부산의 자랑

　부산은 대륙의 관문 국제통로의 바깥현관으로 지금은 제국의 생명선 만주국의 발전에 따라 점점 그 중요성을 더해 가고 있고 반도 제일의 무역항으로써 장차 상공도시로 경성에 뒤이어 교외에 동래 해운대라는 선도(線都)를 갖추어 육해 제반설비의 완성과 함께 그 대도시로서의 면목을 발휘하고 있다.

　이와 같은 지위에 있는 부산으로서 제일 먼저 선물이라 하더라도 그 품질의 좋고 나쁨에 따라 부산 혹은 조선의 기왕에 얻은 좋은 인상을 좌우할 수 있을지도 모를 상황에 관광객과 선물의 깊은 관계를 생각할 때 예전처럼 그저 단순한 유람지 선물이 아닌 내용이나 외관 모두 부산의 이름에 먹칠하지 않는 충실한 것이지 아니면 안 된다.

　1935년 2월 부산부, 부산역, 경상남도산업장려관, 부산상공회의소의 원조와 지도아래 조선 각지의 유명 선물품을 수집하여 비교 연구한 결과 종래 품질을 대거 개선하여 특히, 변질부패의 위험 있는 것에 대하여 단연 전국에 그 사례를 볼 수 없는 토산품검사규정에 근거한 검사를 실시하게 되었고 해당업자들의 다대한 희생 아래 이익률저하, 바닥높인 용기[55]의 폐지, 중량 및 품질향상, 제조원일의 명기 등 규격의 통일을 꾀하고 검사증을 첨부하게 되었다. 부산토산품도매상조합을 조직하여 엄격히 검사를 받게 한 이래 전혀 새로운 면목으로 일신하여 잔교, 부두로부터 실시하여 시내도 2, 3의 상점을 제외하고는 검사필증이 있는 선물품으로 고객의 불안을 해소하여 그 성가(聲價)를 자랑하게 되었다.

(광고)

헌상(獻上), 매상(買上)의 영광

조선유일의 향토인형

영업품목 풍속일도조(風俗一刀彫)[56]

아리랑 펜대, 아리랑연필, 풍속통신판, 바가지장식, 조선사탕, 인삼사탕, 잣 들어 있는 사탕, 나전칠기, 고려도기, 기타 토산품

부산역전 조선물산상회

(광고)

조선선물

고려인삼사탕

조선사탕, 잣 드롭스

부산부 대창정(大倉町)

야마자키(山崎)명산본포(名産本舗) 근제

 55　일종의 과대포장.

56　통 조각.

(광고)

기린맥주 기린레몬

기린맥주

기린(麒麟)맥주주식회사

(광고)

이 맥주 한 병의 영양가는 계란 4개 우유 3홉에 필적한다.

삿포로맥주

(광고)

고급청량음료

월성오접(月星五蝶) 사이다

시트롱탄산

MANUFACTURED BY SEIRIYOUSHIYA FUSAN

부산(1936년판)

(광고)

명주(銘酒) 코요(向陽)양조발매원

부산부 서정(西町)1-4

후쿠다(福田)양조장

전화 355번

우편계좌 부산355번

진해만요새사령부 검열필

1936년12월15일 인쇄

1936년12월20일 발행

비매품

부산부 보수정(寶水町) 1정목(丁目) 100번지

부산관광협회촉탁

편집 겸 발행인 오타 마스이치(大田增一)

부산부 부평정(富平町) 2정목(丁目) 56번지

인쇄인 카와이 료키치(川井亮吉)

부산부 부평정(富平町) 2정목(丁目) 56번지

인쇄소 주식회사 카와이(川井)인쇄소

발행소 부산관광협회

선물검사는 부산의 자랑

부산토산품 검사장(檢査章)

◆ 부산의 토산품으로 내용물이 보이지 않는 물건에 대해
  서는 검사를 실시하고 있습니다.

◆ 검사는 바닥높인 용기를 폐지하고 중량을 명기하고 제조 연월일을
  표시하고 있습니다.

부산의 주요 토산품

검사를 실시하고 있는 토산품

조선사탕, 인삼, 솜사탕, 소나무향, 잣 사탕, 고려인삼사탕, 인삼양갱,
조선인삼, 맛김, 각종 사쿠라보시(櫻干し),[57] 쯔루노 미소즈케(鶴のみそ漬
け),[58] 단밤, 해면(海綿)[59].

취미와 관상용 선물

조선풍속 통 조각품. 학 그 외의 박제류. 학 지팡이. 아리랑 펜대. 대장

---

57 말린 생선을 간장 등으로 맛을 들인 건어물.

58 특정 된장에 절인 각종 야채나 고기, 생선 등.

59 바다에 서식하는 해면동물의 섬유질을 말려 목욕에 사용하는 제품.

군 담뱃대. 학 깃털 부채. 기생사진이 들어 있는 장식품.

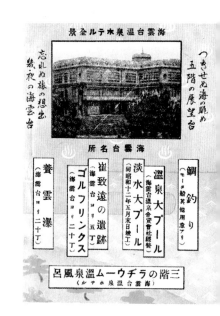

부산(1936년판)

釜山案内

釜山觀光協會

東萊溫泉場

內湯旅舘

大宴會場の設備あり

東萊舘

電話二八番

부산(1936년판)

釜山觀光の手引

釜山觀光協會

부산(1936년판)

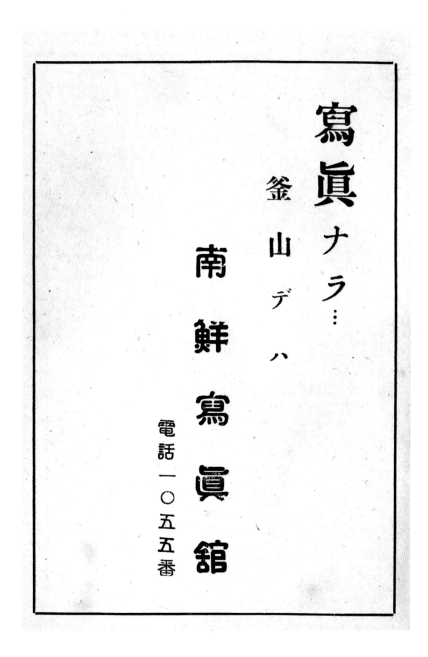

寫眞ナラ…

釜 山 デ ハ

南 鮮 寫 眞 舘

電話 一〇五五番

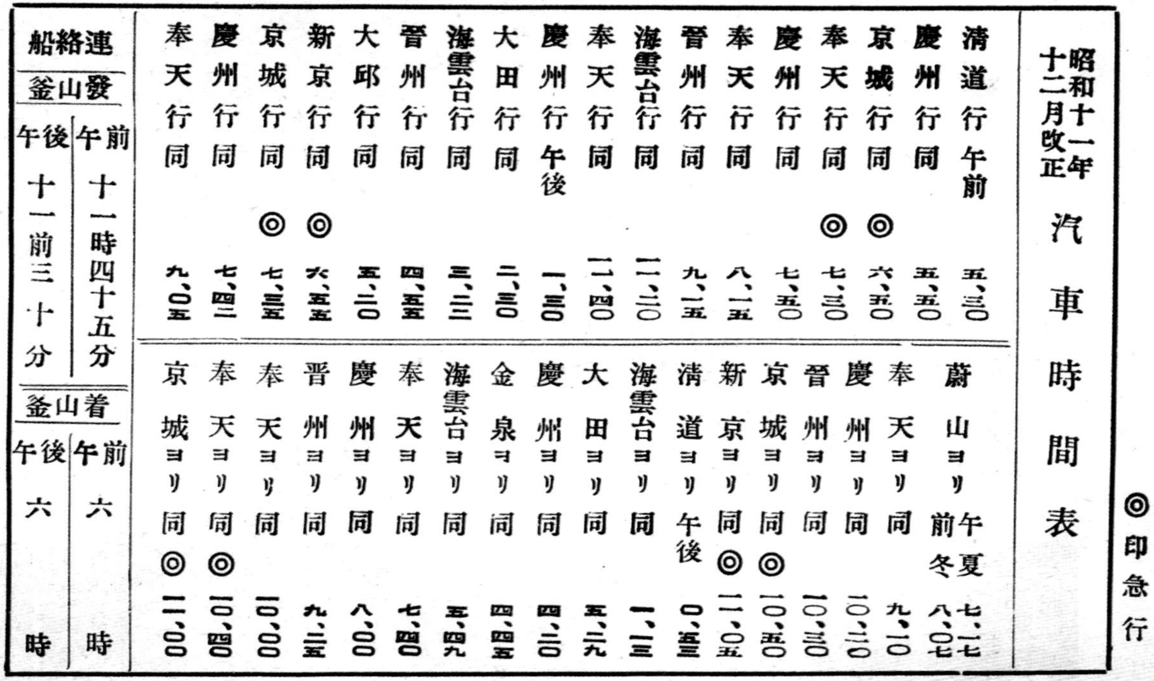

汽車時間表

昭和十一年十二月改正

釜山發		
清道行	午前	五、三〇
慶州行	同	五、五〇
京城行	同 ◎	六、五〇
奉天行	同 ◎	七、三〇
慶州行	同	七、五〇
奉天行	同	八、一五
晉州行	同	九、一五
海雲台行	同	一一、二〇
奉天行	同	一一、四〇
慶州行	午後	一、三〇
大田行	同	二、三〇
海雲台行	同	三、三一
晉州行	同	四、五五
大邱行	同	五、二〇
新京行	同 ◎	六、五五
京城行	同 ◎	七、三五
慶州行	同	七、四二
奉天行	同	九、〇五

釜山着		
蔚山ヨリ	午前 夏	七、一七
	冬	八、〇七
奉天ヨリ	同	九、一〇
慶州ヨリ	同	一〇、二〇
晉州ヨリ	同	一〇、三〇
京城ヨリ	同 ◎	一〇、五〇
新京ヨリ	同 ◎	一一、〇五
清道ヨリ	午後	〇、五三
海雲台ヨリ	同	一、一三
大田ヨリ	同	五、二九
慶州ヨリ	同	四、二〇
金泉ヨリ	同	四、四五
海雲台ヨリ	同	五、四九
奉天ヨリ	同	七、四〇
慶州ヨリ	同	八、〇〇
晉州ヨリ	同	九、三五
奉天ヨリ	同	一〇、〇〇
奉天ヨリ	同 ◎	一〇、四〇
京城ヨリ	同 ◎	一一、〇〇

連絡船	
釜山發	
午前	午後
十一時四十五分	十一前三十分
釜山着	
午前	午後
六時	六時

◎印急行

부산(1936년판)

東萊溫泉場

內湯旅館

溫泉ホテル

電話二一二番

◎溫泉大プール

入浴料 大人 十五錢 學生 八錢

團體 十 錢 團體 五錢

◎宴會場の設備あり

團體ノ御辨當ハ…………………

…………是非共弊店へ………

釜 山 驛 前

鐵道局御指定 岡 本 旅 舘

釜山驛構內辨當販賣店

（電話五〇四番）

釜山觀光協會々則

第一條　本會ハ釜山觀光協會ト稱ス

第二條　本會ノ事務所ハ釜山府廳內ニ置ク

第三條　本會ハ內外觀光客ノ誘致並ニ觀光施設ノ改善充實ト連絡統制
　　　　トヲ期スルヲ以テ目的トス

第四條　前條ノ目的ヲ達成スル爲メ左ノ事業ヲ行フ

一、觀光客ノ誘致宣傳ニ關スル事項

一、觀光客ノ案內接遇ニ關スル事項

一、觀光施設ノ改善充實ニ關スル事項

一、觀光案內所ニ關スル事項

一、觀光ニ關係アル諸營業ノ助長改善ニ關スル事項

一、觀光事務調查ニ關スル事項

第五條　本會ノ會員ヲ分チテ左ノ四種トス

一、名譽會員　學識經驗アルモノ若ハ本會ノ事業ニ功勞アルモ

ノニシテ理事會ノ決議ニ依リ推薦シタル者

第六條　會員ニシテ本會ノ体面ヲ汚シ又ハ本會ノ趣旨ニ遺背シ若ハ、會費ヲ滯納セルモノアルトキハ理事會ノ決議ニ依リ除名スルコトアルベシ

一、特別會員　　會費年額金六拾圓以上ヲ醵出シタル者

一、正　會　員　　會費年額金參拾圓以上ヲ醵出シタル者

一、贊助會員　　會費年額金拾貳圓以上ヲ醵出シタル者

會費ハ毎年四月納入スルモノトス

第七條　納入シタル會費ハ如何ナル事由アル共還付セズ

第八條　本會ニ左ノ役員ヲ置ク

理　　事

會　　長　　　　一　名

副會長　　　　一　名

常務理事　　　二　名

理　　事　　　若干名

監事　二名

第九條　會長ハ釜山府尹ヲ推載シ副會長常務理事、理事及監事ハ會長之ヲ委囑ス

會長必要アリト認ムルトキハ理事會ニ諮リ顧問若干名ヲ置クコトヲ得

第十條　副會長、常務理事、理事及監事ノ任期ハ二ケ年トス

會長ハ本會ヲ代表シ會務ヲ總理ス

副會長ハ會長ヲ補佐シ會長事故アルトキハ之ヲ代理ス

常務理事ハ會長ノ命ヲ受ケ會務ヲ處理ス

監事ハ會計事務ヲ監査ス

第十一條　理事會ハ重要事項ヲ審議ス

理事會ハ會長之ヲ招集スルモノトス

理事會ノ決議ハ出席者ノ過半數ヲ以テ之ヲ定ム可否同數ナルトキハ會長ノ決スル所ニ依ル

第十二條　役員ハ名譽職トス但シ必要アル場合ハ理事會ノ決議ニ依リ
　　　　手當ヲ支給スルコトヲ得

第十三條　總會ハ定時總會臨時總會トシ會長之ヲ招集ス
　　　定期總會ハ毎年四月ニ臨時總會ハ隨時必要ニ應ジ之ヲ開ク
　　　總會ノ決議ハ出席者ノ過半數ヲ以テ之ヲ定ム可否同數ナルト
　　　キハ會長ノ決スル所ニ依ル

第十四條　本會ノ經費ハ會費、補助金、寄附金及其他ノ收入ヲ以テ之
　　　　ヲ充ツ

第十五條　本會ノ會計年度ハ毎年四月一日ニ始マリ翌年三月三十一日
　　　　ニ終ル

第十六條　本會々則ハ總會ノ決議ニ據ルニアラザレバ變更スルコトヲ
　　　　得ズ

釜山大觀

一　沿　革

　釜山は我が國大陸發展史の上から見て極めて古くから交渉のあつた土地でありまして、既に約二千年前、只今の金海邑を中心とした任邦金官國の興亡の趾それに關連しての神功皇后の新羅御親征の史蹟も近くにあり、又降つて近世に及び文祿慶長の役の始終に占めた重要地点の古蹟など、內鮮交涉上由緒の深い土地でありまして、これをその史實に照しますと上古任邦の事は日本書紀に載する處、又條約に依り內地人の居住が初めて認められたのは、今を去る約四百九十年前、後花園天皇の朝（李朝第四代世宗王）嘉吉三年四月に對馬の領主宗貞盛と李朝との間に修交訂約をした所謂嘉吉約條により、釜山が三浦開港のその一として改めて交易を許されてからのことでありますが、その後

永正七年の三浦の亂、次で文祿慶長の役等の爲に屢々修好の斷絕を見たのみならず、倭舘（居留地）の如きも今の釜山鎭より古舘に更に草梁項（現在の釜山）と三遷する等、德川幕府の鎖國政策が反映して海外への發展力は阻害されたのでありました。故に釜山も自然その影響を蒙りまして、昔日に比して却て衰へたのでありました

明治九年の日韓修好條規の締結は釜山の更生一新となり、この開港を期として今日迄六十年、居留民の保護並に通商の事務を執掌した官廳は初め管理廳と稱し、十三年には領事舘となり、明治三十九年京城に統監府が置かるるや理事廳と呼ばれ、四十三年日韓併合と同時に釜山府が設けられて、府廳が置かれ大正三年府制の施行さるるに及び從來內地人のみの自治制に依り各種公共事業を行つて居た釜山居留民團の事務を府に繼承され、今日發展の基をなし、大正十四年四月には道廳が晉州から移轉して、名實共に本道政治經濟の中心地となり人口二十萬二千を擁する牛島隨一の貿易港、東亞の關門國際交通路の要衝上

に建つ商工都市を築きつつあるのであります

二　位置及地勢氣候

釜山府は朝鮮半島の東南端にあつて、慶尚南道に屬し、東經一二九度〇二北緯三五度〇六で京都、大津附近と略緯度を同ふし、下關を距る百二十三浬、對馬を離るる僅に三十浬の地でありまして、東西約二里二町・南北約四里四町、面積五、四四三平方里、居住可能面積二、六九〇方里を有し、西北山を負ひ東南海に臨み、灣內中央前に絕影島横はり天然の良港を形成して居ます

斯樣に北を塞いて朔風を遮つて居るのみならず、東の陽氣を受ける上に、海は寒暖二流の調和を得朝鮮に於て最も溫暖の地として知られて居まして、昭和十一年平均溫度は十三度八を示し、內地中部方面と殆んど大差なく又雨量も例年平均千二三百粍を上下し大体に於て、山陽地方と相似て居ますが、それも六月から八月に至る雨期が內地より多雨

でありまして、十月から三月に至る乾燥期には連日快晴で内地の中國四國地方よりも濕度は少い様でありまして誠に住み心地のよい場所であります

三　戸　口

　釜山は内地と一葦帶水古來より交通の要衝であつた故内地人の移住は三千年の太古などとも申しますが、正式に條約を以て倭舘(居留地)を設けて居住しましたのは嘉吉約條以後であります、然し足利、織田、豊臣と我が國の戰國時代から德川幕府の封建制度の確立と其の鎖國政策は釜山浦倭舘をも衰微せしめ、明治九年開港の當時は僅に八十二人の内地人が居住して居たと傳へて居ます。その後十五年頃には三百戸人口千五百人となり、日淸日露の兩戰役、日韓併合等を經、一方商工業の發達貿易の殷賑により府制施行以來朝鮮人の地方農村より都會に集中すること甚しく最近の十ケ年には年々平均七千人の人口を增加す

る有様で遂に本年（昭和十一年）四月の府域擴張によつて二十萬二千人の人口となつたのであります。而して內地人の五萬八千人に對して鮮人は十四萬三千六百人と相成つて居り、然もその大多數が勞働者でありますから、釜山には豊富な勞働能力が保有せられ居る次第であります

四　貿　易

　釜山港に於ける通商貿易は、其の端を倭舘に發して居ます。八幡大菩薩の船印の下に行はれた腕力貿易が、高麗の衰滅を早め、李朝の勃興を促し、李朝四代世宗王と宗貞盛との間に嘉吉約條を以て、修好の誼を結び塩浦、薺浦、釜山浦の三浦に來泊する歲遣船を文引（御朱印）で證明する樣になつて茲に本格的の通商貿易の時代を齎したのでありますが、それとても別段見るべきものなく單に對馬との交易に過ぎず、對馬の一島守が豪奢な生活の資料を得たに止まりました

斯くて明治九年貿易港として他の元山、齊物浦（仁川）に先じて開港されて近代釜山の誕生となり、再來海陸設般の施設が漸進的に整備されて參つたのでありますが猶ほ其の間にも風雨寒暑の障害があつて隆替消長があつたのは致方のない次第であります

その概略を申上ますと開港の翌年明治十年には僅に四十六萬圓に過ぎず、明治十七年釜山海關開廳の直後に尙六十萬に止まり、次いで翌十八年日本郵船會社の日韓航路開始、同二十三年大阪商船會社の釜山、大阪線の運航等に依り、漸く對內地外國間の連絡密接となり、日清、日露の兩役の刺激から海陸諸般の施設を促し、貿易狀態も順潮の發達を示し、明治四十三年日韓併合の時には、一千五百萬圓に昇り、大正七年には一億圓台に達し、翌八年には一億五千萬圓と急速の發展を遂げ、實に二百五十倍の激增を示しましたが、其の後歐洲大戰の終熄に由る經濟界大變動の餘波を受け一時數千萬圓の減少を見たのでありました。なれどもその後關稅制度の改正、對內地經濟關係の接近、特に

滿洲國成立に依る鮮滿產業の開發沿岸貿易の活動等に伴つて最近各種工業の勃興するありて、その製品は遠く海外に進出するに到り、之が爲め大阪商船南洋航路の寄港を招致し、次で濠洲航路、カルカッタ、ニューヨーク航路と印度、北米に延び、今日の半島代表の商工產業都市、國際港港灣としての輝かしい明日を約束する樣になつたのであります。從つて貿易額も昨昭和十年には三億二千萬圓となり、本年は既に四億圓を突破するの狀況で試に目覺しき躍進振を呈して、その貿易先は世界の各國に及んだと申上げ得るのであります

その上に東亞の關門釜山港は輓近の世界情勢によつて重要國防線上の要点となり一層交通運輸の連絡を充實して國防釜山港の新生面をも開拓するの要に迫まられましたので、只今釜山鎮築港の第二期埋築を計畫中で、元西面の工場地帶化及び、赤崎半島の臨海產業地域より更に郊外東萊海雲台溫泉地の觀光施設の整備、又それ等を援護する豊富無限の工業用水の洛東江による供給計畫の實現等明日の釜山の前途と

その貿易の將來は洋々たる希望に光輝ある未來を約束されて居るので
あります

五　金　融

　此の飛躍的な貿易を保護し、その貿易の原因となる商工業等の諸産
業を培養する釜山の金融機關の主なるものは銀行八、金融組合六、無
盡會社一、信託會社一であり、夫々產業經濟の發展に重大な役割を致
して居ます。その內銀行及金融組合に於ける昭和十年度末預金殘高は
三千四百十六萬圓餘、貸金總高四千百三十三萬圓餘となり手形交換高
は、三億七千八百五萬圓餘と相當な金額を示して居ますが、明治九年
開港當初は金融機關の設なく不尠不便を感じ、漸く明治十一年六月第
一銀行支店が開かれて海關稅の取扱を始め一般銀行事務をも取扱つて
以後今日迄六十年で只今の狀態にあると思へば感慨無量であります

六　産　業

地勢の關係上農業、林業牧畜の如き原始産業に付ては多くを期待出來ぬが、交通運輸の便、原料燃料の集散の利、動力、用水勞力の豊富低廉なる供給等工業地としての要素は充分に備えて居ますので、生産又は加工工業は年を逐ふて發達の域に進み紡織、窯業、醸造、精穀、製鹽、製材、鐵工、造船、ゴム、罐詰等を主なるものとして、年産額約五千萬圓に達して前途猶猶漸増の兆を藏して居るのでありまして、斯く工場工業が隆盛となります一方に、家內工業の助長の必要を認て簡易授産場を設け又職業學校を置き之が指導に努めて居るのであります

又水産物に到りましては、寒暖兩潮の交叉に依り水産動植物の分布豊富な上に區域頗る廣汎で北江原道より南全羅南道の沿岸と附近多島海中の諸島から漁獲物が集散し昭和十年度の慶尙南道の漁獲高は、一千三百萬圓以上に達し又煮乾其他水産製造物は六百萬圓以上に昇つて

居ります

それに伴つて近來水産に關する諸般の設備が整ひ漁船、漁具の改良
漁民の保獲奬勵と相俟つて長足の進歩を致しました。即ち大正十五年
五月に總督府水産試驗場、昭和七年に慶尙南道水産試驗場が設けられ
て朝鮮の水産の試驗、調査、分拆等を實施し、其他水産製品檢査所を
始めとし助成機關として、慶南水産會、漁業者共同の爲め釜山漁業組
合、産業組合等の設置あり、更に漁獲物並に製品の販賣機關として釜
山府中央卸賣市場並に海産商組合經營になる煎子市場等の設けあり、
地の利と官民の協力で逐年異數の振展を示し朝鮮水産業の中樞地とな
つて居るのであります

七　教　育

從來朝鮮に於ける內地人と朝鮮人との教育は其の系統を異にして居
たのでありますが、大正十一年二月の教育令の發布で之を統一一致しま

した。即ち普通教育では國語を常用するもの（主として內地人）と國語を常用せぬ者（主として朝鮮人）との二種に分ち、前者は內地と同一の名の小學校に後者は普通學校に入學せしめますが、特別の事情ある場合は相互に其の入學を認めるのであります。又實業教育、專門教育、大學教育及び師範教育は內鮮人の共學を原則として居ます。

釜山の內地人兒童の教育は明治十年居留地會議所の一室を教室として修濟學校を創し、其の後幾度か校舍の移轉を經て、明治三十五年十月遂に只今の大廳町第一小學校の場所へその前身たる一大校舍を新築して教育機關の體裁が出來その後內地人の增加と共に逐次學校を增設して現在は府內の教育機關は道立に係るもの中等程度の學校五つ府立のもの高等女學校一つ公立小學校九つ公立幼稚園一つ又私立は中等初等合せて七校、幼稚園と學術講習會が合せて三十一となり內地人の教育はかかる狀態であります。その外に社會教育施設としては圖書舘及青年訓練所（三）があり、又青年團及聯合靑年團がありまして其の方面

の教育に努めて居ます

朝鮮人教育の方は私立學校又は内地の寺子屋流の書堂が唯一の機關でありましたが、明治四十四年八月の朝鮮教育令の發布及び大正十一年二月の改正朝鮮教育令によつて學制全般の一大刷新が行はれ今や初等學校の如き全鮮に亘り一面一校の實現を見尚府内に於きましても府立に係る公立普通學校が七校あり、又道立の中等學校の内女子高等普通學校（一）と商業學校（一）を有して居るのであります

八　保健衛生

上水道はその沿革極めて古く明治十三年に既に水道の設備を致して居ましたが、その後釜山の飛躍的發展によつて改善に改善を加へると共に水源も高遠見、聖知谷、法基里等に求め最近には總工費二百五十萬圓を投じた工事も完成し、給水上の不安なく衛生施設の改善に一歩を進めるが爲め給水の普及に力めて居ます

下水は地形が自然の傾斜をして雨水、汚水の疎通に便であるが故に却つて不完全でしたが之も改修を計畫し既に第一期工事を了り只今第二期工事に着手せんとして居ます

此の外汚物の清掃、火葬場、墓地、屠場等も漸次改善せられて新進都市の面目を整へて居ます

各種の醫療保護施設は人口の膨脹に順應して發達して居ますが、府立病院は明治十年に創立せられた官立濟生醫院に發し爾來幾多の變遷を經保健機關としての使命を果し來りましたが、本年六月更に新築されて大釜山としてもはづかしからぬものとなりました。その上に私立各科の病院も各其の設備を漸次整備して保健衛生の任を盡されて居るのであります

九　社會事業

社會一般の生活安定福利增進を企圖して諸種の施設を致して居ます

が、主なるものは職業紹介所と之に附隨した共同宿泊所と共同食堂、それに二個所の公益質屋、四個所壹百數軒の府營住宅より公會堂の管理、更に方面委員制度を實施し或は救療施設として、救護所を設け又積極的には授産地區の設定等の計畫をも致して居ます、一方民間にも輔成會、共生園、勤勞學園等がありまして協力されつつあるのであります

その外に富平町公設市場（俗稱日韓市場）を始め八ヶ所の公設市場を設け府民の台所の便益を計つて居るのでありますが府民の理解と市場商人の努力とにより他に見られない盛況を呈して居ります

十　港灣施設

釜山港は明治九年の開港に係るのであるが、當に半島貿易上重要港たるに止まらず、軍事、經濟、運輸交通の諸点より一層重大使命を負荷さるるに至つて居るのであります。

由來天然の良港であるが爲めに永らく自然のまゝで商港として何等
人工的施設をなさずとも利用されて參りましたが、日露戰後の情勢は
到底貿易の進展に伴はぬに到りましたので爾來數次に亘り約三千餘萬
圓を投じて現在の施設を見たのであります、更に本年より大港灣修築
計畫の進行を見ることとなり、釜山鎭方面の築港工事に着手して居ま
すので全く面目を一新せんとして居ますが、現在港灣の大要を一覽し
ますと

港內面積
　　　　（　本港　二百五十五萬坪
　　　　（　南港　二十八萬四千坪

となりその岸壁の荷役總噸數は二百萬噸、棧橋には三千噸以上二萬噸
位の船が十隻同時に着き、又港內には三千噸以上の船が十六隻同時に
碇泊出來るのであります
以上で大略釜山府の說明を申上げましたからこれからは實地の觀光場
所を御案內致します

觀光案内

一、府内一時間コース（棧橋
　　―中央卸賣市場―釜山大
　　橋―龍頭山公園、釜山驛）

只今から釜山市内の御案内を
致します

棧橋一帶及び市内海岸に添ふ
平地は全部埋立地で棧橋は明治
三十八年から五ヶ年繼續事業と
して統監府が百四十八萬八千圓
を以て、釜山税關工事の名で海
面の埋築、第一棧橋の築造、税
關倉庫及上屋の建築等海陸連絡

の設備を致しました。それに伴ひ當時の釜山居留民團で百七萬餘圓を投じて釜山草梁兩市街を結ぶ海面三萬五百九十坪を埋立ると共に營繕山と領事舘山のあと四萬六千六百九十一坪を得たのであります

茲に只今の釜山驛も建築されて明治四十一年四月から營業を開始し爾來歐亞の玄關として重要な地位を占めて居ます。尙特急「のぞみ」「ひかり」は朝夕の連絡船に接續してこの棧橋から發着致します

釜山驛の左手の赤煉瓦建の尖塔は稅關です

又釜山驛に續いて鐵道會舘、公會堂となり更に北に慶尙南道産業奬勵舘があり、驛廣場前方の伏兵山に二基のアンテナーが見ゑるのは放送局です

大橋通を通つて中央卸賣市場に参ります。此の通は昭和七年らか九年迄に三百六十萬圓で實施された謂所幹線道路工事の一部でありまして前面の牧ノ島に渡津橋を以て通ずる大通であります。この中央卸賣市揚は二千二百餘坪毎早朝鮮魚と青果との競賣市場を開いて居まして

【釜山府中央鮮魚市場】

一　本　　籠

〔釜山中央綜合市場〕

鮮魚は一ケ年の水場高約二百六
十萬圓生のよいのと種類の多い
ので相當な見ものであります。
青物の方は一ケ年約百萬圓と云
ふ數字でこれは内地方面から移
入されるものが相當多數を占め
て居ります

釜山名物否朝鮮名物の**釜山大
橋**であります。これは七十萬四
千八百圓の巨費を要した渡津橋
でありまして、長全二一四●六三
米幅員一八米でこの儘では五十
噸以下の汽船しか橋下を航行出
來ませんので、南の一桁三一●

三〇米を跳上橋として毎日朝六時から夕七時迄七回、一回十五分間宛中空に跳開致します。斯くて一千噸の汽船を航行さす様にして居ます

これから**府廳**（市役所）の前を通り長手通に出て龍頭山公園に上り龍頭山神社に參詣致します

この府廳舎のあります場所には**龍尾山**がありましたが、大橋架橋の爲めに取り除きその岩盤上に只今の廳舎を建築致しました

此の龍尾山麓が明治三十八年迄

の釜山の貿易港で僅に七千坪の
港内面積で「沖がかり」の本船か
ら艀で貨物を揚げた時を思ひま
すと今昔の感に耐へないものが
あります。又此處に奉祀されて
居ました龍尾山神社は只今頭龍
山上に奉遷され其處には御覽の
通り紀念碑が建てられて居ます
長手通に出ましたこの町名は
辨天町と申しますが長手通と云
ふのは倭舘時代の畷通が訛つた
のでありまして、辨天町の町名
の由來はやはり德川時代の倭舘
の時に留居地內には當時の條約

によつて女人禁制である爲めに
人氣が荒くなるので粹な役人の
計ひで約二百五十年前宮島神社
を奉祀したに由るのだと申しま
す

　國幣小社龍頭山神社でありま
す。御祭神は天照大神、國魂大
神、大物主神（金刀比羅大神）表
筒男、命中筒男命、底筒男命（住
吉大神）でありまして延寶六年
三月（二百五十八年前）倭舘を
現在の釜山港に移された時、對
馬領主宗義眞、龍頭山上に方四
尺の石造小祠を建て、日韓通商

の海上安全を謀らんが爲め金刀比羅大神を奉祀したに創まり、朝鮮最古の神社でその始めは金比羅神社と稱へ奉り、明治二十七年居留地神社と改稱し三十二年其の規模を擴張し社殿の面目を一新すると共に龍頭山神社と御社號を改め現在に到り、鮮滿關門の守護神として二十萬府民の信仰をうけさせ給ふのであります

此の龍頭山は　大正五年より　府が公園として　銳意設備を整へましたが、山を覆ふた松樹が年と共に枯死しましたので櫻樹其他を植樹致し春は綠の裡に霞む花の眺美しく、又天氣晴朗の日には南方遙かに墨繪の樣な對馬を望み得ます。前方の絕影島は巨大な築山の如く岩南半島と赤崎半島に抱かれた港內は瓢簞池に似て更に周圍を取りまく山々は西に天馬、峨嵋、九德、高遠見となり一脈は北に走せ分派は伏兵山に止まつて龍頭山と相對して綠樹山を包み、釜山府全部が一大公園の景觀を呈して居るのであります

尙龍頭山公園は四方に出入口がありますが、これから富平町公設小賣

市場に行くため西口の西町方面へ下ります。この方面は倭舘當時の主要な商店街であり、又當時の官舎であつた建築物も一部現存して居ます。西町と富平町の境であるこの土手通が當時の舘内と舘外の境界であり、明治三十八九年頃迄は大きな松並木があり昔の面影を止めて居ました。そして只今の富平町は舘外佐須土原であります、これは文祿の役の時に對島の佐須氏の陣營であつた故に佐須黨ノ原と稱へたのだそうです

富平町公設市場（俗稱日韓市場）はこの佐須土原の一角の廣場に自然に發生しましたのを明治四十三年六月日韓市塲の名稱で一般市場として個人が開設しましたものを大正四年九月府營に移しましたもので、現在の市場用地は約壹千三百坪建物は五百二十一坪で店舗約五百、坪內使用料は塲屋內が一ケ月二圓八十錢から三圓四十錢、又塲屋外では月一圓九十錢から二圓四十錢、又日々の料金の定めもありまして坪當七錢から十三錢となつて居ます。御覽の如く食料品日用雜貨の殆ん

諸種の設備も整ひ又旅舘料亭も
申します
居るので此の地を松島と呼ぶと
日本三景の一つ松島の景に似て
口の一小牛島上に老松繁茂して
遠浅で海水浴場に好適の地、灣
半島の一部に灣入し白砂相連り
　松島は市街の南方約十町岩南
であります
平均一日八千圓を算して居るの
多く一日二萬人に達し賣揚高も
りますから一般府民の利用頗る
價より一割乃至一割五分安であ
ど全部を網羅し、價格は一般市

建築せられて風光の美を縦に致
し畫間のみならず、その夜景の
眺望は又至妙とされて居ます

昭和公園は古舘の地にありま
して慶長十四年より寛文十二年
に移舘の約なりて只今の龍頭山
麓に居留地が移轉する迄倭舘の
あつた昔の豆毛浦でありまして
園内にはその移舘に功のあつた
津江兵庫招魂碑あつてその德を
永久に記念して居ります

釜山城趾は嘉吉の昔三浦開港
當時の地只今の釜山鎮にあり文
祿慶長の役小西行長船を赤崎半

島牛岩洞に繋ぎ四月十三日未明より直ちに本城を攻略したので後世誤つて小西城趾などと稱へて居りますが、之は文祿二年二月毛利輝元秀元父子が豊臣秀吉の命に依つて日本軍の根據地として築城したもので所謂南鮮十七屯中の總本城として、秀吉渡海の節はその居城たらしむべく元利氏の心血を注いだものでありまして。故に癈墟殘壘の間猶轉たその壯圖を追懷せしむるものがあります

旅館宿泊料金

釜山府内　　　　二　圓乃至七圓

東萊温泉　　　　三　圓乃至七圓

海雲臺温泉　　　二圓五十錢乃至八圓

二府近郊

港外魚釣

ミナト釜山は歷史の釜山であり又商工貿易の港であると共に「魚の釜山、釣の釜山」として有名であります。紺碧の海に浮く眞帆片帆、

呼べば應へん墨繪の對馬、飛び
交ふ鷗に潮時聞いて、一糸に想
を傾倒する釣魚三味の醍醐味、
その大公望の亨樂塲は釜山から
四五十分の多太海、絶影島沖、
或は海雲臺の沿岸で一日の清遊
には好適です

海雲臺溫泉とゴルフリンクス。
船の苦手な方にはゴルフ塲、水
螢江の淸流の貫流する松林中、
綠草を踏んで白球を飛ばす快味
も亦ゴルフアー獨得の境地、風
光明美な海濱のリンクスと新築
のモダンなクラブハウスは皆樣

のスバラシイ御腕前を振はれる
のを期待して居ます。釜山から
約三十分の處であります

それから更に約十分で、**海雲臺
溫泉**に達します。此處は一千年
の昔新羅朝の碩儒崔致遠が熱愛
の處因つてその號により海雲臺
と呼び只今も一日の清遊一家團
樂の保養地として旅舘の設備も
整つて自動車、鐵道の便があり
ます

東萊溫泉は釜山の北十四粁八、
自動車にて二十五分電車四十分
海の海雲臺に對して山の湯であ

り背後の奇勝金井山は東萊金剛
の別名があり、山頂には太古來
の山城趾があつて城壁や石門が
殘存しその眺望は壯麗で朝鮮八
勝の隨一であります
温泉は餘りに有名です。湯の町
情緒の濃やかな觀樂地、解語の
花は四季不斷に目も綾に咲き誇
つて居ます。又妓生の裳に朝鮮
風情を汲みて淺酌低唱の温柔境
を探求するも一興、滾々盡きせ
ぬ温泉に旅塵と旅愁を洗し去ら
れるも一得と存じます
東萊温泉場を距る約二里の山

間にある巨刹、佛の通度寺、法の海印寺と倶に禪の梵魚寺として慶南三大寺刹の一で朝鮮寺刹の標本型をなして居ります。約一千二百年前新羅興德王の創建、寺傳に「王夢に神人ありて告て曰く、國南に一山あり金井と云ふ。其の頂に石あり、高さ五十尺石上井水あり色金の如く盈溢して竭きず、金魚ありて其の內に游行し五色の香雲上を擁蔽す。是れ即ち梵天の魚なり云々」それで梵魚寺と稱するんだと申しますが末法濁世のかなしさか今は黃金水も金魚もみつかりません。一眸際涯遠く開けて眺望甚だ佳良で、昔時は一層規模宏大であつたとあります
が、文祿の兵火に罹り後再建せられたので、その結構は昔日に及ばないのでありますが、尚立派なものであります

三　金海、蔚山、慶州

金海は釜山より三〇粁、洛東江畔の一市邑、昔時駕洛國の首府、始祖金首露城砦築き、西域より石船に乗じて來れる許氏を王妃として此

處に都し後金官國と改稱したの
でありまして、我國史日本書紀
に任邦國と言ふはこれでありま
して、當時勃興の新羅に併呑さ
れんとして、援を我國に請ひ塩
乘津彥勅を奉じて之を鎭定し爾
來新羅に備へむが爲に我兵が常
に駐屯して居たと申します、是
れが任邦の日本府であり金首露
王は塩乘津彥其の人であるとも
傳へられて居ます。又文祿の役
の時にも邑の南方一里の地駕洛
竹林里には黑田長政が築造した
日本城趾が今猶存して居ます

首露王の陵は邑の西端にあり
王妃の陵は邑の北十町首露王發
祥の地と傳へられる亀旨峯の麓
にあり、相對して兩々歡語せ
る態をして居ますので、土俗そ
の間に人家を建築すれば障害あ
りて、其の家衰亡すると稱して
居るのも床しいことであります
蔚山は釜山の北六十四粁、慶
尙南道の東北端にありて慶尙北
道と境を接し人口一萬六千南鮮
東部の都邑でありますが、文祿
の昔加藤清正の籠城で有名な處
その苦戰の城趾は今鶴城公園と

して、當地彼我兩軍の勇士が相互に國難に殉じた尊むべき聖地に林木花喜葵を競ひ其の功を稱ねて居ます。更に北すると慶州、史景共にせる新羅の古都に入ります。一千年間榮華の堂房もその趾夢と化して、殘るはただ陵墓、礎石風雨更に千年、總ては歷史の裡に、物語として又詩として、訪ずる方々の聽かるる口がままに、拓かるるがままにただ見れば何のことなき一石一木も深き感興をひきおこすことでありませう。

釜山觀光協會と會員

釜山觀光協會は官民協力して設立された會員組織の公益團體でありまして、役員として會長には釜山府尹、副會長に釜山商工會議所會副を推し、監事理事等釜山府內外の知名の士の協力を得、會員には有力にして信用ある方々を網羅して居ます。

昭和十二年丁丑 祝祭日及七曜表

皇紀 **2597**　　　西暦 **1937**

年中行事	其他事	大正天皇祭 十二月廿五日	新甞祭 十一月廿三日	明治節 十一月三日	神甞祭 十月十七日	秋季皇霊祭 九月廿三日	天長節 四月廿九日	神武天皇祭 四月三日	春季皇霊祭 三月廿一日	紀元節 二月十一日	新年宴會 一月五日	元始祭 一月三日	四方拜 一月一日

年中行事
二月十一日　節分
三月廿一日　彼岸
三月廿一日　春分
四月廿九日　陸軍記念日
五月三十日　靖國神社大祭

其他事
六月十一日　入梅
七月廿二日　土用
八月八日　立秋
九月一日　二百十日
九月廿三日　秋分
十二月廿二日　冬至

日	月	火	水	木	金	土
一月 大						
·	·	·	·	·	1	2
3	4	5	6	7	8	9
10	11	12	13	14	15	16
17	18	19	20	21	22	23
24	25	26	27	28	29	30
31	·	·	·	·	·	·
二月 小						
·	1	2	3	4	5	6
7	8	9	10	11	12	13
14	15	16	17	18	19	20
21	22	23	24	25	26	27
28	·	·	·	·	·	·
三月 大						
·	1	2	3	4	5	6
7	8	9	10	11	12	13
14	15	16	17	18	19	20
21	22	23	24	25	26	27
28	29	30	31	·	·	·
四月 小						
·	·	·	·	1	2	3
4	5	6	7	8	9	10
11	12	13	14	15	16	17
18	19	20	21	22	23	24
25	26	27	28	29	30	·
五月 大						
·	·	·	·	·	·	1
2	3	4	5	6	7	8
9	10	11	12	13	14	15
16	17	18	19	20	21	22
23	24	25	26	27	28	29
30	31	·	·	·	·	·
六月 小						
·	·	1	2	3	4	5
6	7	8	9	10	11	12
13	14	15	16	17	18	19
20	21	22	23	24	25	26
27	28	29	30	·	·	·
七月 大						
·	·	·	·	1	2	3
4	5	6	7	8	9	10
11	12	13	14	15	16	17
18	19	20	21	22	23	24
25	26	27	28	29	30	31
八月 大						
1	2	3	4	5	6	7
8	9	10	11	12	13	14
15	16	17	18	19	20	21
22	23	24	25	26	27	28
29	30	31	·	·	·	·
九月 小						
·	·	·	1	2	3	4
5	6	7	8	9	10	11
12	13	14	15	16	17	18
19	20	21	22	23	24	25
26	27	28	29	30	·	·
十月 大						
·	·	·	·	·	1	2
3	4	5	6	7	8	9
10	11	12	13	14	15	16
17	18	19	20	21	22	23
24	25	26	27	28	29	30
31	·	·	·	·	·	·
十一月 小						
·	1	2	3	4	5	6
7	8	9	10	11	12	13
14	15	16	17	18	19	20
21	22	23	24	25	26	27
28	29	30	·	·	·	·
十二月 大						
·	·	·	1	2	3	4
5	6	7	8	9	10	11
12	13	14	15	16	17	18
19	20	21	22	23	24	25
26	27	28	29	30	31	·

昭和十二年秋竣成

皆様の

買ひよき百貨店として三中井は値
段に、品質に不断の努力を續け、そ
の眞摯なる營業方針は格別の御信
賴と御愛顧を頂いて居ります……
呉服、洋服、雜貨、御家庭用品、お
土産物等々潑溂たる商品全館に充實

お買物は……
　　皆様の**三中井**へ……

釜山

三中井

代表電話二九〇〇番

부산(1936년판)

부산(1936년판)

旅館

- 萊城館（東萊 温泉場）
- 温泉ホテル（プール）（同）
- 温泉館（同）
- わき旅館（同）

和洋料理

- 釜山鐵道會館（榮町）
- 好養軒（本町）
- ミカド（幸町）
- 棧橋食堂（棧橋）

土産物

- 棧橋食堂（棧橋）
- 森友商店（東萊）
- さゝ屋商店（東萊）

券番

- 釜山券番組合（南濱町）
- 東萊券番組合（東萊）
- 東萊藝妓券番（東萊）

タ

- 釜山自動車組合（驛前）
- 蔚山自動車組合（驛前）
- 海雲台タクシー（驛前）

クシ一

店名	所在
蔚山自動車部	（東萊）
池永自動車部	（同）
鍋山自動車部	（同）
西部自動車部	（同）
梁山自動車部	（同）

寫眞

店名	所在
南鮮寫眞館	（富平町）
岡本寫眞館	（東萊）

文具印刷

店名	所在
三宅文具店	（驛前）
賀來文具店	（本町三）
川井印刷所	（富平町二）

吳服百貨

店名	所在
山本吳服店	（幸町）
三中井百貨店	（辨天町）

藥種

店名	所在
大黑南海堂	（辨天町）

酒類

店名	所在
本嘉納商店	（本町三）

油

店名	所在
立石商店	（本町一）

運輸

店名
株式會社澤山兄弟商會
株式會社釜山商船組
九州郵船株式會社

부산(1936년판)

運輸

朝鮮運送株式會社釜山支店

株式會社朝日組釜山支店

朝鮮汽船株式會社

其の他

五嶋商店　（本町）

釜山穀物商組合

朝鮮瓦斯電氣株式會社

日本硬質陶器株式會社

釜山水產株式會社

日本水產株式會社朝鮮營業所

釜山海產商組合

釜山青果株式會社

釜山滿鮮交通社

ラヂウーム鑛泉

松島ホテル
電話二〇七二番

부산(1936년판)

海雲台名物

蛤志る

種別		地名	軒数	藝妓数	花代初〆一時間	次時間	約束花	備考
花柳街 藝妓		釜山南濱町		一二三	二、四〇	一、二〇	四時間 六、〇〇	五本分 舞妓半額
		東萊溫泉場		五〇	三、一〇	一、八〇	三時間 五、〇〇	
花柳街 妓生		金山瀆洲町		四三	一、五〇	一、〇〇	ナシ	
		東萊邑內		五八	一、二〇	八〇	ナシ	
遊廓		金山綠町	三四	藝娼妓数 二六三	藝妓 一、〇〇 ／ 娼妓 七〇		藝妓 七、〇〇 ／ 娼妓 六、〇〇	仕切花代
		釜山瀆仙町（牧ノ島）	一二	六九	藝妓 一、〇〇 ／ 娼妓 七〇		藝妓 七、〇〇 ／ 娼妓 六、〇〇	仕切花代
料亭		釜山	二四					
		東萊溫泉場	一五 旅館兼業					
カフエー		釜山	二六	女給数 三〇〇				

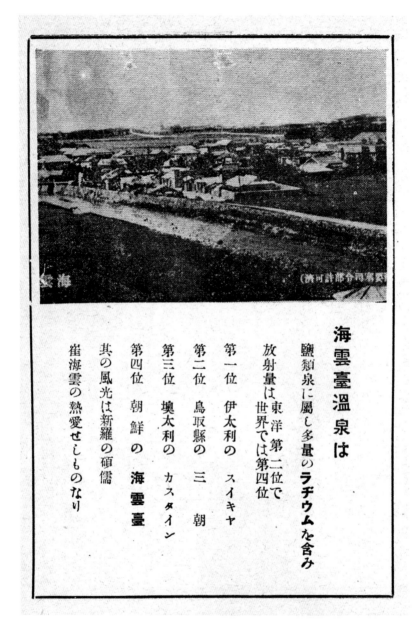

海雲臺

（撮影司令部分許可濟）

海雲臺溫泉は

鹽類泉に屬し多量の**ラヂウム**を含み

放射量は東洋第二位で
世界では第四位

第一位　伊太利の　スイキヤ

第二位　鳥取縣の　三　朝

第三位　墺太利の　カスタイン

第四位　朝鮮の　**海雲臺**

其の風光は新羅の碩儒

崔海雲の熱愛せしものなり

◇全鮮に誇る眺望絶佳の地

釜山府松島

料亭 松乃家

電話一、〇二八番

驛ヨリ約十五丁バスノ便アリ

滿鮮旅行樂味の一つ朝鮮で名高ゐ

名物生駒の御座敷天ぷ羅

關西料理
御座敷
天ぷ羅

生　駒

大倉町三
電一、七八五番

부산(1936년판)

鮮內に誇る

赤玉會舘

営業所

釜馬統大
山山營邱

御料理と
御宴會は

釜山府富平町二

うろお

電話局一三九六番

うろこ獨特の

ふぐ料理

부산(1936년판)

全鮮一の御料理と

ふぐ料理

釜山府南濱

美都巴

電話三三三番

電話三〇五番

大宴會場の
設備あり

◇釜山の御みやげ品について…

◎みやげ檢査は釜山の誇り。

釜山は大陸の關門國際通路の表玄關として今や帝國の生命線滿洲國の發展に伴ひ益々其重要性を加ふるに至り半島第一の貿易港として將又商工都市として京城に次ぎ郊外に東萊海雲台の泉都を控え海陸諸般の設備完成と相俟つて愈其大都市としての面目を發揮しつゝある。

斯の如き地位にある釜山として其一みやげ品と雖も之が善惡により釜山否朝鮮の折角の好印象を左右せらるゝ恐なしとしない況して觀光客さみやげ品は深い關係に置かれて居る事を思ふ時昔日の如き唯單なる

부산(1936년판)

遊覽地みやげでなく內容外觀共に大釜山の名を辱かしめぬ充實したものでなくてはならぬ。

昭和十年二月釜山府、釜山驛、慶尙南道產業獎勵舘、釜山商工會議所の援助指導の下に內鮮各地の有名みやげ品を蒐集し比較硏究の結果從來の品に大改善を加へ特に變質腐敗の恐れある物に對し斷然全國に其例を見ざる土產品檢查規定に基く檢查を行ふ事となり、當業者多大の犧牲の下に利益率の低下、上ケ底容器の癈止、量目品質の向上、製造月日の明記等規格の統一を計つて檢查章を貼附する事となり、釜山土產品卸商組合を組織して嚴に檢查に服せしめて以來全く面目を一新し棧橋埠頭より實施し市內も二三の商店を徐いては檢查章あるみやげ品を以つて華客の不安を解消し其聲價を誇るに至つた。

부산(1936년판)

朝鮮みやげ

古萊人蔘飴

朝鮮飴・松乃實ドロップ

釜山府大倉町

山崎名産本舗謹製

부산(1936년판)

このビール一本の榮養價は

鶏卵四個牛乳

三合に匹適す

サッポロビール

부산(1936년판)

鎭海灣要塞司令部檢閱濟

昭和十一年十二月十五日印刷
昭和十一年十二月二十日發行

【非賣品】

編輯兼發行人　大　田　增　一
　　　　　　　釜山府寶水町一丁目一〇〇番地
　　　　　　　釜山觀光協會囑託

印　刷　人　川　井　亮　吉
　　　　　　釜山府富平町二丁目五六番地

印　刷　所　株式會社　川　井　印　刷　所
　　　　　　釜山府富平町二丁目五六番地

發　行　所　釜　山　觀　光　協　會

釜山(1936년판)

東萊溫泉停車場

朝鮮瓦斯電氣株式會社

みやげ檢査は釜山の誇り

（釜山土産品 檢査章）

◆釜山のおみやげ品で中味の見えない物に對しては檢査を行つて居ります

◆檢査品は上げ底を廢止し、量目を明記し製造月日を入れて居ります

釜山の重なる土品産

検査を行つて居るおみやげ品

朝鮮飴、人蔘、飴松の錦、松の薫

松の寶飴、古來人蔘飴、人蔘羊羹

朝鮮人蔘、味付海苔、各種櫻干

鶴の味噌漬、甘栗、海の錦

趣味と觀賞のおみやげ品

朝鮮風俗一刀彫。鶴其他の剥製類

鶴のステッキ。アリランペン軸。大將軍パイプ。鶴の羽根ウチワ。妓生寫眞

入柱かけ。

/ ㅇ /

찾아보기

동아대학교 역사인문이미지연구소 총서 03

기억도시 부산을 안내하다
— 일제강점기 조선총독부 철도국 및 부산관광협회의 『부산안내』 —

초판 1쇄 인쇄 2020년 12월 3일
초판 1쇄 발행 2020년 12월 10일

역　　자 최인택
편　　찬 동아대학교 역사인문이미지연구소
전　　화 051-200-8742

발 행 인 한정희
발 행 처 경인문화사
편 집 부 김지선 유지혜 박지현 한주연
마 케 팅 전병관 하재일 유인순

출판신고 제406-1973-000003호
주　　소 경기도 파주시 회동길 445-1 경인빌딩 B동 4층
대표전화 031-955-9300　　팩 스 031-955-9310
홈페이지 http://www.kyunginp.co.kr
이 메 일 kyungin@kyunginp.co.kr

ISBN 978-89-499-4932-1 94910
　　　 978-89-499-4868-3 (세트)
값 42,000원